D1833013

रज़ा पुस्तक माला

देवनागरी जगत् की दृश्य संस्कृति

सभ्यता–समीक्षा

वत्सर ३। कृष्ण, मीन ५०११ कल्यब्द। अङ्क ११-१२।

यह संख्या १) रुपया। वार्षिक ३॥) रु०।

रज़ा फ़ाउण्डेशन | THE RAZA FOUNDATION

देवनागरी जगत् की दृश्य संस्कृति

सदन झा

राजकमल प्रकाशन

रज़ा पुस्तक माला : सभ्यता-समीक्षा
प्रधान सम्पादक : अशोक वाजपेयी | सम्पादक : पीयूष दईया
राजकमल प्रकाशन प्रा.लि. और रज़ा फ़ाउण्डेशन का सह-प्रकाशन

ISBN : 978-93-88183-91-8

मूल्य : ₹595

© सदन झा

पहला संस्करण : 2018

प्रकाशक : राजकमल प्रकाशन प्रा. लि.
1-बी, नेताजी सुभाष मार्ग, दरियागंज
नई दिल्ली-110 002

शाखाएँ : अशोक राजपथ, साइंस कॉलेज के सामने, पटना-800 006
पहली मंज़िल, दरबारी बिल्डिंग, महात्मा गांधी मार्ग, इलाहाबाद-211 001
36 ए, शेक्सपियर सरणी, कोलकाता-700 017

वेबसाइट : www.rajkamalprakashan.com
ई-मेल : info@rajkamalprakashan.com

मुद्रक : यश प्रिंटोग्राफिक्स
नोएडा-201 301 (उत्तर प्रदेश)

DEVNAGARI JAGAT KI DRISHYA SANSKRITI
(Discourse) by Sadan Jha

इस पुस्तक के सर्वाधिकार सुरक्षित हैं। प्रकाशक की लिखित अनुमति के बिना इसके किसी भी अंश की, फोटोकॉपी एवं रिकॉर्डिंग सहित इलेक्ट्रॉनिक अथवा मशीनी, किसी भी माध्यम से अथवा ज्ञान के संग्रहण एवं पुनःप्रयोग की प्रणाली द्वारा, किसी भी रूप में, पुनरुत्पादित अथवा संचारित-प्रसारित नहीं किया जा सकता।

संगिनी प्रीति के लिए

आमुख

कलाओं में भारतीय आधुनिकता के एक मूर्धन्य सैयद हैदर रज़ा एक अथक और अनोखे चित्रकार तो थे ही उनकी अन्य कलाओं में भी गहरी दिलचस्पी थी। विशेषतः कविता और विचार में। वे हिन्दी को अपनी मातृभाषा मानते थे और हालाँकि उनका फ्रेंच और अँग्रेज़ी का ज्ञान और उन पर अधिकार गहरा था, वे, फ्रांस में साठ वर्ष बिताने के बाद भी, हिन्दी में रमे रहे। यह आकस्मिक नहीं है कि अपने कला-जीवन के उत्तरार्द्ध में उनके सभी चित्रों के शीर्षक हिन्दी में होते थे। वे संसार के श्रेष्ठ चित्रकारों में, २०-२१वीं सदियों में, शायद अकेले हैं जिन्होंने अपने सौ से अधिक चित्रों में देवनागरी में संस्कृत, हिन्दी और उर्दू कविता में पंक्तियाँ अंकित कीं। बरसों तक मैं जब उनके साथ कुछ समय पेरिस में बिताने जाता था तो उनके इसरार पर अपने साथ नवप्रकाशित हिन्दी कविता की पुस्तकें ले जाता था : उनके पुस्तक-संग्रह में, जो अब दिल्ली स्थित रज़ा अभिलेखागार का एक हिस्सा है, हिन्दी कविता का एक बड़ा संग्रह शामिल था।

रज़ा की एक चिन्ता यह भी थी कि हिन्दी में कई विषयों में अच्छी पुस्तकों की कमी है। विशेषतः कलाओं और विचार आदि को लेकर। वे चाहते थे कि हमें कुछ पहल करना चाहिये। २०१६ में साढ़े चौरानवे वर्ष की आयु में उनकी मृत्यु के बाद रज़ा फ़ाउण्डेशन ने उनकी इच्छा का सम्मान करते हुए हिन्दी में कुछ नये क़िस्म की पुस्तकें प्रकाशित करने की पहल *रज़ा पुस्तक माला* के रूप में की है, जिनमें कुछ अप्राप्य पूर्व प्रकाशित पुस्तकों का पुनर्प्रकाशन भी शामिल है। उनमें गाँधी, संस्कृति-

चिन्तन, संवाद, भारतीय भाषाओं से विशेषत: कला-चिन्तन के हिन्दी अनुवाद, कविता आदि की पुस्तकें शामिल की जा रही हैं। सभी पुस्तकों पर रज़ा साहब और उनके समकालीन मित्र चित्रकारों आदि की प्रतिकृतियाँ आवरणों पर होंगी।

हिन्दी में सभ्यता-समीक्षा कम ही होती है और यह कहा जा सकता है कि यह हिन्दी में विचार और आलोचना की जो परम्परा रही है उससे विपथ होने जैसा है। इधर तो सारा समय हिन्दी में, जैसे कि अन्यत्र भी, देखने-दिखाने में ही बीतता है। इसके बावजूद अभी तक देवनागरी जगत् में जो दृश्य संस्कृति विकसित हुई है उसका कोई सुचिन्तित अध्ययन नहीं हुआ है। सदन झा की यह पुस्तक इस सन्दर्भ में पहली ही है : उसमें समझ और जतन से, वैचारिक सघनता और खुलेपन से इस दृश्य संस्कृति के विभिन्न रूपों पर विचार किया गया है। निश्चय ही यह हिन्दी में चालू मानसिकता से अलग कुछ करने का ज़रूरी जोख़िम उठाने जैसा है। हम *रज़ा पुस्तक माला* में यह पुस्तक सहर्ष प्रस्तुत कर रहे हैं।

अशोक वाजपेयी

अक्टूबर २०१८, नयी दिल्ली

आभार

अँग्रेज़ी के ठीक विपरीत, हिन्दी में प्रकाशित अब तक की मेरी सभी रचनाएँ सम्पादकों के साथ मेरे रिश्ते-नातों से सुवासित होते रहे हैं। इसके फ़ायदे और नुकसान दोनों ही हुये हैं। लेकिन, इतना तय है कि इन सम्पादकों की पूर्व कल्पना के बग़ैर इन लेखों के बारे में सोचना बेमानी ही होगी। इस किताब में संकलित आलेख अलग-अलग समय में लिखे और प्रकाशित किये गये। इस कारण से उन सभी के प्रति कृतज्ञता ज्ञापन यहाँ सम्भव नहीं है जिनके बग़ैर इन लेखों की कभी कल्पना भी नहीं की जा सकती थी। फिर भी, कुछ-कुछ मशीनी भाव लिये हुए ही सही, उन संस्थानों और प्रकाशनों का आभार व्यक्त न करना अशोभनीयता ही तो मानी जायेगी। इस पाप से बचने के लिए और कृतज्ञता के ऋण से क़िस्तों में उऋण होने के लिए ही सही, मैं नीचे आलेखों और उनके छपने की जगह, तारीख़ आदि का उल्लेख करना अपना कर्तव्य समझता हूँ।

एक नयी भाषा का उदय : देवनागरी जगत् में देखना-दिखाना (१८५० से १९२० तक), ७ अप्रैल २०१४ को नेहरू स्मारक संग्रहालय एवं पुस्तकालय, नयी दिल्ली में दिये गये व्याख्यान का संशोधित रूप है जो समाज और इतिहास (नयी शृंखला) के तहत नेहरू स्मारक संग्रहालय एवं पुस्तकालय एवं सामयिक प्रकाशन द्वारा प्रकाशित भी हुआ। इस व्याख्यान के लिए आमन्त्रण देते हेतु मैं उस समय संस्थान के निर्देशक महेश रंगराजन का शुक्रिया अदा करना चाहता हूँ। *देखने की राजनीति : भारत का झण्डा और आस्था की नज़र*, दिल्ली ही के सी एस डी एस की शोध पत्रिका 'प्रतिमान' के आरम्भिक अंक, खण्ड एक, संख्या एक (जनवरी से जून २०१३) में प्रकाशित हुआ। *अंचल से राष्ट्र को देखने की भाषा : रेणु साहित्य और*

आंचलिक आधुनिकता, दरअसल मेरे पी एच डी शोध के एक अध्याय का संक्षिप्त और अनुवादित रूप है। यह अँग्रेज़ी में पहले इण्डियन इकोनोमिक एण्ड सोशल हिस्ट्री रिव्यू में खण्ड ४९, संख्या १ (जनवरी-मार्च) २०१२ में प्रकाशित हुआ। तदुपरान्त अपने हिन्दी संक्षिप्त और अनूदित रूप में यह अभय कुमार दुबे सम्पादित 'हिन्दी की आधुनिकता' में खण्ड २ में आई आई ए एस शिमला तथा वाणी प्रकाशन, दिल्ली से २०१४ में प्रकाशित हुआ। यह *प्रतिलिपि* पत्रिका में भी प्रकाशित हुआ। इसके प्रकाशन के लिए गिरिराज किराडू का धन्यवाद ज्ञापन करना चाहूँगा। *विभाजन की सिनेमाई ज़मीन : खोया हुआ और बरामद आत्म,* यह आलेख सम्भवत: अप्रकाशित है क्योंकि इसके प्रकाशन का कोई अता-पता मुझे ढूँढ़ने पर भी नहीं मिला। *मामूली राम की दिल्ली : आर्काइव का शहर और शहर का आर्काइव,* सराय-सीएसडीएस के शोध कार्यक्रम की पत्रिका 'मीडिया नगर' के पहले अंक में प्रकाशित हुई। *संतोष रेडियो ने गढ़े इंसानी रिश्ते : १९८० का दशक और उपभोक्ता संस्कृति,* भी इसी 'मीडिया नगर' के खण्ड २ में २००४ में सराय-सीएसडीएस और वाणी प्रकाशन से प्रकाशित हुई। सी एस डी एस एवं सराय से सम्बन्धित प्रकाशनों के लिए रवीकांत, अभय जी और राकेश जी का बहुत-बहुत आभार। *भीड़, जनसमुदाय और राजनीति* लोकमत समाचार की 'दीपभव' के रचना-वार्षिकी में २०११ में प्रकाशित हुआ और *शहर की देह पर अक्षराघात,* भी पीयूष दईया द्वारा ही सम्पादित 'कला भारती', खण्ड २ में दिल्ली के ललित कला अकादेमी से २०१० में प्रकाशित हुआ। *सड़क की आँखें, शहर की कहानी,* दीवान ए शहर खण्ड २ शहरनामा में सराय—सीएसडीएस तथा वाणी प्रकाशन से २००४ में प्रकाशित हुआ। ये सभी आलेख और प्रस्तुत यह किताब भी बग़ैर सम्पादकों के स्नेह और विनयपूर्ण आग्रह के सम्भव नहीं हो पाती। इसलिए उन सभी का और पीयूष जी का बहुत आभार। अन्त में अपने कार्य की जगह सेंटर फ़ॉर सोशल स्टडीज, सूरत के साथी कर्मचारियों के सहयोग और अपने परिवार के प्रति गहरी कृतज्ञता और प्रेम के साथ...

सदन झा

भारत के सन्दर्भ में
दृश्य संस्कृति के अध्ययन की चुनौतियाँ

यह किताब पिछले दस-पन्द्रह सालों में मेरे लिखे गये लेखों का संग्रह है। ये लेख उत्तर भारतीय समाज और इसकी जन-संस्कृति के विभिन्न पहलुओं से सम्बन्धित हैं। लेकिन शुरू में ही यह स्पष्ट कर देना भी ज़रूरी है कि ये निबन्ध जन-संस्कृति और समाज के किसी एक पक्ष पर केन्द्रित नहीं हैं। साथ ही, यहाँ उत्तर भारतीय समाज और जन-संस्कृति के मध्य के ताल्लुक़ात को उनकी समग्रता और संश्लिष्टता में व्याख्यायित करने का भारी जिम्मा भी नहीं उठाया गया है। यहाँ समाज और जन-संस्कृति के बीच के कुछ तारों को महज़ छुआ भर गया है। कुछ इस उम्मीद से कि इस अभ्यास से अनूठे न सही पर चन्द सवाल तो पूछे जा सकें। समाज और उसके जन-जीवन के कुछ पहलुओं पर बातों का सिलसिला बनाया जा सके। जो बातें पहले से हो रही हैं उनमें कुछ जोड़ा जा सके। मामूली सा ही पर हस्तक्षेप किया जा सके।

प्रस्तुत निबन्धों का फलक जहाँ एक ओर उत्तर भारतीय है वहीं इसको जोड़ने का तार यदि कुछ है तो वह है इस इलाक़े की आम फ़हम संस्कृति। इसके लिए मैंने ऊपर जन-संस्कृति शब्द का प्रयोग किया है जिससे कुछ पाठकों को असहमति भी हो सकती है। जन-संस्कृति शब्द का प्रयोग समाज-विज्ञान में जिन आग्रहों के साथ किया जाता है और जिस तरह से इसे एक ओर लोक संस्कृति से अलग कर देखा जाता रहा है या फिर जिस

तरह से हाल के दशकों में एक और निर्मित्ति मीडिया संस्कृति के साथ रख कर हम इस शब्द (जन-संस्कृति) को आँकने के आदी हो गये हैं उस माहौल में यहाँ मेरा जन-संस्कृति शब्द का इस्तेमाल करना भ्रामक माना जा सकता है। फिर भी, मेरा मानना है कि जिन शर्तों पर अधिकांश विद्वान् 'जन' और 'लोक' संस्कृति में फ़र्क़ करते रहे हैं, जिस प्रकार लोक संस्कृति को शुद्धतावादी नज़रिये से देखा जाता रहा है वह आज के समय में अपने आप में भ्रामक और आरोपित होगा। लोक और जन आज के परिप्रेक्ष्य में एक-दूसरे से घुले-मिले हैं। मेरी मंशा लोक की सत्ता को मटियामेट कर देखने की कतई नहीं है। तमाम आक्रामकता और समकालीन संशलिष्टता के बावजूद लोक की अपनी थाती है और इसका पसारा है। इसे किसी भी शर्त पर नज़रअन्दाज़ नहीं किया जा सकता। मेरा सीमित उद्देश्य पदों के शुद्धतावादी आग्रहों पर प्रश्नचिह्न लगाने का है। मेरे लिए लोक और जन में अन्तर कर पाना मुमकिन नहीं है और यदा-कदा सहूलियत के लिए मैंने यद्यपि जन-संस्कृति का प्रयोग किया है लेकिन मेरा आशय दरअसल दैनिक जीवन में रची-बसी कभी शोर-शराबे के साथ कभी चुपचाप सँवरती उन अनेक प्रकार की प्रक्रियाओं से है जिन्हें किसी एक ठौर पर रखकर व्याख्यायित करना मुश्किल होता है। भाषा, साहित्य, शहरी अनुभवों और इतिहास की भागीदारी लिये हुए इन प्रक्रियाओं के मिले-जुले तार, हमें इन निबन्धों में देखने को मिलें, यह मेरा उद्देश्य है। इन निबन्धों के ज़रिये मेरी इच्छा है कि पाठक को यह भान भी हो कि जिन प्रक्रियाओं और अनुभवों की बात मैं यहाँ कर रहा हूँ उन्हें समाज-विज्ञान के कई मान्य और प्रचलित पूर्व-निर्धारित खाँचों के ज़रिये समझने से बात शायद पूरी तो हो जाय लेकिन उस पूरे होने के प्रयास में, समग्र सोच पाने की आकांक्षा में, व्याख्या का आकाश खुलने के बजाय सिकुड़ ही न जाय। इसलिए यहाँ चर्चागत विषयों से जुड़े मुद्दों पर नयी जानकारी देने के बदले उन विषयों और उनसे जुड़े मुद्दों के बनने की पेचीदगियों, उनको आँकने और फिर उन्हें प्रस्तुत करने की शैली से सम्बन्धित संश्लिष्टताओं से जूझने का आमन्त्रण है। यदि ईमानदारी से कहा जाय तो पाठकों के साथ यह अपने अनुभव को साझा करने जैसा है। ऐसा अनुभव जो ज्ञान की परिभाषाओं और चौखटे में हमेशा अपने को थोड़ा कच्चा ही पायेगा।

यदि कोई ही तार इन निबन्धों को किसी तरह के सूत्र में बाँधता है तो वह

है देखने की संस्कृति और इसकी राजनीति। देखना एक क्रिया है जैसे सुनना, चलना या सूँघना। समाज-विज्ञान में हम इनके बारे में बातें नहीं करते। कम से कम भारत में इन क्रियाओं से जुड़ी शोधों की संख्या बहुत कम ही है। अधिक से अधिक ये हमारे उदाहरणों का हिस्सा ही बनते हैं। समाज-विज्ञान सम्बन्धित लेखनी में भारत में विचारधारा का ही प्रभुत्व है। इस बात के कोई प्रमाण या कोई अध्ययन तो मौजूद नहीं हैं लेकिन अनुमान से भी कहा जाय तो यह अतिशयोक्ति नहीं होगी कि भारतीय समाज-विज्ञान में विचारधाराओं के प्रभुत्व ने राजनीति के समाज-विज्ञान के प्रति हमारी समझ भले ही पैनी की हो लेकिन ज्ञान और मीमांसा इससे स्थूल ही बना है। दूसरी ओर सौन्दर्य-शास्त्र और कला-विमर्श जैसे क्षेत्र हैं जहाँ रूप और आकार के इर्द-गिर्द विद्वानों ने इन दोनों के बीच की खाई को पाटने का काम किया है जो हमारे सामने कला के समाजशास्त्र या कला के इतिहास के रूप में है। लेकिन इनमें भी देखना जो एक क्रिया है, जो एक अनुभव है वह सिरे से नदारद है।

हाल के दशक में भारत में भी चित्र-संस्कृति से जुड़े कई पक्षों पर, इसके इतिहास पर इसकी तकनीकी का आधुनिकता और औपनिवेशिक समाज में विसरण और उपयोग आदि के ऊपर बहुतेरे अध्ययन हुए हैं जिनसे न केवल लिखित दस्तावेज़ों पर केन्द्रित हमारे इतिहास के ज्ञान और इतिहास रचने की पद्धतियों में इज़ाफ़ा हुआ है बल्कि चित्रों को संस्कृति का अभिन्न हिस्सा मानने से औपनिवेशिक आर्काइव के प्रति हमारी समझ में भी बढ़ोतरी दिखती है। तो ऐसे में मेरा यह कहना कि देखने का अनुभव अध्ययनों में नज़रअन्दाज़ किया गया है, विरोधाभासी और अतिशयोक्ति लग सकता है।

सवाल महज़ देखने का ही नहीं है। मुद्दा देखने के उस अनुभव का है जिसकी अपनी कुछ विशिष्टता हो। जो महज़ चित्रकला, फ़ोटोग्राफ़ी, कार्टून, सिनेमा या इन सबके मध्य घूमते चित्रों और उनके बनने की तकनीकीगत इतिहास या फिर इन चित्रों के बाज़ार का इतिहास ही बनकर न रह जाय। यहाँ यह उक्ति कुछ बड़बोलापन लग सकती है पर यदि भारतीय सन्दर्भों में दृश्य संस्कृति के पिछले दो दशकों के विमर्श पर कुछ ठहर कर सोचें तो आप पायेंगे कि यह विमर्श औपनिवेशिक और उत्तर औपनिवेशिक (जिसमें मैं समकालीन सरोकारों को भी शामिल करता हूँ)

परिदृश्यों में चित्रों के, छवियों के व्यापक पैमाने पर उत्पादन की तकनीकी और उसके विसरण की संश्लिष्टताओं के इर्द-गिर्द ही सिमटा हुआ है। इस विमर्श का एक सिरा जहाँ समकालीन जन-जीवन में दृश्य-जनित संचार के माध्यमों (विजुअल मीडिया) की बेहिसाब दख़लन्दाज़ी की तरफ़ ले जाता है जिसे कई विद्वानों ने समाज-विज्ञान का विजुअल मोड़ भी घोषित किया है। इन विद्वानों ने लिखा है कि जिस तरह से सन् उन्नीस सौ सत्तर का दशक समाज-विज्ञान में भाषायी सरोकारों को केन्द्र में स्थापित करता है उसी प्रकार समकालीन दौर हमारे ज्ञान के, हमारे दैनिक जीवन के केन्द्र में चित्रमय सरोकारों को स्थापित करता है। भारतीय सन्दर्भों में भी दृश्य संस्कृति का विमर्श इसी समकालीन जद्दोजहद से निरूपित होता दिख रहा है।

इस विमर्श का दूसरा तार, जैसा कि ऊपर भी इंगित किया गया है, शब्द केन्द्रित विमर्श, लिखित विमर्श, लिखित साहित्य और लिखित दस्तावेज़ आधारित आर्काइव के एकाधिपत्य के बरक्स एक समानान्तर विमर्श, ज्ञान-मीमांसा और इतिहास-लेखन को विकसित करने की इच्छा की तरफ़ ले जाता है। ग़ौरतलब है कि लेखन आधारित समाज-विज्ञान और इतिहास को, पहले भी, समाज में मौखिक परम्पराओं की अहमियत की तरफ़ ध्यानाकर्षण करवाते हुए विद्वान चुनौती देते आये हैं। इस तरह दृश्य संस्कृति के पैरोकारों के माध्यम से संस्कृति के अध्यायों का, इतिहास के आर्काइव का कोई पहली बार विस्तार नहीं हो रहा था। पर, जो मानीख़ेज़ यहाँ है वह यह कि जिस तरह से ज्ञान उत्पादन की आन्तरिक राजनीति में लेखन ने मौखिक के बरक्स अपने को ऊँचे पायदान पर स्व घोषित कर लिया था कुछ उसी तर्ज पर चित्र ने लिखित शब्द की तुलना में अपने को बेहतर पायदान का हक़दार बना लिया। ज्ञान के उत्पादन की इस राजनीति का, इस पदानुक्रम स्थापना का एक लम्बा और संश्लिष्ट इतिहास रहा है जो पश्चिम की आधुनिकता के, उसके विज्ञान के वर्चस्व का इतिहास भी है। इस बाबत दार्शनिकों और विद्वानों ने बहुत कुछ लिखा भी है और इस तरफ़ यहाँ विस्तार से जाना सम्भव नहीं। पर, यदि सरल शब्दों और सुगम्य उदाहरण के सहारे से बात की जाय तो सार यह कि किसी घटना का, किसी व्यक्ति या किसी वस्तु की तस्वीर उस पर लिखे सौ पन्नों की रपट से अधिक विश्वसनीय मानी जाती है। जैसे सुनी-सुनायी बातों पर एक

लिखित दस्तावेज़ तरजीह पाने लगता है उसी तरह एक फ़ोटोग्राफ़ लिखित शब्दों पर अपने वर्चस्व की दलील सुलभता से देता है। पश्चिमी विज्ञान ने उसे सत्य माना जो प्रयोगशालाओं में दीर्घ अवलोकन की परीक्षा से गुज़र कर आया हो। जैसे अकसर ही कहा जाता है 'प्रत्यक्षम् किम प्रमाणं'। आँखों से देखे को और उसी तर्ज में क़ैमरे के सामने तस्वीर में क़ैद हुई हक़ीक़त सबसे प्रामाणिक मानी जाती है। जैसे सत्य आँखों के देखने पर टिका, उसी तरह, आँख ने क़ैमरे और फ़ोटोग्राफ़ी की तकनीकी में अपना विस्तार खोज लिया।

आधुनिकता के इस विमर्श में अनुभव सिरे से ग़ायब है। यहाँ मैं, दार्शनिक अगम्बेन की आधुनिकता सम्बन्धित आलोचना का सहारा लेते हुए अनुभव और ज्ञान के बीच के फ़र्क़ की ओर ध्यान दिलाना चाहूँगा। यूरोप की बौद्धिक परम्परा के हवाले से अगम्बेन का कहना है कि आधुनिकता से पहले ज्ञान और अनुभव दोनों की सत्ता हुआ करती थी, लेकिन आधुनिक विज्ञान के आविर्भाव के साथ ही अनुभव की अपनी शख़्सियत जाती रही। यह अब महज़ विज्ञान का एक स्रोत बन कर रह गया।[१] विज्ञान ने अनुभव को निरीक्षण में तब्दील कर दिया। प्रयोगशाला के नियन्त्रित वातावरण में ऐसा निरीक्षण जो कार्य–कारण के गणित से निरूपित हो। समाज–विज्ञान में समाज को इसी प्रयोगशाला के कमरे का विस्तार माना गया। वही अनुभव काम के रह गये जो प्रामाणिकता के दावों पर खरे उतर सकें। ये ऐसे अनुभव हैं जहाँ देह और मन, दैवीय और भौतिक सब एकमेक हो गये। अनुभवों की वैधता ही एक मात्र मानक रह गया। यह अनुभवों के साक्ष्य में तब्दील हो जाने का इतिहास है।

---

१. वे लिखते हैं कि अनुभव का ज्ञान से अलग वजूद होना हमारे लिए इतना अनजान हो चुका है कि हम भूल जाते हैं कि आधुनिक विज्ञान के जन्म तक विज्ञान और अनुभव दोनों का अपना स्थान था। प्राचीन काल में ज्ञान का मूल प्रश्न तथ्य (object) और विषय (subject) के बीच का सम्बन्ध नहीं वरन् एक और अनेक के बीच का रिश्ता हुआ करता था। निश्चितता की खोज में विज्ञान ने ज्ञान और अनुभव के बीच की दूरी को पाट दिया और अनुभव एक ज़रिया बनकर रह गया, ज्ञान का एक रास्ता एवं ज्ञान के उत्पादन का महज़ एक स्रोत। देखें, जिओर्जियो अगम्बेन, *इन्फेंसी एण्ड हिस्ट्री : एसेस ऑन द डिस्ट्रक्शन आफ़ एक्सपीरियेंस*, अनुवाद, लीज हेरोन, वर्सो, लन्दन और न्यूयार्क, १९९३ : १८–१९

ऐसी परिस्थिति में निरीक्षण के रूप में देखने की क्रिया ज्ञान के केन्द्र में आ गयी। सुनी हुई बातों से या फिर ज्ञान के दूसरे माध्यमों के बरक्स आँखों देखा हाल अधिक वैध हो गया। देखना यहाँ अनिवार्यतः आँखों की क्रिया के अर्थ में सिमटा रहा। आँखों को जहाँ एक ओर ज्ञान प्राप्ति के सबसे महत्त्वपूर्ण ज़रिये के रूप में जगह मिली, दूसरे इन्द्रिय के बनिस्पत तरजीह मिली वहीं देखने की क्रिया का क्षेत्र सिमट भी गया।

ऐसे में धार्मिकता, विश्वास और जीवन-पद्धति के वे तमाम पहलू जो विज्ञान और आधुनिकता या रेशनल विचार-पद्धति के दायरे से बाहर थी उन्हें अन्ध-विश्वास, अज्ञानता और पिछड़ेपन के लेबल के साथ चिपकाकर इतिहास, साक्ष्य और विज्ञान के दायरे से बाहर कर दिया गया (आगे भारतीय झण्डे से सम्बन्धित आलेख में हम इस धार्मिकता की बात पर कुछ ठहर कर सोचेंगे)।[१] इसका देखने की क्रिया और उसके इतिहास पर भी महत्त्वपूर्ण प्रभाव पड़ा और राजनीति के ऊपर भी।

बहरहाल, इस बृहत् ऐतिहासिकता में दृश्य संस्कृति का जो विमर्श पनपा उसमें उन्नीसवीं सदी के प्रसिद्ध बुद्धिजीवी वाल्टर बेंजामिन के एक आलेख ('वर्क ऑफ़ आर्ट इन द एज ऑफ़ मेकेनिकल रिप्रोडेक्शन') की अहम भूमिका रही है।[२] यहाँ इस छोटी सी भूमिका में इस लेख की विस्तार से चर्चा करना अप्रासंगिक होगा लेकिन संक्षेप में यह कहना उचित ही है कि अनेक स्थापित मान्यताओं और कला के पदानुक्रम को चुनौती देता बेंजामिन का यह आलेख कला और आधुनिकता के बीच के मूल्य-बोध

---

१. इस विषय पर उम्दा और अन्तःदृष्टि से परिपूर्ण अध्ययनों के लिये देखें, रणजीत गुहा, "द प्रोज ऑफ़ काउंटर इमरजेंसी", रणजीत गुहा सं. *सबाल्टर्न स्टडीज II*, ऑक्सफोर्ड यूनिवर्सिटी प्रेस, दिल्ली, १९८३, पृ.१-४२. यहाँ मैं गुहा के द्वारा संथाल विद्रोह के दस्तावेज़ों और उस विषय पर हुए ऐतिहासिक अध्ययनों में धार्मिकता के चर्चे में ख़ासकर बिरसा, सिदू और कानू के देह की दैवीयता और इस दैवीयता को देखने की विभिन्न वृत्तों की ओर ध्यान खींचना चाहता हूँ। इस मुद्दे को दीपेश चक्रवर्ती ने बेहद रोचक तरीक़े से आगे बढ़ाया है। देखें, दीपेश चक्रवर्ती, *प्रोविंसियलाईजिंग योरप : पोस्ट कोलोनियल थॉट एण्ड हिस्टोरिकल डिफरेंस*, प्रिन्सटन यूनिवर्सिटी प्रेस, प्रिंस्टन और ऑक्सफोर्ड, २०००, पृ.१४-१६ और १०२-१०६

२. देखें, वाल्टर बेंजामिन, *इल्युमिनेशंस*, हान : अरेंद्त (सम्पादित एवं एक भूमिका के साथ),अनुवाद हेर्री जॉन, हरकोर्ट एण्ड वर्ल्ड, न्यू यार्क, १९६८ : २१७-२५२

को समझने के लिए अनेक अन्तर्दृष्टियों से लबरेज़ है। लेकिन वाल्टर बेंजामिन (१८९२-१९४०) की बातों को समझने के लिए यह ज़रूरी है कि हम उस माहौल के तरफ़ भी अपनी निगाह बनाये रखें जिसमें वे लिख रहे थे। बेंजामिन की वैचारिक ज़मीन दरअसल योरप में पहले और दूसरे विश्वयुद्ध के बीच की त्रासदी की ज़मीन है। इसी ज़मीन पर खड़े होकर वे कहते हैं कि मानव युद्ध से लौटा तो पर, अपने अनुभवों को गँवाकर। तकनीकी के विकास के साथ मानव समाज एक नये क़िस्म की निर्धनता में जकड़ गया जहाँ एक तरफ़ तो विचारों के शोषण की बहुतायत ('oppressive wealth of ideas') आयी और दूसरी तरफ़ मानव बौना होता चला गया।[१] युद्ध के साथ बेंजामिन के विचारों के साथ संवाद में यह भी ग़ौरतलब है कि वे एक ऐसे समाज की जन-संस्कृतियों के बारे में बातें कर रहे थे जो मूलत: नगरीय था तथा बेहद अलगाववादी (alienated) मानव चेतना से बना था। बेंजामिन पर इस संक्षिप्त टिप्पणी का अभीष्ट यह कि जहाँ एक ओर उनकी अहमियत को रेखांकित करना और उससे सूझ लेना लाज़िमी है वहीं उनके विचारों की सीमाओं की तरफ़ भी ध्यान रखना आवश्यक है।

बेंजामिन की ही तरह भारतीय दृश्य संस्कृति की ज़मीन भी नगरीय (इसमें भी कमोबेश महानगरीय) समाज ही रहा है।[2] यहाँ यह जन-संस्कृति और मीडिया संस्कृति के सहोदर के रूप में हमें मिलता है जो स्वयं भी महानगरीय जन-संस्कृति के पर्याय के रूप में ही संकुचित सामाजिक भूगोल के साथ हमारे सामने आते हैं। इसी कारण इसके विमर्श में छवियों के उत्पादन, उनके वैश्विक प्रवाह और उपभोक्तावाद की जटिलतायें ही विद्वानों के

---

१. वाल्टर बेंजामिन, ''एक्सपीरिएंस एण्ड पावर्टी'', *सेलेक्टेड राइटिंग्स*, खण्ड २ (१९२७-१९३४), रोडनी लिविंगस्टोन एवं अन्य द्वारा अनूदित, माइकल डब्लू जेंनिंग्स, होवार्ड इलेंड एवं ग्रे स्मिथ द्वारा सम्पादित, १९९९, हार्वर्ड यूनिवर्सिटी प्रेस का बेल्केम्प प्रेस, केम्ब्रिज : ७३०-७३५

2. इस विमर्श को नगरीय कहने के पीछे इसे ख़ारिज करने की मंशा कतई नहीं है। कई महत्त्वपूर्ण अवपाद भी गिनाये जा सकते हैं जैसे दृश्य संस्कृति के मूर्धन्य विद्वान क्रिस्टोफर पिन्नी का शुरुआती शोध मध्य भारत के कस्बाई सामाजिक-भौगोलिक परिदृश्य में ही है। देखें, क्रिस्टोफर पिन्नी, क़ैमरा इंडिका : द सोशल लाइफ ऑफ़ इण्डियन फ़ोटोग्राफ़्स, यूनिवर्सिटी ऑफ़ शिकागो प्रेस, १९९८

मुख्य ध्यानाकर्षण के मुद्दे रहे हैं। इन्हीं मुद्दों या इनसे निकलते सवालों के इर्द-गिर्द विद्वानों ने भारतीय समकालीन समाज और राजनीति या फिर भारतीय इतिहास के नामचीन तथा मौजूँ विषयों की भी दृश्य संस्कृति के चौखटे से पड़ताल की जैसे राष्ट्रवाद और सम्प्रदायवाद का विषय यहाँ उदाहरण के तौर पर सहज ही जेहन में आता है।

ख़ैर, नये तरह के स्रोतों, चित्र के आकर्षण के साथ दृश्य संस्कृति के विमर्श ने, भारतीय समाज-विज्ञान में, दो और कारणों से, अपनी तरफ़ लोगों का ध्यान खींचा। और, यह था, विचारधारा तथा आर्थिक कारकों पर केन्द्रित सामाजिक विश्लेषण के बरक्स एक समानान्तर विमर्श की पेशकश। उत्तर औपनिवेशिक सिद्धान्तकारों की तर्ज पर इस विमर्श में भी भारतीय समाज को और इसके दृश्य जगत् को यूरोपीय आधुनिकता के 'अन्य' की तरह व्याख्यायित किया जाने लगा जिसकी सांस्कृतिक विविधता और औपनिवेशिक अतीत दोनों चुनौतीपूर्ण तथा लुभावने थे। ऐसे में यह लाज़मी ही है कि जिन विचारों और सिद्धान्तों से आधुनिकता की आलोचना की जा रही है और वहाँ की ज्ञान परम्पराओं की राजनीति को समझने का प्रयास किया जा रहा हो वे भारतीय सन्दर्भों में भी इस विमर्श को ऊर्जा दें। पर यहाँ भी यह ग़ौरतलब है (जैसा मैंने ऊपर भी कहा है) कि इन सरोकारों का सामाजिक भूगोल महानगरीय समाज ही रहा।

इसी के साथ यूरोपीय विमर्श की ही तर्ज पर यहाँ भी दृश्य संस्कृति चित्र केन्द्रित ही रही। अलबत्ता दर्शन जैसी विशिष्ट प्रक्रियाओं ने विद्वानों का ख़ासा ध्यान आकर्षित किया। दर्शन अर्थात् ईश्वर और भक्त के मध्य का सम्बन्ध। एक ऐसी दृष्टि जिसके लिए श्रद्धालु मन्दिर जाते हैं। एक अनुभव जो कहीं भी सम्भव है। लेकिन दर्शन और अन्य सन्दर्भों में भी हम पाते हैं कि धार्मिकता की पेचीदगियों को सांस्कृतिक बहुलता के रूप में सरलीकृत कर दिया जाता रहा है इस पूरे विमर्श में। साथ ही इस विमर्श की एक और बड़ी कमज़ोरी दृश्य जगत् को साहित्य से, लिखित थाती से और शब्दों की दुनिया से असम्पृक्त कर देखने का रुझान है। जहाँ कहीं साहित्य को या लिखित शब्दों का संज्ञान लिया दिखता भी है वहाँ भी उन्हें चित्रों की तुलना में दोयम दर्जा (सप्लीमेंट्री रोल) ही नसीब कराया गया।

यहाँ दो शब्द धार्मिकता को सांस्कृतिक विविधता और बहुलता में तब्दील करने की समाज-विज्ञान की आतुरता पर जोड़ना चाहूँगा। इस सम्बन्ध में

ऊपर भी रंजित गुहा और दीपेश चक्रवर्ती के लेखों का मैंने हवाला दिया है। इसकी पेचीदगी को यदि हद दर्जे के सरलीकरण के साथ यहाँ समझाया जाय तो वह कुछ इस तरह होगा : १८५५ में झारखण्ड में सिद्धू और कानू के नेतृत्व में अँग्रेज़ी हुकूमत के ख़िलाफ़ संथाल विद्रोह हुआ। इसमें भाग लेने वाले आदिवासियों को विश्वास था कि उनके नेताओं के शरीर में उनके ईश्वर 'ठाकुर' का अवतरण हुआ है। और वही ठाकुर उन्हें अँग्रेज़ों की बन्दूक की गोलियों से रक्षा करेंगे तथा जीत सुनिश्चित करेंगे। अब प्रश्न है कि आदिवासियों के द्वारा अपने नेताओं की देह को, जो उनके लिए दैवीय थी, कैसे देखा जा रहा था? निश्चित रूप से जिस देह को वे देख रहे थे वह आँख से एक हाड़-मांस का शरीर ही था। पर, अब दृष्टि बदल गयी थी।

एक इतिहासकार के नाते, इस विश्वास को कई तरह से देखा-परखा गया। इसे कोरा अन्धविश्वास मानकर ख़ारिज कर दिया जाय, जो कि इतिहासकारों ने एक लम्बे समय तक किया भी। क्योंकि तर्क और प्रमाण आधारित इतिहास में इस क़िस्म के विश्वास की भला कोई जगह कैसे हो सकती है? या फिर, इसे भी एक क़िस्म की चेतना माना जाय। फिर, इस चेतना के तर्क ('logic of consciousness') क्या हों? एक तरीक़ा यह हो कि यहाँ एन्थ्रोपोलोजी के उस प्रचलित हथकण्डे का सहारा लिया जाय और यह कहा जाय कि मैं तो इन अन्धविश्वासों में यक़ीन नहीं करता पर मैं आपके विश्वास करने की आज़ादी का सम्मान करता हूँ और इसे एक सांस्कृतिक विविधता के उदाहरण के रूप में इतिहास में शामिल करने को तैयार हूँ। पर जब भी हम इस तरह के तर्क गढ़ रहे होते हैं, जैसा कि हमें अकसर देखने को मिलता भी है, तो यह भूल जाते हैं कि यहाँ उदाहरण तो एक समुदायगत आस्था का देते हैं पर उसे तर्क की कसौटी पर कसने लगते हैं। हम भूल जाते हैं कि आस्था के सवाल को आधुनिक ज्ञान-विज्ञान के तर्क के दायरे में लाया ही नहीं जा सकता। हम भूल जाते हैं कि इस आधुनिक विज्ञान की भाषा में अतीत को देखने का महज़ एक ही आईना है। और, वह है इतिहास। इस चौखटे में आस्था के ऐसे अनुभवों के लिए कोई जगह नहीं है क्योंकि इन्हें प्रमाण में तब्दील नहीं किया जा सकता। यह आधुनिकता के 'अन्य' की बात भी नहीं है। यहाँ हमें एक खुले आकाश की बात करनी होगी जो आधुनिक ज्ञान-विज्ञान के मान्य

वर्गीकरण (केटेगरी) में भले ही न परिभाषित हों पर जिनके अनुभव की अपनी अहमियत है। यह इसलिए भी कि धार्मिकता और विश्वास का मसला कोई ग़ौण मुद्दा नहीं है। यह सामाजिक सम्बन्धों के बनाने में अहम भूमिका निभाता है, जिसे नज़रअन्दाज़ नहीं किया जा सकता।

हाँ, अन्त में यह जोड़ना आवश्यक है कि यहाँ इस विमर्श के मोटे-मोटे रुझानों की तरफ़ इशारा भर किया गया है। और इन इशारों में कई पेचीदगियाँ तथा इस विमर्श की समृद्धता का समावेश नहीं किया जा सकना भ्रामक भी प्रतीत हो सकता है। पर, इस जोख़िम के बाद भी उम्मीद है कि यह संक्षिप्त रूपरेखा, पाठकों को इस किताब के आलेखों को, इन आलेखों में उठाये गये मुद्दों और प्रश्नों को बेहतर रूप में समझने में मददगार सिद्ध होगी। यहाँ यह भी कहना उचित ही होगा कि प्रस्तुत निबन्ध ऊपर गिनाई गयीं कमज़ोरियों और सीमाओं की भरपाई करने का कोई दावा नहीं करता है। हाँ, एक प्रयास ज़रूर किया गया है जिसमें दृश्य संस्कृति के अभी तक के अछूते पहलुओं में से कुछेक को, उसकी महानगरीय सीमाओं और उसके अँग्रेज़ी भाषी आभिजात्यता से बाहर ले जाया जाय।

लेकिन, महानगरीय सामाजिक भूगोल की परिधि से परे जाने का यह अर्थ नहीं कि इस थाती और इस सामाजिक भूगोल को नज़रअन्दाज़ कर दिया जाय, अपने अध्यायों को इनके प्रश्नों और इस ज़मीन से असम्पृक्त कर दिया जाय। दरअसल, मेरे इस प्रयास में एक बड़ा हिस्सा दिल्ली की महानगरीय समाज की दृश्य संस्कृति ही है। और मुझे यूरोपीय विचार थाती से अन्तःदृष्टि लेने में भी कतई कोई गुरेज नहीं है। यदि मेरा कुछ अभीष्ट है तो वह यह कि मैं इस थाती और इस भूगोल के अधीन बँधकर नहीं रह जाना चाहता। यह मेरी दुनिया, अपनी जीवन-यात्रा और विचार यात्रा के आसपास घट रहे दैनिक ज़िन्दगी के तथा अपने अनुभवों के सामाजिक भूगोल को समझने का यत्न है।

लापरवाही और बेतरतीब नज़रिये का आभास देते ये निबन्ध विरोधाभासों और तर्कगत असंगतियों से भरे हो सकते हैं। जैसे ऊपर तो मैंने उत्तर भारतीय समाज और संस्कृति को अपना फलक घोषित किया है, लेकिन यह बहुत सम्भव है कि पाठक यहाँ उत्तर भारतीय समाज को किसी एकीकृत या फिर विश्लेषण के एक यूनिट के तौर पर कहीं भी न पायें। यह भी बहुत मुमकिन है कि मेरे निबन्ध उन्हें इस भौगोलिक इकाई में एक

बेलगाम दौड़ते घोड़े जैसे लगें जो कभी भीड़ में शामिल लोगों की पहचान ढूँढ़ने के बजाय भीड़ की ही सामूहिकता की तलाश में जुट पड़ा है। तो कभी यह मन दिल्ली शहर में मामूली राम की उँगली थामे सड़क पर घूमता है।

इत्ती सी उम्मीद तो जगायी ही जा सकती है कि अपने तमाम दुराग्रहों के बाबजूद ये निबन्ध भले ही किसी ख़ास समय और टुकड़े-टुकड़े समाज की खण्डित संस्कृति की ही बात क्यों न करें ये सभी चिन्दी-चिन्दी नोट्स हैं जिनसे उत्तर भारत के समाज और संस्कृति की हमारी अवधारणायें बनी हैं। और, इस तरह यह दावा भी किया ही जा सकता है कि ये निबन्ध बेतरतीब और बेमुकम्मल भले ही नज़र आयें, लेकिन ये उस हक़ीक़त से बेजा नहीं जिसे हम बोल-चाल में गाहे-बगाहे 'उत्तर भारतीय' विशेषण के साथ प्रयोग करते हैं।

क्रम

आमुख : अशोक वाजपेयी

सन्तोष रेडियो ने गढ़े इन्सानी रिश्ते
१९८० का दशक और उपभोक्ता संस्कृति

१

शहर चाहे छोटा हो या बड़ा, अपने भीतर सम्बन्धों के अनेक धागों को, स्मृतियों के अनेकानेक तारों को सँभालकर रखता है। या फिर, यह कहना अधिक उचित होगा कि शहर इन्हीं नाते-रिश्तों से ही तो बनता है। आधुनिकता में, विकास के विमर्श में ऐसे नातों-रिश्तों की गरमाहट खो-सी गयी है। वहाँ शहर या फिर पूरा क्षेत्र दूसरे शहर और क्षेत्रों से महज़ परिमाणात्मक स्तर पर जुदा होते हैं। वहाँ महज़ एक छोटा शहर, एक कस्बा और एक महानगर हुआ करता है। वहाँ पदानुक्रम स्पष्ट हुआ करता है। ऐसे ही छोटे-बड़े शहरों की पदानुक्रम को भंग करने का प्रयास है, यह आलेख यहाँ पदानुक्रम तो हैं पर कुछ अलहदा क़िस्म के।

२

नजारथ (Nazareth) या नसरथ उत्तरी इस्राइल का सबसे बड़ा शहर है जिसे इस्राइल की अरब राजधानी भी माना जाता है, न्यू टेस्टामेंट के अनुसार इसी शहर में जीसस क्राइस्ट का बचपन गुज़रा। इसे मैरी का घर और ईसा मसीह का जन्मस्थल भी माना गया है। यह सम्भव है कि अपने इन पवित्र कारणों से बाद की सदियों में नजारथ एक पवित्र टाइटल में बदल गया हो। आख़िर

पुरानी अरबी और कबीलाई परम्परा में स्थान और क्षेत्रीयता का नाम से सीधा रिश्ता तो बनता ही था और ईसा मसीह को जीसस ऑफ़ नजारथ के नाम से भी जाना जाता है। यह भी सम्भव है कि यहाँ से माइग्रेट करने वाले परिवारों ने नजारथ को एक टाइटल के रूप में अपने साथ रख लिया हो।

जॉन नजारथ एक ऐसा ही नाम है। गोवा के जॉन नजारथ के हाथों में जादू था। जो भी इनके हाथ का बना एक बार चख लेता इनका दीवाना हो जाता। बिहार के मुख्यमन्त्री श्रीकृष्ण सिंह इस सूची में शामिल थे। जॉन इनके यहाँ प्रधान कुक हो गये। श्री बाबू के यहाँ दरभंगा महाराज का आना-जाना रहता ही होगा और वहीं डिनर टेबुल पर किसी रात महाराज ने जॉन के खाने की तारीफ़ भी की हो और श्री बाबू से जॉन को दरभंगा के लिए माँग भी लिया हो। आख़िर आलीशान यूरोपियन गेस्ट हाउस के लिए उन्हें एक योग्य कुक की तलाश भी तो थी ही। और, जॉन नजारथ महाराज के साथ दरभंगा आ गये, यूरोपियन गेस्ट हाउस।

समय गुज़रा, महाराज भी गुज़र गये। यूरोपियन गेस्ट हाउस की हालत बदली और समय क्रम में अन्य धरोहरों के साथ यह गेस्ट हाउस भी यूनिवर्सिटी का हिस्सा हो गया। जो हुनरमन्द थे उन्होंने बदलते समय और शहर का रुख़ किया। जो स्वाद महज़ महाराज, मुख्यमन्त्री और यूरोपीय मेहमानों तक सीमित था अब शहर का हिस्सा हुआ। जॉन ने उत्तर भारत के पहले लाइसेंसी पब की शुरुआत टावर चौक से सटे लालबाग़ में की। यहाँ उम्दा ड्रिंक के साथ लज़ीज़ खाना और छोटा सा बेकरी भी रखा जिसे जॉन और उनकी मेहनती एवं जुझारू पत्नी चलाया करते। नाम रखा 'रीगल'। इसकी चिमनी से निकलने वाली ख़ुशबू को फैलते देर न लगी। लोग चोरी-छुपे वहाँ ड्रिंक्स लेने जाते, नव मध्य वर्ग अपने दोस्तों या नवविवाहिता के साथ बहुत हिम्मत दिखाते हुए रीगल के कटलेट्स और मुर्गा या अण्डा-करी का लुत्फ उठाने जाते। प्रगतिशील परिवार जो बाहर डिनर लेने की हद तक रैडिकल नहीं हो पाये थे, उन हमारे जैसे घरों में रीगल नर्म और ताज़े पॉवरोटी तथा मिट्टी की हाँडियों में आने वाले अण्डा-करी और लज़ीज़ मुर्गा के लिए जाना जाता। मुझे यदि कुछ याद है तो साइकिल पर बैठकर सीढ़ियाँ चढ़ उस लाल से ईंटों के मकान में जाना और पपरी उतरती उसकी दीवार। शाम में ब्रेड की ताज़ी खेप निकलती। वहाँ अण्डा-करी के और मुर्गा को मटके में भरे जाने में लगे समय तक

का वो इन्तज़ार जो माहौल के अनोखेपन के कारण ख़ुशगवार हुआ करता। और, घर आकर डाइनिंग टेबुल पर मटके के खुलते ही अण्डा-करी की वो ख़ुशबू। हो भी क्यों नहीं, आख़िर उस मटके में नजारथ से लेकर गोवा तक के रिश्ते जो बसते थे। ऐसे रिश्ते जिसकी गरमाहट दरभंगा अधिक दिन समेटे-सहेजे रख न सका।

ये उन दिनों की बात है जब लोग पहले से बताकर, एप्वाइण्टमेण्ट फिक्स कर किसी के घर घूमने नहीं जाया करते। मन किया और निकल पड़े। रास्ते में किसी और परिचित किसी रिश्तेदार का घर आ गया तो कुछ देर वहीं अटक गये, चाय पी ली, या चूरा का भुज्जा खा लिया, चिनिया बादाम फ्राय करके डाला हुआ और पापड़ को छानकर बुकनीकर के मिलाया हुआ। उन दिनों की बात जब मेरे दादा ज़िन्दा ही थे, और कुछ इस कारण से, कुछ समय और काल की वजह से भी घरों में कुछ कप, प्लेट, कुछ थाली, ग्लास ख़ास-ख़ास मेहमानों के लिए रखा जाता। हिन्दू और मुसलमान, जातियों के बीच परस्पर भी, स्त्री-पुरुष आदि सबके प्रति दैनिक व्यवहार के स्तर पर भेद किया जाता, तयशुदा भेदभाव। लेकिन मन से लोग साफ़ थे, मज़हब और जाति और लिंग से वैमनस्य नहीं था। अभी तक मैंने दरभंगा शहर में कर्फ़्यू नहीं देखा था। अभी इन्दिरा गाँधी की हत्या नहीं हुई थी जब मैंने पहली दफा जाना कि कर्फ़्यू मतलब। घर से बाहर निकलने पर सीधे गोली मार दी जायेगी।

यह उन दिनों की बात है जब वी आई पी और अरिस्टोक्रैट बैग्स की तरह टी.वी. और पोलिथीन की थैलियों ने भी दरभंगा के मध्यवर्गीय घरों में प्रवेश नहीं किया था। टी.वी., इन्दिरा गाँधी की मृत्यु और बेंसन एण्ड हेजेज क्रिकेट कप के समय ही हम मुहल्ले में नामचीन घरों में जाकर देखा करते उन दिनों। पोलिथीन भी कुछ बाद में ही आयी और महिलाओं के लिए आते ही क़रीबी दोस्त हो गयी। लेकिन यह बाद की बात है। उन दिनों रीगल बन्द नहीं हुआ था। शायद एक बीते ज़माने की इकलौती डोर के मानिन्द अन्तिम साँस ले रहा था।

३

इन्हीं दिनों, यही कोई मध्य अस्सी के दशक की बात होगी। उत्तर बिहार

के मिथिलांचल का इलाक़ा। ग्रामीण, कसबाई, छोटे शहरों की ज़िन्दगी। मैं तब छोटा था, स्कूल में पढ़ता हुआ। इस इलाक़े में शहरों की संख्या कोई बहुत नहीं थी। दरभंगा, मधुबनी, समस्तीपुर और यदि कोशी पार कर जायें तो सहरसा, कटिहार, पूर्णिया, नेपाल से सटा हुआ इलाक़ा। नेपाल अर्थात् चकाचौंध करने वाले 'मेड इन चाइना' इलेक्ट्रॉनिक सामान, ख़ूबसूरत छोटे-छोटे ट्रांजिस्टर, 'नेशनल पेनासॉनिक' के ऑरिज़नल टू-इन-वन और सस्ते ब्लैंक कैसेट्स...। और हमारे लिए ख़ास आकर्षण—चाइनीज़ विल्सन पेन! नेपाल अर्थात् अफ़ीम की तस्करी भी। लेकिन तब हम लोगों के लिए यह कोई बड़ा मुद्दा नहीं था। भले ही सरकार और प्रशासन के लिए यही सबसे बड़ा मुद्दा रहा हो। ऑल इण्डिया रेडियो के प्रादेशिक समाचारों और पटना से निकलने वाले अख़बारों में इसकी चर्चा होती और फिर ज़ेहन से भुला दिये जाते। न तो 'सिंडिकेटों' की जन-संस्कृति में कुछ ख़ास अहमियत थी और न ही 'डालडा' की (वनस्पति तेलों की) तस्करी ही तब तक व्यापक रूप अख़्तियार कर पायी थी ('सिंडिकेटों की उपस्थिति और डालडा की तस्करी नब्बे के दशक में आम जीवन में नेपाल की छवि के साथ महत्त्वपूर्ण रूप से जुड़ी हुई थी), तो कुल मिलाकर, मामला ट्रांजिस्टरों, टू-इन-वन, क़लम तथा छिटपुट घरेलू साज़-ओ-सामान पर ही अटका रहा। पर यह अहम था।

मैं दरभंगा में रहा करता था। उस दौर में वहाँ रेडियो या इलेक्ट्रॉनिक सामानों की कोई ज़्यादा दुकानें तो थी नहीं। जो चन्द दुकानें थीं वो शहर के मुख्य बाज़ार, टॉवर चौक पर ही केन्द्रित थीं। इनमें बड़े-बड़े ब्रैंड के सामान ही बिक़ते थे जैसे, 'फ़िलिप्स', 'बुश', 'मर्फ़ी' आदि। इन्हें हम लोग देशी ब्रैंड मानते थे, 'कॉलगेट' दन्त मंजन की तरह ही! 'फ़िलिप्स' के मुक़ाबले 'सोनी' और 'नेशनल पेनासॉनिक' को (जो नेपाल में मिलते थे) विदेशी उत्पाद माना जाता था। दरभंगा की ये इलेक्ट्रॉनिक सामानों की दुकानें अत्यन्त प्रतिष्ठित मानी जाती थीं जिनके मालिकों को शहर और समाज में सम्मान विरासत में मिला था।

दिल्ली के नौवें एशियाई खेल ने इस दौर के कुछ पहले ही टेलीविज़न को दरभंगा में उतार तो दिया था लेकिन इनकी संख्या शहर में तब गिनी-चुनी ही थी। हमें टी.वी. देखने के लिए कुछ सफ़र तय करना होता था। यूँ तो मोहल्ले में दो-तीन टी.वी. थे लेकिन सारा मोहल्ला वस्तुतः एक ही

टी.वी. वाले घर पर आश्रित था। इन्दिरा गाँधी का अन्तिम संस्कार, 'बेंसन एण्ड हेजे़ज़' क्रिकेट शृंखला में भारत की जीत जैसे ख़ास मौक़े और 'शो-थीम', 'क्विज़ टाइम' और 'चित्रहार' जैसे साप्ताहिक कार्यक्रमों ने टी.वी. वाले घरों की अहमियत हम जैसे बच्चों के लिए बहुत बढ़ा दी थी लेकिन दरभंगा जैसे छोटे शहर में, जहाँ बिजली अधिकतर गुल रहा करती थी, दूर के घर में जाकर टी.वी. देखना परेशानी भरा काम भी था। मेरे घर के बिजली का फ़ेज़, टी.वी. वाले घरों के फ़ेज़ से भिन्न था। इसलिए कई बार जब हम भागते क़दमों के साथ हाँफती धड़कनें लिये वहाँ पहुँचते तो पता चलता कि 'लाइट आयी ही नहीं' या फिर 'अभी-अभी चली गयी'। किराये की जेनरेटर सेवा जो नब्बे के दशक में दरभंगा जैसे शहरों की ज़िन्दगी के साथ अनिवार्य रूप से जुड़ गयी, अभी तक कल्पनातीत थी। हालाँकि बैटरी वाले छोटे टी.वी. ने कुछ ही दिनों में बिजली पर टी.वी. की निर्भरता ख़त्म कर दी।

बैटरी पर चलने वाले छोटे 'ब्लैक ऐंड व्हाइट' टी.वी. की पहली पीढ़ी, 'हम लोग', 'बुनियाद', 'तमस' जैसे लोकप्रिय और प्रभावशाली सीरियलों के साथ आयी और मध्यवर्गीय घरों में बड़ी तेज़ी से पारिवारिक समय को नये सिरे से व्याख्यायित करने लगी। लाजो जी और मास्टर साहब ('बुनियाद') के साथ विस्थापन की त्रासदी को हमारी पीढ़ी (जिसका विभाजन से प्रत्यक्षतः या परोक्षतः कोई सरोकार नहीं था) ने पहली बार अनुभव किया। मेरे घर में इन धारावाहिकों के कारण रात के खाने का समय स्थायी तौर पर आधे घण्टे के लिए टल गया था। रविवार की शाम, हमारे खेल मैदान में पारियों और ओवरों की संख्या, टी.वी. पर आने वाले सिनेमा द्वारा निर्धारित होने लगे। संक्षेप में कहा जाय तो दरभंगा के मध्यवर्गीय टी.वी. संस्कृति को टी.वी. ने नहीं वरन् इसके स्थानीय अवतार, बैटरी से चलने वाले टी.वी. ने सही रूप से जन्म दिया था। इन बैटरीचालित टी.वी. के साथ जिस चीज़ ने दरभंगा और कहें तो पूरे मिथिलांचल की मीडिया संस्कृति को ख़ासतौर से प्रभावित किया था वह था—'सन्तोष रेडियो'।

४

जिस प्रकार बैटरी चालित टी.वी. ने छोटे शहरों (जैसे दरभंगा) के मध्यवर्गीय

घरों में अस्सी के उत्तरार्ध में धमाके के साथ प्रवेश किया कुछ उसी प्रकार लेकिन अधिक प्रभावशाली रूप में 'सन्तोष रेडियो' निम्न मध्य वर्ग और निम्न वर्ग में दाख़िल हुआ, परन्तु पारिवारिक सम्पत्ति से अधिक एक व्यक्तिगत सामान की तरह। एक अन्तर और भी था, जहाँ टी.वी. अभी भी शहरी संस्कृति में ही सीमित था वहीं 'सन्तोष रेडियो' ने दरभंगा, मधुबनी के साथ-साथ ग्रामीण क्षेत्रों में भी साथ-साथ ही प्रवेश पाया।

बैटरी वाले टी.वी. के प्रचलन के कारण दरभंगा में इलेक्ट्रॉनिक सामानों (विशेषतः टी.वी.) की कुछ नयी दुकानें भी खुलीं, लेकिन ये दुकानें मुख्य बाज़ार में ही हुआ करती थीं। पुरानी प्रतिष्ठित दुकानें भी टी.वी. विक्रेता के रूप में नयी पहचान अख़्तियार करने लगी थीं लेकिन टी.वी. ने मीडिया बाज़ार की अपनी सामाजिकता या उसकी साख के सामाजिक स्वरूप को कोई ख़ास प्रभावित नहीं किया था। 'सन्तोष रेडियो' ने तो इस मीडिया के गणित और ज्योग्राफ़िया को ही उलट-पलट कर रख दिया।

तब 'सन्तोष रेडियो' की क़ीमत एक सौ साठ-पैंसठ रुपये (या शायद इससे भी कम) हुआ करती थी। यह क़ीमत, 'फ़िलिप्स', 'मर्फ़ी' या 'बुश' जैसे स्थापित ब्रैंडों की तुलना में आधी या एक-तिहाई ही थी। शुरू के बहुत दिनों तक यह टावर चौक स्थित प्रतिष्ठित इलेक्ट्रॉनिक दुकानों में मिलता भी न था लेकिन जहाँ एक ओर मुख्य बाज़ार में एक कमॉडिटी के रूप में यह अनुपस्थित था वहीं परिधि के अन्य बाज़ारों में इसकी गनगनाहट बड़े ज़ोर-शोर से सुनायी दे रही थी। 'सन्तोष रेडियो' मुख्यतः पूनम सिनेमा, उमा सिनेमा तथा हर छोटे-बड़े चौक की उन दुकानों में उपलब्ध होता था जो अब तक रेडियो रिपेयरिंग या फिर बिजली के उपकरणों की मझोले क़द की दुकानों के रूप में जानी जाती थीं। दूसरे शब्दों में कहें तो 'सन्तोष रेडियो' ने अन्य प्रतिष्ठित ब्रैंडों के बाज़ार के बाहर और नेपाली 'मेड इन चाइना' ट्रांजिस्टरों से इतर अपने लिए एक नया बाज़ार और एक भिन्न बाज़ारू परिवेश गढ़ा था जिसमें रेडियो (ट्रांज़िस्टरों) की ख़रीद-फ़रोख़्त मध्यवर्गीय उपभोक्ता मूल्यों में अब सीमित नहीं थी। ट्रांजिस्टर की ख़रीद-फ़रोख़्त बिजली के अन्य उपकरणों (जैसे इस्त्री, पंखे, ट्यूब लाइट) की तिज़ारत का ही एक हिस्सा हो गयी।

दूसरी ओर 'सन्तोष रेडियो' के सामाजिक सरोकार क़ाफी गहरे साबित हुए। इसे समझने के लिए मिथिलांचल में शादी-ब्याह के साथ जुड़ी लेन-

देन की प्रक्रियाओं और अन्य मान्यताओं की ओर ध्यान देना होगा। मिथिलांचल की शादियों में मध्य अस्सी के दशक तक दूल्हे को घड़ी, साइकिल और रेडियो लगभग अनिवार्य रूप से दिये जाते थे। यह परिपाटी उच्च वर्ग और ऊँची जाति में भले ही घड़ी और रेडियो तक ही सीमित थी (सत्तर के दशक में दहेज़ के सामानों में साइकिल सदैव ही उपस्थित हुआ करती थी जो अस्सी में धीरे-धीरे मध्यवर्गीय शादियों में अनुपस्थित हो चली थी)। आज भी घड़ी और अँगूठी दो ऐसी वस्तुएँ हैं जो सभी वर्ण और वर्ग की शादियों में दूल्हे के सामान का ज़रूरी हिस्सा होती हैं, तो अस्सी के मध्य के उच्च वर्ग और उच्च वर्गीय शादियों में रेडियो (इस समय तक रेडियो के पुराने संस्करण लुप्तप्राय होने लगे थे और रेडियो को ट्रांजिस्टर के अर्थ में समझना चाहिए) भी ग़ायब होने लगा था। दूल्हे के दहेज़ में नेपाल से मँगाया हुआ 'मेड इन चाइना' ('नेशनल पेनासॉनिक' या 'सोनी' का) टू-इन-वन अपना स्थान बनाने लगा था। इन टू-इन-वन सेटों के साथ दो चार-फ़िल्मी और दो-चार ब्लैंक कैसेट्स भी दहेज़ में आते। इन ब्लैंक कैसेट्स में से एक या दो निश्चित तौर पर शादी के मन्त्रोच्चार और विवाह स्थल की अन्य आवाज़ों से भरी होती थी। शादी के दिन इन मोहिनी आवाज़ों को दूल्हे के घर में औरतों को दोपहर में खाने के बाद फ़ुर्सत के क्षणों में बड़े ताम-झाम से सुनाया जाता। कहना न होगा कि आज के 'मैरेज-वीडियो' ने इन रिकॉर्डेड ऑडियो शो का स्थान ले लिया है।

यह याद दिलाना ज़रूरी है कि नेपाली टू-इन-वन के ज़माने में इनकी पहुँच मझोले और छोटे सामाजिक तबक़ों में बहुत ही सीमित या न के बराबर ही थी। रेडियो, घड़ी और साइकिल की माँग को पूरा करना इस समय निम्न वर्ण और निम्न वर्ग में शान की बात मानी जाती थी और दहेज़ लेने-देने वाले इनका उत्साहपूर्वक और विशेष रूप से ज़िक्र करते थे। इस समय जहाँ ऊँचे तबक़ों में ट्रांज़िस्टर व्यक्तिगत उपभोग की सामग्री हो चुकी थी और एक ही परिवार में एक से अधिक ट्रांजिस्टर सेट्स (या फिर एक रेडियो, एक टू-इन-वन, एक ट्रांजिस्टर) पाये जाने लगे थे। वहीं समाज के मध्य और निचले तबक़ों में ट्रांजिस्टर और रेडियो के बीच बोलचाल की भाषा में कोई अन्तर नहीं हुआ करता था। ट्रांजिस्टर को रेडियो के नाम से ही पुकारा जाता था और यह व्यक्तिगत सम्पत्ति न होकर

पारिवारिक सम्पत्ति ही हुआ करती थी। ठीक उसी तरह जैसे टेलीविज़न आज भी औसत मध्यवर्गीय परिवारों में पारिवारिक सम्पत्ति के रूप में जाना जाता है (यहाँ मैं लगे हाथ यह भी स्पष्ट कर दूँ कि मैं 'परिवार' या 'घर' शब्द का उपयोग 'एकल' और महानगरीय सामाजिक इकाई के रूप में नहीं वरन् एक लचीले, खुले और ग्राम्य-शहरी सन्दर्भों में सामाजिक इकाई के रूप में कर रहा हूँ)।

५

ख़ैर, बात यह है कि 'सन्तोष रेडियो' के आगमन ने रेडियो/ट्रांज़िस्टर और इससे जुड़े सामाजिक पदानुक्रम आधारित मूल्यबोधों, पारिवारिक सम्पत्ति/व्यक्तिगत सम्पत्ति आदि सामाजिक संश्लिष्टताओं को पुनःपरिभाषित करना शुरू कर दिया। सस्ते होने मात्र की वजह से अब इसने समाज के सभी तबक़ों के दूल्हे के सामानों में अपनी पैठ बना ली। निचले तबक़ों में ट्रांज़िस्टर और रेडियो के बीच फ़र्क़ किया जाने लगा और परिवार में एक से अधिक ट्रांज़िस्टर सेट्स भी रहने लगे, जो एक ही समय में अलग-अलग जगहों पर अलग-अलग श्रोताओं को विभिन्न कार्यक्रम/स्वर/विश्वदृष्टि उपलब्ध कराने लगे थे। जैसे बूढ़ा बाप दरभंगा आकाशवाणी से प्रसारित होने वाले मैथिली कार्यक्रम 'गाम-घर' में खुरखुर भाई की आवाज़ को सुन रहा होता था तो आँगन में औरतें विविध भारती के गाने सुन रही होती थीं। इसे आप विभिन्न समय-वृत्तों की एक परिवार में समानान्तर उपस्थिति के रूप में भी देख सकते हैं। 'सन्तोष रेडियो' ने निम्न सामाजिक तबक़ों के बीच पहली बार क्षेत्रीय और राष्ट्रीय सुरों को एक साथ एक ही क्षण में उपस्थित होने की ज़मीन बनायी। समाचार सुनने की अहमियत बढ़ने लगी। पहले जहाँ रेडियो सुनना एक सामूहिक कार्य हुआ करता था वहीं अब यह व्यक्तिगत और दैनिक व्यक्तिगत पसन्द-नापसन्द की गतिविधियों के रूप में नज़र आने लगा। पहले लोग एक साथ एक जगह बैठकर रेडियो सुनते, समाचार सुनते और आम-ओ-ख़ास मसले पर बात-विचार करते, अब लोग-बाग इन समाचारों को अलग-अलग सुनते और ख़ास मसलों पर बाद में ही बात-विचार करते। बातें अकसर राजनीति और उसमें भी विशेषतः चुनावी मुद्दों पर केन्द्रित होने लगीं।

एक दूसरा बदलाव, खेतों–खलिहानों, सड़कों और चौराहों की तस्वीरों में भी आया। अब 'सन्तोष ब्रैंड' की तेज़ आवाज़ के सामने बाबू–भइया की 'फ़िलिप्स' और 'मर्फ़ी' की आवाज़ें दम तोड़ने लगीं। पंजाब, बम्बई और कलकत्ते से लौटे अप्रवासी मज़दूरों के लिए 'सन्तोष' के ट्रांज़िस्टर ख़रीदना (या पुराने सेटों में ही नयी बैटरी डालकर ऊँची आवाज़ में सुनना) मुश्किल नहीं था और वे नये–नये तर्ज़ के मिथुन, गोविन्दा, जितेन्द्र, श्रीदेवी और माधुरी के गाने पूरी आवाज़ में सुनते और बाबू भइया को भी सुनवाते, मानो सदियों के सामन्तवादी मूल्यों को सन्तोष रेडियो से निकलने वाली 'एक दो तीन, चार पाँच छह, सात आठ नौ दस ग्यारह...' चुनौती देने लगी थी। सन्तोष रेडियो की ऊँची कड़क आवाज़ के साथ शायद 'मर्दानगी' के प्रदर्शनकारी अवयव का भी कोई तार जुड़ा हुआ था।

'बाबू–भइयों' ने कई तरह से इसके काट भी निकाले। ट्रांज़िस्टरों का हवेली से निकलना बन्द नहीं तो बहुत कम ज़रूर हो गया। बड़े तबक़े के लोग अब फसल कटवाने या चौक पर तफ़रीह में ट्रांज़िस्टर साथ रखना अपनी हिमाक़त समझने लगे। घर में भी ऊँची आवाज़ में ट्रांज़िस्टर सुनना असभ्यता की निशानी या गँवारपन का परिचायक माना जाने लगा। दरअसल ये सब 'सन्तोष रेडियो' को हतोत्साहित करने के नुस्ख़े थे। साथ में 'सन्तोष रेडियो' के ख़िलाफ़ आक्रामक तरीक़े भी अपनाये जाने लगे। इनके तहत 'सन्तोष रेडियो' को 'नक़ली', 'दिल्ली सेट' और 'लोकल' कहकर सम्बोधित किया जाने लगा। 'सन्तोष रेडियो' को हास्यास्पद साबित करने का कोई भी मौक़ा नहीं छोड़ा जाता। मज़ेदार बात यह भी है कि सन्तोष रेडियो का कारख़ाना दिल्ली में न होकर कोलकाता में है। १५ अक्टूबर, २००४ के rediff.com पर प्रसारित रपट में सन्तोष रेडियो के डायरेक्टर सन्तोष केजरीवाल कहते हैं, ''कोलकाता और अन्य शहरों में एफ़एम के प्रसारण की शुरुआत से पहले हम लगभग पाँच लाख रेडियो सेट प्रति वर्ष बेचा करते थे जो आँकड़ा पिछले साल (२००३ में) साढ़े सात लाख तक पहुँच गया और इस वर्ष के अन्त तक हमारा लक्ष्य दस लाख की संख्या को पार करना है। अभी हमारे पास एक सौ अस्सी से लेकर ढाई सौ रुपये तक की मूल्य श्रेणी में पचास मॉडल हैं, लेकिन बढ़ती प्रतिस्पर्द्धा को देखते हुए हम दामों में और कटौती करेंगे।''[१]

दूसरी ओर मीडिया के तेज़ी से बदलते मंज़र में टी.वी. और इसके इर्द–

गिर्द सामाजिक मूल्यों ने रेडियो तथा ट्रांज़िस्टरों का स्थान ले लिया था। लेकिन 'सन्तोष रेडियो' अब तक सामाजिक मूल्यों में गहरी पैठ बना चुका था। इसके लिए थोड़ी चर्चा माइग्रेशन संस्कृति की भी ज़रूरी है।

६

मध्य अस्सी के बाद बिहार के सभी इलाक़ों से होने वाली माइग्रेशनों ने नया स्वरूप अख़्तियार किया। शिक्षा प्रणाली में गिरावट, रोज़गार के अवसरों का स्थानीय और राज्य स्तर पर पतन, दिल्ली में शिक्षा और रोज़गार के अवसरों में बढ़ोतरी (ज्ञातव्य हो कि यह समय दिल्ली का अन्य तीनों महानगरों की अपेक्षा अधिक केन्द्रीकृत विकास का भी दौर रहा), बिहार में राष्ट्रीय जनता दल की सरकार और इससे उत्पन्न उच्चवर्गीय असुरक्षा की भावनाएँ, विकास के पैमानों में निरन्तर होती गिरावट आदि ने कुल मिलाकर मध्य और निम्न मध्यवर्ग के बीच 'दिल्ली चलो' का नारा बुलन्द किया। ज़ाहिर है, इन सभी नौजवानों का दिल्ली में सरकारी दफ़्तरों में हाकिम या बाबूगिरी, डाक्टरी, इंजीनियरी और प्रोफ़ेसरी जैसी सामाजिक मान्यता प्राप्त नौकरी तो मिलनी नहीं थी। कुछ ने मज़बूरीवश, कुछ ने स्वेच्छा से नये-नये क्षेत्रों में (जैसे मैनेजमेंट, एन.जी.ओ., पत्रकारिता, मार्केटिंग आदि) क़दम रखने आरम्भ किये। जब इनसे इनके घर-परिवार, शहर-गाँव में कोई यह पूछता कि "बिटवा, दिल्ली में कौन सी नौकरी करते हो?" तो इनमें से बहुतों को अपनी नौकरी के स्वरूप को सरलता और सटीकता से स्थानीय सामाजिक मानदण्डों के तहत समझाने में क़ाफी मशक़्क़त करनी पड़ती। इन नौजवानों और इनके घरवालों के बीच इनकी शादी एक अलग ही समस्या थी। 'लड़का दिल्ली में नौकरी करता है'— शुरू-शुरू में यह अपने आप में शादी के रिश्ते के लिए क़ाफी था। पर जल्द ही लड़की वालों ने महसूस किया कि दिल्ली इण्डिया गेट, कनॉट प्लेस, ग्रेटर कैलाश मात्र नहीं है। उन्हें उनकी नवब्याहता लड़की के दुःख भरे ख़त होलंबी कलाँ, नांगलोई, पालम गाँव आदि से आने लगे। इन ख़तों में यह भी ज़िक्र होता था कि उनके 'जमाई राजा' को जो पगार मिलती है वह परिवार का पेट भरने के लिए पर्याप्त नहीं है।

धीरे-धीरे दिल्ली में अनाम और अबूझ नौकरी करने वाले मिथिलांचल के नौजवानों के लिए नया शब्द प्रचलित हो गया—'दिल्ली ब्रैंड/दिल्ली सेट दूल्हा'। ये शादी से पहले और शादी के कुछ दिनों बाद तक तो काफ़ी तेज़ आवाज़, चमक-दमक और शान-ओ-शौक़त में नज़र आते पर इनके ठाट-बाट अधिक दिन टिक नहीं पाते। मिथिलांचल के उच्च वर्ग और उच्च वर्ण की मध्यवर्गीय सामाजिकताओं में ये उनके 'सन्तोष रेडियो' की अवधारणाओं के बहुत क़रीब थे। उनके लिए जिस प्रकार 'सन्तोष रेडियो' दिल्ली ब्रैंड, गुणवत्ता के मामले में घटिया, बिना भरोसे वाला और तेज़ आवाज़ करने वाला दिखावटी था, उसी प्रकार दिल्ली में काम करने वाले ये नौजवान सरकारी दफ़्तरों में काम करने वालों, डाक्टरों, इंजीनियरों और सिविल सर्वेंटों की तुलना में बिना भरोसे वाले, दिखावटी और अल्पकालिक माने जाने लगे। और 'सन्तोष ब्रैंड' से जुड़ी उनकी मान्यता यहाँ कारगर सिद्ध हुई। 'सन्तोष रेडियो' से जुड़ी 'दिल्ली ब्रैंड' की मान्यता ने समाज में अब नौजवानों पर चस्पाँ एक लेबल के रूप में जगह बनायी।

मीडिया के फ़ैशन से रेडियो गये, ट्रांज़िस्टर गये, टी.वी. आये, वी.सी.पी. (वीडियो कैसेट प्लेयर) का स्थान वी.सी.डी. और डी.वी.डी. ने लिया। साइकिल पर फेरी लगाने वालों के पास सिनेमा और गीतों के सी.डी. तथा एमपीथ्री मिल जाते हैं। यदि आप ख़रीदना चाहें तो तीन फ़िल्मों वाली एक डी.वी.डी. नब्बे रुपये में, वी.सी.डी. तीस से चालीस रुपये में मिल जायेगी। भाड़े पर तो तीन रुपये से पाँच रुपये में ही यह उपलब्ध हो जायेगा। 'सन्तोष ब्रैंड' महज़ स्मृति का हिस्सा बन कर रह गया, यदि कुछ बाक़ी है तो 'दिल्ली ब्रैंड' नौजवान—एक मीडिया की वस्तु को दिया गया सामाजिक मूल्य, इन्सानी रिश्तों को तौलता हुआ!

पाद-टिप्पणी

१. जॉयदीप रे, 'एफ़एम रेडियो रिवाइव्स रेडियो मेकिंग', १५ अक्टूबर, २००४, ३.०६ IST, http://www.rediff.com/money/2004/oct/15radio.htm

मामूली राम की दिल्ली
आर्काइव का शहर और शहर का आर्काइव

दिल्ली शहर की सबसे पुरानी इबारत, 'पालम बाउली' में दिल्ली को माया का साक्षात् रूप माना गया है। शहरी चकाचौंध में आकार लेती और इतिहास की धुन्ध में खोती जाती एक मायावी देह। इसी दिल्ली में एक दिन लाइब्रेरी में पुराने 'दिनमान' की प्रतियों से धूल हटाते हुए अचानक 'मामूली राम' मिल गये। इतिहास और शहरी चकाचौंध—दोनों ही की मायावी शक्ति से ऊब चुके उन्होंने कहा, "भई कभी हमारे शहर के बारे में भी कुछ सोचो! दिल्ली महज़ इतिहास ही नहीं है। यहाँ चमक-दमक की परतों के नीचे एक आम शहरी भी अपने दैनिक अनुभवों के साथ एक पूरी ज़िन्दगी गुज़ार देता है। कभी जनता के इस ग़ैर-फन्तासी शहर के लिए भी सोचो।" मैंने फ़ौरन उनको अपने आर्काइव आने का निमन्त्रण दे डाला। वे घबड़ाये। कुछ परेशानी और झिझक के साथ उन्होंने कहा, "आर्काइव तो राज्य और इतिहास की जेल है। वहाँ एक तो मेरे जैसे साधारण शहरी के लिए कोई जगह नहीं होगी और दूसरे कि मैं इतिहास में इतनी जल्दी दफ़न नहीं होना चाहता।" मैंने कहा कि यह आर्काइव थोड़ा अलग क़िस्म का है। यहाँ इतिहास भी है, लेकिन सभी कुछ इतिहास में दफ़न मुर्दा जिस्म ही नहीं है। यहाँ चलती-फिरती ज़िन्दगानियाँ हैं और शहर की आम-ओ-ख़ास जन-संस्कृति भी। आख़िरकार, रूठते-मनाते, मामूली राम आर्काइव आ गये।

मामूली राम एक दस्तावेज़ के रूप में शहर की रोज़ाना ज़िन्दगी के एक

बिम्ब के रूप में एक ऐसे आर्काइव के सदस्य हो गये जो शहर के एक हिस्से के रूप में न तो फन्तासी है और न ही सरकारी। यह शहर के 'अन्य' और इससे जुड़े अँधेरे के वृत्तों की ज़िन्दगी भी नहीं है। यह एक आम शहरी की ज़िन्दगी है जो दुःख-सुख, अँधेरे-उजाले सभी का अनुभव करता है और शहर की भीड़ भरी दुनिया(ओं) में ही साँस लेता है—अपनी पूर्ण जटिलताओं के साथ, अपने सुख-चैन के साथ। इस निबन्ध में मामूली राम के नज़रिये से शहर के बनते आर्काइव और आर्काइव के शहर की सैर करने की इच्छा मैं रखता हूँ।

इस आर्काइव में आवास समस्या पर 'मेमोरेंडम' है तो शहर को एक बीमार देह की तरह देखता हुआ १९६१ का पहला 'दिल्ली मास्टर प्लान' भी, होली के रसीले भोजपुरी गीतों की किताब है तो जनसाधारण के बीच लोकप्रिय 'लुगदी साहित्य' भी, शहरी नियोजन से सम्बन्धित सरकारी और ग़ैर-सरकारी दस्तावेज़ हैं तो शहर पर दुनिया के विद्वानों की राय भी...। इस प्रकार कहा जा सकता है कि जहाँ एक ओर विभिन्न विमर्शों में देखे जाते दिल्ली के अक़्स हैं, वहीं दूसरी ओर सड़कों पर चलते-फिरते उस शहर का जीवन भी है जिसे एक आम दिल्लीवासी जीता और अपनी निगाहों से देखता आया है। शर्त बस इतनी कि यह न पूछें कि यह आम दिल्लीवासी है कौन? क्योंकि समाज-विज्ञान की भीड़ में इसे ढूँढ़ना दूभर होगा। दूसरी ओर, एक बहुत पेचीदा खेल आर्काइव में भी चलता है।

आर्काइव, बिम्ब और ख़बरों का मामूलीपन

ज़ाहिर है आर्काइव में ज़िन्दगी अपने चलते-फिरते रूपों में तो रह नहीं सकती। इसलिए जो है वह शहर का बिम्ब भर है। इन बिम्बों में ही और इनके माध्यम से ही एक ख़ास प्रकार का ज्ञान संयोजित, वर्गीकृत और उत्पादित होता चलता है। किस दस्तावेज़ को रखा जाय किसको छोड़ा जाय, किस बिम्ब को दस्तावेज़ माना जाय और किसको नहीं—जैसे सवालों से ही यह निर्धारित होता है कि विषय के किस पक्ष को ज्ञान की दृष्टि से उपयोगी माना जा रहा है और किसको अनुपयोगी। इस प्रकार, आर्काइव दो प्रकार की ज्ञान दृष्टियों के संयोग का फल होता है। एक ओर

तो यह विषय सम्बन्धी ज्ञान की हमारी समकालीन अवधारणाओं द्वारा निर्धारित होता है, और हमें निर्देशित करता है कि मानव जीवन का उक्त बिम्ब वस्तुतः ज्ञेय है—यह ज्ञान का एक रूप है। दूसरी ओर, आर्काइव सदैव ही भविष्योन्मुख होता है। वस्तुतः आर्काइव भविष्य के लिए ज्ञान के बिम्बों को सुरक्षित रखने का एक प्रयत्न है, शहर दिल्ली को भविष्य में क़ैद करने की मुहिम। आर्काइव के निर्माण में ज्ञान का भविष्योपयोगी बिम्ब संरक्षित रहता है। इस प्रकार, भविष्य और इतिहास की ज्ञान दृष्टियों के बीच झूलते हुए जन-संस्कृति के आर्काइव की दूसरी समस्या संस्कृति सम्बन्धी हमारे नज़रिये की समग्रता से भी उत्पन्न होती है। जब हम जीवन के तार को एक-दूसरे से अलग नहीं कर सकते तो आर्काइव एक सर्वहारी राक्षस के रूप में हमारे सामने आता है। कोशिश यही रहती है कि जितना अधिक से अधिक पचा सकें पचा लें। ऐसे में किसे संग्रह से छोड़ा जाय—एक मुश्किल सवाल हो जाता है। हर बिम्ब अपना एक सन्दर्भ लिये आता है और प्रत्येक सन्दर्भ का अपना एक इतिहास तो होता ही है।

लेकिन इनसे भी पेचीदा है मामूली राम के शहर को, इस दिल्ली के मामूली जीवन के मामूली बिम्बों के इर्द-गिर्द ज्ञान के वृत्तों को संगृहित करना। मुश्किल इसलिए भी कि कल जो 'ख़बर' थी आज के शहर ने उसे निगल लिया है। बीते हुए कल की 'ख़बर' आज मीडिया विमर्श में अदृश्य हो चुकी है।

१९४० के 'द हिन्दुस्तान टाइम्स' में ऐसी ही एक ख़बर की ओर मेरा ध्यान आकर्षित हुआ। आज के सन्दर्भ में शायद ही इसे 'ख़बर' का दर्जा भी मिले। ख़बर कुछ इस तरह थी :

> कुँवारी दुलहन एक विवाहित महिला निकली।
>
> दिल्ली, गुरुवार : मजिस्ट्रेट श्री वेद प्रकाश गौतम ने एक धीसा को कल भारतीय दण्ड संहिता की धारा ४२० (धोखाधड़ी) के तहत दोषी करार देते हुए एक साल की सश्रम सज़ा सुनायी। दोषी के ख़िलाफ़ आरोप यह था कि उसने पहले से शादीशुदा एक गूजर महिला की करौलबाग़ के एक ब्राह्मण से यह कहकर शादी करवा दी कि वह महिला कुँवारी है।

मामूली राम के सब्र का बाँध टूट गया। मामूली शहरी जीवन का मतलब इतना भी मामूली नहीं। आख़िर कुछ तो तर्क होना चाहिए किसी बिम्ब,

किसी ख़बर के टुकड़े को इकट्ठा करने के पीछे।

मैं मामूली राम को समझाने का प्रयास करता हूँ। शहरी सेक्सुअलिटी के विमर्श में दैनिक जीवन का ग़ैर-आकर्षक पहलू अत्यन्त महत्त्वपूर्ण होता है। यदि आज के परिप्रेक्ष्य में उपर्युक्त ख़बर को एक घटना के रूप में देखना कठिन हो जाता है तो कहीं न कहीं यह मीडिया विमर्श और शहर की यौन मानसिकता द्वारा तय की गयी दूरी का भी सूचक है। यह हमें सूचित करता है कि सन् '४० में शहर की देह को मीडिया किस रूप में देखना और दिखाना चाहता था। आज इस ख़बर को अधिक से अधिक 'सांध्य-टाइम्स' में जगह मिलेगी!

चलिये छोड़िये धोखाधड़ी और हिंसा की बातें। कुछ रंग और उमंग की बातें की जायें, कुछ ऐसी जो आज मामूली लगें लेकिन अपनी समकालीनता में 'ख़बर' रही हों।

'१८२८ की दिल्ली डायरी' में कृष्ण लाल सचदेवा ने कलकत्ता से निकलने वाले फ़ारसी साप्ताहिक *'जान-ए-जहाँनुमा'* से दिल्ली की दो रपटों का ब्योरा दिया है :

> होली : ३ मार्च को राजा सोहन लाल और दूसरे नवाबों ने शहंशाह को नज़र पेश की। राजा ने उन्हें ख़ास छूट देते हुए जुलूस में अपने घर पालकी में बैठकर जाने की इज़ाज़त दी।

क्या बात है! पालकी में बैठकर जाने की इज़ाज़त लेनी होती थी और यह ख़बर बन जाती थी। दूसरी रपट कुछ इस प्रकार थी :

> दशहरा : १५ अक्तूबर को मिर्ज़ा सलीम ५० घुड़सवारों और सेना की दो बटालियनों के साथ राजपुरा केंटोनमेंट में रामलीला देखने गये। राजा केदारनाथ ने दशहरे के दिन नयी पगड़ी बाँधी और राजा को नज़र पेश की।

तो जनाब, किसी ने नयी पगड़ी पहनी और यह दिल्ली डायरी का हिस्सा बन गयी। एक ख़बर हो गयी।

लेकिन यहाँ शहर की आँखों के रजिस्टर में आते बदलाव की ओर ध्यान देना लाज़िमी हो जाता है। पालकी में जाने की इज़ाज़त, पगड़ी बाँधने की ख़बर, होली और दशहरे जैसे त्योहारों के अवसरों पर शहर के अन्य दिनों की अपेक्षा इसके 'स्कोपिक रिज़िम्स'[१] में आये बदलावों की ओर इशारा

करता है। देखते हैं, दिल्ली के बदलावों और इसके विभिन्न 'आर्काइवल रजिस्टरों' को मामूली राम किस प्रकार देखता है?

किसी किराने की दुकान की पर्ची को एक चर्चित साप्ताहिक पत्रिका के मुख्य-पृष्ठ पर देखना एक ऐसा ही रजिस्टर है (देखें चित्र)। शनिवार, २२ अप्रैल १९७८ को यह पर्ची शहरी दैनिक जीवन के आर्काइव का महत्त्वपूर्ण दस्तावेज़ हो सकता है जो दिल्ली के आर्थिक इतिहास, खान-पान और 'कॉमोडिटी' के इतिहास के परिमाणात्मक विश्लेषण के लिए एक उम्दा सुराग़ है। यह और बात है कि ज़माने की हवा 'नेरेटिव्स' के साथ बह रही है।

मामूली राम को अब यह लगने लगा था कि वह किसी अकादेमिक जेल में फँसता जा रहा है जहाँ मामूली होने मात्र का जश्न मनाया जा रहा है। मामूली राम इससे ऊबकर 'सनीमा' देखने निकल पड़े। पेश है दिल्ली में सन् '६६ में 'सनीमा' देखने का एक अनुभव :

> आपके साथी ने आपके लिए तकलीफ़ की तो वाजिब नहीं कि आप उनसे दिल्ली की बस का इन्तज़ार करायें और वाजिब है कि उन्हें सनीमा दिखायें। स्कूटर स्टैंड पर ड्राइवर लोग आराम से पिछली सीटों पर लेटे मटरगश्ती कर रहे हैं। कई स्कूटरों के ड्राइवर शायद किसी बगल के किसी ढाबे में चले गये हों। हर स्कूटर वाला किसी दूसरी ही दिशा में जाना चाहता है। राम-राम करके एक उस सनीमाघर की ओर जाने को तैयार भी होता है जहाँ यह नयी फ़िल्म लगी है तो शुरू से ही कोई लम्बा वाला रास्ता पकड़ता है—और पूरे साढ़े तीन बजे जब उसके बढ़े किराये को झिक-झिक के बाद चुका कर उतरते हैं तो सनीमाघर पर 'हाउसफुल' की तख़्ती टँग चुकी होती है। दो-चार मिनट आप इन्तज़ार करते हैं। लेकिन टिकट ब्लैक में बेचने वाला भी टकराता है तो उसके पास एक ही टिकट है।
>
> इस गर्मी में अपने मित्र की राय पर आप टैक्सी कर दूसरी बस्ती में जाते हैं, जहाँ सनीमा, आपके मित्र के अनुसार, कुछ देर से भी शुरू होता है। उस सनीमाघर में ऊँचे दर्जे का टिकट भी आसानी से मिल जायेगा। वहाँ पहुँचने पर पता चला कि अभी १२ बजे वाला शो भी ख़त्म नहीं हुआ, क्योंकि इस सनीमाघर की बिजली दो घण्टे के लिए चली गयी थी। उन दर्शकों के धीरज को सराहते हुए आप आख़िर टिकट ख़रीद लेते हैं। पाँच बजे सनीमा हॉल में प्रवेश करने के बाद आप पाते हैं कि फ़िल्म शुरू हो चुकी है। कुछ देर तक फ़िल्म तेज़ी से चलती रहती है। आपके दिल को खटका लगा रहता है कि कहीं दो घण्टे के लिए बिजली फिर न चली जाय। लेकिन ऐसा नहीं होता। सिर्फ़ अगली सीटों पर कुछ शोरगुल होता है, सीटियाँ बजती हैं और लोग चिल्लाने लगते हैं। लगता है गँवाया समय पूरा करने के लिए सनीमाघर वालों ने फ़िल्म में तीन-चार रीलें ही उड़ा दी हैं। आप ढाई घण्टे की फ़िल्म डेढ़ घण्टे में देखकर बाहर निकल आते हैं। अगला शो समय से ही शुरू होगा। यहाँ तक आ गये तो कनाट प्लेस भी हो लीजिये—इतनी फुरसत कभी-कभी ही मिलती है।

—"मामूली राम की दिल्ली", *दिनमान*, २९ जुलाई १९६६, पृ. २४-२६

शहर, आधुनिक जीवन, सिनेमा और एक दिन का यह अनुभव कुल मिलाकर उस संश्लिष्ट नेटवर्क की ओर इशारा करता है जो शहरी जीवन के बहुतेरे 'स्कोपिक रिज़िम्स' का एक रजिस्टर हो सकता है लेकिन सिनेमा देखने का यह अनुभव बहुतेरे अन्य पक्षों (जैसे सिनेमा और शहर के बीच का आर्थिक सम्बन्ध, एक बाज़ार के रूप में कार्यरत सिनेमा उद्योग, इत्यादि से बहुत नज़दीकी ताल्लुक़ रखता है। जिन रूपों में सिनेमा इस शहर में एक संगठित व्यवसाय तन्त्र के रूप में पिछले पचपन-साठ सालों में विकसित हुआ है उसके मद्देनज़र सन् '४६ के नववर्ष की शुभकामनाएँ देता यह विज्ञापन इस अर्थतन्त्र के इतिहास की ओर इशारा करता है :

> ब्रॉडवे पिक्चर्स लिमिटेड, दिल्ली
>
> २५ लाख की विशाल पूँजी तथा व्यापार की प्रगतिशील परियोजनाओं से युक्त एकमात्र सिनेमा घराना अपने शुभचिन्तकों...को नववर्ष की शुभकामनाएँ देता है।

सेठ दलसुख एम पंचोली (एम्पायर टॉकी तथा पंचोली पिक्चर्स वाले) कम्पनी की सलाहकार परिषद् में शामिल हो गये हैं।

—द *हिन्दुस्तान टाइम्स*, १ जनवरी १९४६, पृ. २

जब सिनेमा को एक अर्थतन्त्र के रूप में देख रहे हैं और शहर के स्कोपिक रिज़िम्स के इस रजिस्टर के इतिहास की चर्चा कर रहे हैं तो लगेहाथ ओडियन सिनेमा हॉल के इतिहास पर भी नज़र डाल लें। बुधवार ६ मार्च, १९४० के 'द हिन्दुस्तान टाइम्स' ने इत्तला दी :

> नयी दिल्ली के लिए एक और सिनेमाघर ओडियन
>
> ओडियन के रूप में नयी दिल्ली को चौथा सिनेमाघर मिल गया है। मिंटो रोड पर स्थित हॉल में पुरानी दिल्ली के लोग भी पहुँच सकते हैं। पिछले साल आरम्भ हुआ इसका निर्माण कार्य अब समाप्त हो चुका है। यह न केवल दिल्ली बल्कि समस्त उत्तरी भारत के आकर्षक सिनेमाघरों में एक होने का वादा करता है।
>
> यह पूरी तरह से ऊष्मा और ठण्डक बनाये रखने वाले यन्त्रों तथा आलीशान फ़र्नीचरों इत्यादि से युक्त है। इस पर कुल ख़र्च आया है २,५०,००० रुपये। इस 'बिल्डिंग' के मालिक हैं नौशेरा के राय बहादुर लाला तीरथ

राम शाह। इसको डिज़ाइन किया है श्री एन. के. कोठारी ने तथा मेसर्स राय वमान हेलाराम ने मेसर्स दीवानचन्द सेनन और जयलाल पुरी की देखरेख में इसका निर्माण किया है।

—द *हिन्दुस्तान टाइम्स,* ६ मार्च, १९४०, पेज १० से अनूदित।

मामूली राम फिर बिगड़ गये। बोले, भई, यह तो व्यवस्थित आर्थिक संरचनाओं के इतिहास की ओर ले जाता है। 'सिनेमा' से 'सनीमा' के बीच की दूरी के बारे में क्या ख़्याल है? सनीमा व्यापार में मामूली लोग कहाँ हैं? वो अनौपचारिक कामकाज और उनको करने वाले कहाँ हैं? यहाँ तो सब उजला ही उजला है, काला धन्धा कहाँ है? बात तो बिलकुल पते की है। संयोग से मुझे 'ब्लैक-मार्केटिंग' पर एक रपट मिल गयी। यद्यपि यह रपट कुछ नैतिकता का लबादा ओढ़े हुए है लेकिन फ़िल्म उद्योग और दिल्ली के सनीमा प्रेमियों के लिए यह चेहरा ज़्यादा अन्जाना नहीं है।

शो बिज़नेस का स्याह पक्ष

हिन्दुस्तान टाइम्स संवाददाता, नयी दिल्ली, २९ मई। ब्लैक मार्केटियर दरअसल वह शख़्स है जो सबसे अच्छी तरह जानता है कि इस बिज़नेस में बहुत पैसा है। उसे अपने बारे में कोई परवाह नहीं होती। जैसा कि एक थिएटर कर्मचारी ने जोकि खुद भी ब्लैक मोर्केटिंग के धन्धे में शामिल है, कहा—"मुझे क्यों परहेज़ हो यदि लोग ख़ुद ही पैसा फेंकना चाहें?" ब्लैक मार्केट में सिनेमा की क़ीमत फ़िल्म के हिसाब से बदलती रहती है। आमतौर पर सामान्य अँग्रेज़ी फ़िल्मों पर पैसा लगाया नहीं जाता। कई सारी हिन्दी फ़िल्में और जिना लोलोब्रिजिडो या रैक्वेल वेल्श जैसी नायिका वाली अँग्रेज़ी फ़िल्में ख़ूब पैसा कमाती हैं।

हर सप्ताह फ़िल्म देखने जाने वाले एक दर्शक के मुताबिक़ आम तौर पर तीस पैसे से लेकर एक रुपये तक के नफ़े के साथ टिकटें बेची जाती हैं। कभी-कभी तो मुनाफ़ा सौ फ़ीसदी हो जाता है।

ब्लैक मार्केटियर कौन होते हैं?

इनमें से कई पेशेवर होते हैं। इनके अलावा इनमें सिनेमा के स्टाफ़, अपना जेब ख़र्च जुटाने के लिए चल पड़े छात्र, साइकिल और मोटर पाट्‌र्स दुकानों के मालिक और सड़क छाप लफन्दर सभी शामिल होते हैं। पुलिस का कहना है कि उसने कई बार छापे मारे हैं तथा कई लोगों

को रँगे हाथ पकड़ा है। लेकिन उनके साथ समस्या यह होती है यह अपराध संज्ञेय नहीं है। उच्च न्यायालय के एक फ़ैसले के मुताबिक़ एक कालाबाज़ारी को तब तक नहीं पकड़ा जा सकता जब तक कि एक मैजिस्ट्रेट आदेश न जारी करे। "अगर कोई मैजिस्ट्रेट हाज़िर नहीं है तो हम कुछ नहीं कर सकते हैं।" अपराध शाखा के एक अधिकारी ने बताया। उनका मानना था कि इस समूचे मामले में सिनेमा हॉल के कर्मचारियों की मिलीभगत रहती है। उनका कहना था कि जब तक मैनेजमेंट इस मामले में कुछ नहीं करती, कालाबाज़ारियों की चाँदी होती रहेगी।

कई तकनीकें

जैसे कि स्थिति है इस समूची चीज़ को एक कला में तब्दील कर दिया गया है। विक्रेता ख़रीदार पर पूरा यक़ीन करता है। वह अपने पास एक टिकट रख लेता है और बाक़ी बेच देता है। बिना रोकटोक के पैसा इकट्ठा किया जाता है। सिनेमा स्टाफ़ के कर्मचारियों को यह फ़ायदा होता है कि उन्हें अपने पास कोई टिकट बचाकर नहीं रखना होता है। कभी-कभी पैसे का लेन-देन विचित्र ढंग अख़्तियार कर लेता है। इस संवाददाता ने एक ख़रीदार को एक व्यक्ति को पैसा सौंपते देखा। बाद में उस व्यक्ति ने अपने सहयोगी को कुछ इशारा किया और वहाँ से नौ दो ग्यारह हो गया। सहयोगी धीरे से ख़रीदार के हाथ में टिकट थमाकर भीड़ में कहीं खो गया।

दूसरी तकनीक थी 'डब्ल्यू सी सिस्टम'। 'तीन बीस का चार में' (३ रुपये २० पैसे का टिकट चार रुपये में) फुसफुसाते हुए विक्रेता भीड़ से होता हुआ बाथरूम में घुस जाता है। ख़रीदार उसके पीछे घुसता है और लेन-देन पूरी करता है। हालाँकि कुछ साहसी लोग सिनेमा हॉल के नज़दीक ही टिकट बेचते हैं।

इनमें सबसे ज़्यादा उल्लंघन सिनेमा हॉल के कर्मचारी करते हैं। कनॉट प्लेस के आसपास के थिएटरों में यह एक संगठित तन्त्र के रूप में काम करता दिखता है जिसके कर्ता-धर्ता ख़ासकर के सिनेमा के स्टाफ ही होते हैं।

एक सिनेमा हॉल के मैनेजर ने ईमानदारी से स्वीकार किया कि उसके कर्मचारी, जिनमें दो गेटकीपर तथा एक बुकिंग क्लर्क भी शामिल हैं, इस धन्धे में लगे हैं। हालाँकि उसने इसका ज़िम्मा इस तरह से टिकट ख़रीदने वालों पर लादा। उसका कहना था कि ये लोग ब्लैक मार्केट को

बढ़ावा देते हैं। उसने यह भी दावा कि उसने पहले इस काम में लगे अपने कर्मचारियों को निलम्बित भी किया था। मगर उसका यह भी कहना था कि ''सबसे ख़राब बात होती है कि ख़रीदार ही अकसर इन लोगों का बचाव करते हैं। जब तक ग्राहक साथ नहीं देते, मैं कुछ नहीं कर सकता।'' मैनेजरों में इस बात पर मतभेद था कि इस ग़लत काम में शामिल लोगों को पकड़ने के लिए हमें पुलिस को बुलाना चाहिए। एक ने कहा कि ''मैनेजमेंट की मदद करने के बजाय यही नज़र आता है कि पुलिसवालों की कालाबाज़ारियों से मिलीभगत है।'' दूसरे का कहना था कि पुलिस हमेशा मददगार रही है और उसने कई लोगों को रंगेहाथ पकड़ा है।

—२९ मई, १९७०, '*द हिन्दुस्तान टाइम्स*' से अनूदित

ब्लैक मार्केटियर पर यह रपट एक अलग नज़रिये से देखने पर उन दावों-प्रतिदावों की ओर भी ले जाती है जिनके कारण शहर और इसके दृश्य-वृत्त संघर्ष-क्षेत्र के रूप में हमारे सामने आते हैं। पिक्चर गैलरी के स्पेस का इतिहास इस शहर में ऐसी है पर अन्य किस्म के दावों-प्रतिदावों का बढ़िया उदाहरण हो सकता है, २९ फ़रवरी, १९४० की एक ख़बर :

दिल्ली में पिक्चर गैलरी : सर यामिन ख़ान के पिक्चर गैलरी स्थापित करने के प्रस्ताव को सर जी एस वाजपेयी का आश्वासन

सर यामिन ख़ान द्वारा सरकार से नयी दिल्ली में पिक्चर गैलरी स्थापित करने की माँग उस वक़्त वापस ले ली गयी जब शिक्षा सचिव सर गिरजाशंकर वाजपेयी ने सदन को यह आश्वासन दिया कि जब भी नयी दिल्ली में अजायबघर को पुनर्जीवित करने का सवाल आयेगा तो उस पर गम्भीरतापूर्वक विचार किया जायेगा।

श्रीमती लालचन्द नवैराय और सर अब्दुल हालिम गज़नबी ने इस प्रस्ताव का विरोध किया। श्रीमती नवैराय का कहना था कि यह वैसी परियोजनाओं को शुरू करने का वाजिब समय नहीं है जो केवल जनता के एक हिस्से को आकर्षित करता है।

सर गिरजा शंकर वाजपेयी ने स्पष्ट रूप से यह स्वीकार किया कि सरकार ने दिल्ली में पिक्चर गैलरी स्थापित करने के बारे में कभी भी नहीं सोचा। सरकार ने दिल्ली में आर्कियोलोजिकल या एंथ्रॉपॉलॉजिकल अजायबघर की बात की थी। सबसे पहले जब १९२४ में इस प्रस्ताव पर

> विचार किया गया था तब इसकी अनुमानित लागत २४ लाख थी। उनका मानना था कि मौजूदा क़ीमत वृद्धि के कारण इस परियोजना पर साठ लाख से कम का ख़र्चा नहीं आयेगा, जोकि सरकार फ़िलहाल नहीं कर सकती है। हालांकि उन्होंने सदन को यह आश्वासन दिया कि जब भी एक अजायबघर बनाने का प्रस्ताव लाया जायेगा सरकार सर यामिन ख़ान के सुझावों पर गम्भीरतापूर्वक विचार करेगी।

मामूली राम अभी भी ग़ुस्से में थे। 'ये क्या सिनेमा से निकले तो पिक्चर गैलरी में आ फँसे!' भई, दृश्यवृत्तों की अनौपचारिक और चलताऊ ज़िन्दगियों का क्या होगा? चलते-फिरते सड़कों पर हमारी आँखों पर शहर जिस प्रकार कब्ज़ा जमाता है उसके ऊपर हमारा आर्काइव क्या कहता है? क्या सड़क की आँख को हम आर्काइव में जगह दे सकते हैं? यहाँ किस तरह के संघर्ष हो रहे हैं? मैं सन् '६२ के 'धर्मयुग' में इसका कुछ सुराग़ पाता हूँ :

> अश्लीलम् चित्रम् स्वाहा!
>
> आजकल मौसम अनुकूल न होने के कारण दिल्ली में पोस्टर पर कालिख पोतने का आन्दोलन स्थगित है, पर थोड़ी ठण्डक होते ही यह 'सांस्कृतिक' कार्य फिर शुरू हो जायेगा। पिछले वर्ष इसने कनॉट प्लेस में भीड़ जमा करके तमाशा करने वाले कई लोगों को बहुत पब्लिसिटी दी। ये लोग अश्लीलता विरोधी नारे लगाते हुए सिनेमा के या अन्य विज्ञापनों के पोस्टर दीवाल पर से उखाड़ कर जमा करते जाते थे, जिसे उखाड़ नहीं पाते थे, उस पर कालिख पोत देते थे। अन्त में एक दिन इस सब चित्र संग्रह को जला दिया गया और अख़बार में बड़े-बड़े फोटू छपे।
>
> सुनते हैं कि जब ये चित्र जलाये जाने को थे, दर्शकों में से कुछ ने आपत्ति की कि इनमें माता जानकी का चित्र क्यों शामिल है। एक कलेंडर में वह हनुमान जी समेत चार परपुरुषों के सम्मुख नायलान की सी झीनी साड़ी धारण किये हुए अंग-प्रत्यंग झलकाती हुई श्री रामचन्द्र जी के वाम पार्श्व में विराजमान हैं। जो लोग अश्लील पोस्टर छाँट रहे थे उन्हें उस चित्र में मातृत्व नहीं दिखायी दिया, इसलिए उसे भी ले आये। पर जनमत ने सीताजी को 'बेनिफिट ऑफ़ डाउट' देकर उस कलेंडर को जलने से बचवा लिया।
>
> —सुन्दरलाल, ''दिल्ली की डायरी : शान से बूढ़े होने की कला'', *धर्मयुग*, २६ अगस्त, १९६२

जब पोस्टरों की बात निकल पड़ी तो जरा सड़क के उन निशानों के इतिहास पर भी थोड़ी नज़र डाल लें जिनसे रू-ब-रू तो हम हर दिन होते हैं पर जिन पर ठहरकर कुछ सोचने की ज़हमत कभी नहीं उठाते। इसे समझने के लिए सन् '६० की दिल्ली डायरी उपयोगी सिद्ध होती है :

> ...अभी बारहखम्भा रोड पर मॉडल स्कूल के पास एक नया निशान लगाया गया है जिसका मतलब है कि 'यह जगह बच्चों के सड़क पार करने की है'। पर दिल्ली के केन्द्रीय अनुसन्धान संस्थान का यह सुझाव कितना अच्छा है कि हर उस बच्चे को, जो सड़क पार कर रहा हो, मोटर या साइकल सवार लालबत्ती समझे—रुक जाय। 'बच्चों को पहले जाने दो' यह सड़क पर गाड़ी चलाने वालों का पहला मौलिक नैतिक सिद्धान्त होना चाहिए।

सड़क के निशान और निशानों की सड़क, आर्काइव का शहर और शहर का आर्काइव, मामूली राम की दिल्ली में खो गयी 'मामूली' सी ख़बरों का ताना-बाना बुनना उन्हें किसी एक विश्लेषणात्मक सवाल में पिरो कर एक निबन्ध का देह देना इस दस्तावेज़ी सैर-सपाटे का उद्देश्य नहीं था। यहाँ इधर-उधर से जमा की गयी ख़बरों के उन टुकड़ों को पाठक के सामने रखने की कोशिश की गयी है जिनके द्वारा हम दिल्ली की जनता और उनकी दृश्य गतिविधियों में प्रवेश पा सकते हैं। ये दृश्य गतिविधियाँ जहाँ एक ओर टुकड़ों में बँटी होकर भी आर्काइव के शरीर का निर्माण करती हैं वहीं दूसरी ओर इन्हीं टुकड़ों के द्वारा शहर की देह भी हमारे सामने आती है। यह देह इतिहास का भी निर्माण करती है और यही देह आर्काइव में और आर्काइव के बाहर एक आम शहरी की चलती-फिरती ज़िन्दगी भी है। यहाँ पब्लिक भी है और उनके प्रैक्टिसेज़ भी, कन्टेम्परेरी भी और उनका इतिहास भी। टुकड़ों में, बँटा शहर, टुकड़ों में पूरी ज़िन्दगी का लुत्फ़ उठाता शहर।

पाद-टिप्पणी

१. स्कोपिक रिज़िम्स : दृश्य जगत्, वस्तुतः फ़िल्म स्टडीज़ से लिया गया यह शब्द किसी भी बिम्ब के बनते-बिगड़ते प्रभाव क्षेत्र के लिए यहाँ इस्तेमाल किया गया है।

भीड़, जनसमुदाय और राजनीति

अरे रे राष्ट्रियश्यालक! एह्येहि स्वस्याविनयस्य फलमनुभव। (ततः प्रविशति पुरुषैरधिष्ठितः पश्चाद्बाहुबद्धः शकारः।) (अरे, राजा के शाले! आओ आओ, अपनी धूर्तता का फल भोगो। इसके बाद लोगों द्वारा पकड़ा गया, पीछे बन्धे हुए हाथों वाला शकार प्रवेश करता है।) दशम् अंक, शूद्रक कृत मृच्छकटिकम्, अनुवाद, जयशंकरलाल त्रिपाठी।

02261550789 is no Pe ap miss cal dijiye. ye kiran bedi ka lokpal bill implement krne k liye vote h. 25 crore pple support chahiye Received : 10:53:20am 20-08-2011 From (no name) +919015456543

१

मृच्छकटिकम् का संस्कृत के नाट्य-साहित्य में अद्वितीय स्थान है। चारूदत्त और वसंतसेना के प्रेम के लिये विख्यात इस नाटक को कम लोग राजनैतिक उथल-पुथल की उस पृष्ठभूमि के लिये याद रखते हैं जो नेपथ्य में चलता है। साथ ही, प्राकृत का आधिक्य इस नाटक की भाषा को अत्यन्त स्वाभाविक रूप से समकालीन जन-मानस से जोड़ता है। किसी भी दूसरे संस्कृत नाटक में शायद ही इतने प्रकार की प्राकृत का उपयोग हुआ हो। किंचित ही समाज के भिन्न-भिन्न तबकों का इस कदर प्रतिनिधित्व हुआ हो। मृच्छकटिकम् में शकार राजा का विलासी, भ्रष्ट और आततायी साला है जिसे ऊपर उल्लिखित दशम् अंक में लोगों (पुरुषैरधिष्ठित) ने पकड़ा है।

मेरे लिये यह दृश्य मानीख़ेज़ है। यूँ तो राजा को मारने में शार्विलक, जो एक चोर है, का साहस और पराक्रम काम आता है लेकिन लोगों की भीड़ ने ही शकार को पकड़ा। मुझे और कोई नामचीन उद्धरण का ध्यान नहीं आता जब प्राचीन भारत में या फिर मध्यकाल में भी लोगों, जनता को सत्ता समीकरण बदलने में सक्रिय भूमिका अदा करते दिखाया गया हो। यही, मृच्छकटिकम् को राजनीति के अध्ययन के लिये महत्त्वपूर्ण बनाता है।

मेरे लिये सवाल यह है कि लोगों की इस भीड़ को कैसे देखें ? दूसरे शब्दों में, हम किसी जन-समुदाय के राजनीतिक चरित्र का आंकलन किन रूपों में करें ? यह अटपटा लग सकता है कि जहाँ एक ओर राजनैतिक इतिहास षड्यन्त्रों, बग़ावत, क्रान्ति, विद्रोह और आन्दोलनों से भरा पड़ा है, बहुत कम लोगों ने जनता के इस समूह की ओर ध्यान दिया है। अधिकांशतः विद्वानों ने सामूहिकता को विचारधारा के इतिहास या फिर उसके धार्मिक उन्मादों की तराजू से ही तौला है। ऐसे में एक इतिहासकार जो अपनी जमात से अलग नज़र आता है वह है जार्ज रुदे। फ्रांसीसी क्रान्ति के समय की भीड़ के अध्ययन से इन्होंने यह खण्डित किया कि भीड़ सदैव ही किसी बाह्य कारकों या उद्देश्यों के प्रभाव में आकर क्रान्ति में हिस्सा लेती है। यहाँ ग़ौरतलब है कि इनसे पहले विद्वानों की एक पूरी जमात भीड़ को नकारात्मक अन्दाज़ में ही देखती रही। जैसे कि एडमण्ड बूर्के ने १७८९ में वर्साय के क़िले पर हल्ला बोलने वाली भीड़ को हत्यारों, अपराधियों और रक्त-पिपासू लफंगों का मिला-जुला रूप कहा था। रुदे के साथ इतिहास लेखन के क्षेत्र में, अठारहवीं सदी ब्रिटेन के फूड राइटस सम्बन्धित काम के लिए ई.पी. थाम्सन तथा इतिहास लेखन से बाहर इलियास कार्नेती की कृति क्राउड एण्ड पॉवर का जिक्र लाजिमी है।

२

भीड़ का नकारात्मक चरित्र महज़ फ्रांसीसी विद्वानों या क्रान्ति की पृष्ठभूमि तक सीमित हो ऐसा नहीं है। भीड़ को लगभग हर देश में ग़लत नज़रिये से ही देखा जाता रहा है। इसके दो मुख्य कारण हैं। पहला, भीड़ के प्रति हमारी अज्ञानता को लेकर है। हम भीड़ के बारे में बहुत कम जानते हैं।

भीड़ के बारे में सदैव ही हमसे अधिक हमारी सरकारें और प्रशासन जानता है और हम अकसर ही उनकी बतायी सूचनाओं और उनके सुझाये नज़रिये पर बिना सवालिया निशान लगाये अपना लेते हैं। यह हमारे लिये सुविधाजनक भी होता है। इसलिये भी शायद भीड़ के अध्ययन को कमोबेश इतिहासकारों ने भी नज़रअन्दाज़ किया है। रुदे ने भी कहा है कि लीडरानों और वैचारिक अगुओं के विपरीत (जो अपने पीछे लिखित पोथियाँ, लेख और दस्तावेज़ छोड़ जाते हैं) इतिहास में भीड़ अपने पीछे शायद ही कुछ लिखित इबारत छोड़ती थी। यदि कुछ बचा रह जाता तो वह था पुलिसिया दस्तावेज़ जिनको नये सिरे से पढ़ने की ज़रूरत शेष रह जाती है। औपनिवेशिक भारत के सन्दर्भ में इन्हीं दस्तावेज़ों के अनूठे विश्लेषणों के द्वारा उपाश्रयित इतिहास के अध्येताओं जैसे रंजित गुहा (संथाल विद्रोहों के सम्बन्ध में) और शाहिद अमीन (चौरी-चौरा के ऊपर) ने भीड़ को देखने का नया अन्दाज़ प्रदान किया जिस पर चर्चा करना इस छोटे से आलेख में सम्भव नहीं है।

भीड़ के प्रति नकारात्मकता का दूसरा कारण (जो पहले से बहुत मिलता है) है भीड़ का भय। ग़ौरतलब हो कि यह इस ख़ौफ़ का स्रोत भीड़ की गतिविधियों और उसकी कारगुजारियों के बजाय उसके तथाकथित उन्मादी सामर्थ्य में निहित होता है। इस रूप में भीड़ का परिचय अकसर ही उसके सम्भाव्य, उसके कर-गुज़रने की क्षमता से तय होता है। दूसरे शब्दों में, भीड़ के ऊपर हमेशा ही आशंकाओं के बादल चिपके रहते हैं जो हमें भीड़ से ख़ौफ़जदा किये दूर रहने की नसीहत देते रहते हैं। लेकिन ख़ौफ़ किसके लिये? कौन है जो नसीहत देता है, हमारे अपने मन की वीथियों में छुपकर। यह भय स्थापित मान्यताओं के रक्षकों, सत्ताधारियों और समाज के कुलीनों के द्वारा पैदा की जाती है और वही भीड़ की चाल से पहले ही भीड़ को खलनायक बना डालते हैं। लेकिन यही सत्ता विरोध भीड़ को मूल रूप में उसका राजनैतिक चरित्र भी प्रदान करता है। यहाँ भीड़ का समूहवाद, लोकवाद (populism) और राजनैतिकता (political) दोनों की सीमाओं को एक-दूसरे से जोड़ता है। भीड़, लोकवाद और राजनैतिकता के इस घाल-मेल के सहारे मैं हाल के अन्ना हजारे के अनशन और जनलोकपाल बिल से सम्बन्धित आन्दोलन (अगस्त २०११) के कुछ पहलुओं से जुड़े सवालों को रेखांकित भर करने का प्रयास करूँगा।

लेकिन आलेख का बृहतर उद्देश्य भीड़ के राजनैतिक चरित्र और उस नज़रिये की पड़ताल करना है जहाँ सामूहिकता (ख़ासकर अनियन्त्रित) भय का स्रोत बन जाती है।

३

जैसा कि मैंने ऊपर ज़िक्र किया, जन-समुदाय के सामूहिकता के प्रति नकारात्मक रुख़ के पीछे एक बड़ा कारक उसके नियन्त्रण का मसला है, वस्तुतः शासन का मसला। यहाँ मिशेल फूको का गवर्नमेण्टालिटी के ऊपर दिये गये प्रख्यात लेक्चर का उल्लेख करना चाहूँगा। इन्होंने कहा है कि अठारहवीं सदी से यूरोप में सरकार, जनसंख्या और पोलिटिकल इकोनोमी तीनों एक-दूसरे से गुत्थम-गुत्था हो गये। ये तीन प्रान्त (teritory), जनता और अर्थ-व्यवस्था के एकीकृत संरचना के रूप में दिखायी पड़ते हैं। फूको के गवर्नमेण्टालिटी में तीन बातें हैं :

१. संस्था, कार्यविधि, विवेचना और टिप्पणियाँ (रेफ्लेक्शन्स), गणना और युक्तिओं का सम्मिलन जो सत्ता के इस तरह के अनोखे लेकिन संश्लिष्ट रूप के कार्यान्वयन की अनुमति दे, जिसका मुख्य टारगेट जनसंख्या हो, ज्ञान की मुख्य संरचना पालिटिकल इकोनामी हो, और सुरक्षा के तन्त्र जिसके प्रधान तकनीकी साधन हों।

२. वह रुझान जिसने, लम्बे अरसे से और समूचे पश्चिम में, सतत रूप में अन्य सभी रूपों (सम्प्रभुता, अनुशासन आदि) के ऊपर ऐसे सत्ता रूप का वर्चस्व बनाया जिसे सरकार का नाम दिया जा सकता है, जिसके परिणामस्वरूप जहाँ एक ओर ख़ास-ख़ास तरह के एक समूचे सरकारी तन्त्र की स्थापना हुई, वहीं दूसरी ओर, अपनी पूरी संश्लिष्टता के साथ ज्ञान-तन्त्रों का विकास भी हुआ।

३. वह प्रक्रिया, या फिर प्रक्रियाओं का परिणाम, जिसके द्वारा पन्द्रहवीं और सोलहवीं सदी में मध्य युगीन न्याय प्रशासनिक राज्य में तब्दील हो गयी और क्रमशः सरकारीकृत (गवर्नमेण्टलाइज्ड) हो गयी।

फूको से प्राप्त अन्तर्दृष्टि के आधार पर हम कह सकते हैं कि यह लोगों का शासन की इकाइयों में तब्दील हो जाने का इतिहास है। यहाँ उनका

आत्म एक सर्वथा नये अवतार में आकार ले रहा है। यह जन–समुदाय का एक ऐसी भीड़ में कायान्तरण है जिसका एक ही सन्दर्भ शेष रह जाता है, उसे कैसे नियन्त्रित किया जाय (सत्ता के अनुरूप या सत्ता के विरुद्ध)।

इस नज़रिये से देखने पर यह बहुत मुश्किल नहीं है कि पूरे औपनिवेशिक काल में जन–आन्दोलनों को किस तरह सरकार प्रशासनिक जद्दोजहद के तौर पर देखती रही (हालाँकि हमें यह ध्यान रखना होगा कि उपनिवेश की सरकार और यूरोपीय सरकार के बीच कई आमूल अन्तर हैं जिन्हें पाटना सरलीकरण होगा लेकिन जिनके विस्तार में जाना यहाँ सम्भव नहीं है)। दूसरी ओर, इसी समुदाय का उपयोग राष्ट्रवादी नेतागण सरकार के ख़िलाफ़ कर रहे थे और इसमें क्रान्ति की, आज़ादी की सम्भावनाओं को सफलतापूर्वक नियोजित किया जा रहा था। नियोजित इसलिये भी कि महात्मा के लिये यह कई अर्थों में आत्म का नियोजन भी था जिसके बहुतेरे आयाम ऐसे भी थे जो फूको के उस सरकारी आत्म से (जिसका विलय इकाइयों में हो चुका था) दो–चार हाथ करने को उतावले थे और जिन्हें पश्चिमी यूरोप के शासन के खाँचे से गाँधी बाहर लाना चाहते थे। शायद यह भी एक कारण था कि महात्मा किसी भी जन–आन्दोलन से पहले स्वयंसेवकों की तैयारी पर बहुत बल देते थे। लेकिन यहाँ यह उल्लेख कर देना लाज़िमी होगा कि अहिंसा के तमाम आग्रहों और तैयारी के बावजूद कोई भी गाँधीवादी आन्दोलन हिंसक वारदातों से अछूता नहीं रह पाया।

४

ख़ैर, भारत ने आज़ादी पायी और शुरू के दिनों से ही भीड़ सरकार के लिये सिरदर्द बनी रही। विभाजन के दौरान की हिंसा में इस भीड़ का योगदान दिल–दहला देने वाला रहा। इसे साम्प्रदायिक उन्माद कह कर हम क्रान्तिकारी सैलाब से दूरी बना सकते हैं लेकिन जल्द ही यह स्पष्ट हो गया कि भीड़ का जो परिचय फूकोवादी सरकारी तन्त्र पश्चिमी यूरोप अपना रहा था, नवस्थापित भारतीय लोकतन्त्र के लिये भी वही अपरिहार्य हो चला था। १९५५ के अगस्त में पटना में छात्रों के एक दल से बात करते हुए नेहरू ने साफ़ किया कि ग़लत हो या सही, राजनीति के नाम पर प्रदर्शनों में भाग

लेना और हुड़दंग (hooliganism) मचाना किसी भी देश के विद्यार्थी के लिये उचित नहीं है। मामला एक घटना का था जब अगस्त के महीने में ही पटना के बी. एन. कॉलेज के छात्रों और राज्य परिवहन विभाग के कर्मचारियों के बीच के छोटे से तनाव ने पुलिस फायरिंग का रूप ले लिया। जवाब में उस साल के स्वतन्त्रता दिवस उत्सव पर राष्ट्रीय झण्डे की अवमानना की रपटें आयीं, छात्रों और पुलिस के बीच झड़पें हुईं और छपरा, बिहारशरीफ, डाल्टेनगंज तथा नवादा में काले झण्डे का प्रदर्शन किया गया।

इस घटना को और नेहरू की प्रतिक्रिया को कई तरह से देखा जा सकता है। हिंसा की वारदातें, पुलिस और छात्रों के बीच झड़प, झण्डे का अपमान आदि के इर्द-गिर्द भीड़ के राजनीतिक स्वरूप और राज्य के जवाब का आंकलन किया जा सकता है। लेकिन जो तार यहाँ से निकल कर दूर तक जाते हैं वह है भीड़ के प्रति राज्य का असहज रवैया। अन्य कई मौक़ों पर नेहरू ने सत्याग्रह, अनशन और धरने के कुछ ही साल पहले के चिर-परिचित तरीक़ों से साफ़ तौर पर अपनी असहमति जतायी। उन्होंने कहा कि यद्यपि वे यह नहीं कहते कि कोई कभी भी सत्याग्रह न करे। लेकिन दैनिक समस्याओं को लेकर, चाहे वह राजनैतिक हो या औद्योगिक या श्रमिकों का, अनशन या सत्याग्रह जायज नहीं है। एक आज़ाद राष्ट्र जो प्रगति के पथ पर है और जो अब नौसिखिया नहीं रह गया, उसे नये तरह से काम करना होगा। हमें इन तरीक़ों को छोड़ना होगा। क्या हम देश में गृह युद्ध (सिविल वार) छेड़ना चाहते हैं। यह बेतुका है।

बहुत अर्थों में नेहरू की ये पंक्तियाँ आने वाले दशकों में भीड़ के प्रति या किसी आन्दोलन के प्रति एक सशक्त स्वर के रूप में काम करती दिखती है। अभी हाल के अन्ना हजारे के नेतृत्व में हुए जनलोकपाल विधेयक लाओ के बहाने भ्रष्टाचार विरोधी आन्दोलन की आलोचना में यह नज़रिया बहुत प्रमुखता से मुखरित हुआ।

५

आगे बढ़ने से पहले यह साफ़ कर देना ज़रूरी है कि इस लेख का उद्देश्य जनलोकपाल आन्दोलन के गुण-दोष का विवेचन करना कतई नहीं है। न

ही लेखक सरकार के रवैये का विश्लेषण करना चाहता है। इस लेख में आन्दोलन की आलोचनाओं के ज़रिये भीड़ को देखने के नज़रिये की पड़ताल भर की गयी है। यह भीड़ रुदे की फ्रांसीसी क्रान्ति की भीड़ से बहुत भिन्न भी है। यह जनता औपनिवेशिक काल के जन–समुदाय से भी अलग है। यहाँ नयी मीडिया के अनेकानेक माध्यम इस भीड़ के बनने और इसकी छवियों के निरूपण में सीधे–सीधे सक्रिय रहे। इस तरह जहाँ एक ओर औपनिवेशिक भीड़ के निर्माण में प्रिंट और मौखिक जगत् का बड़ा योगदान रहा, सन् २०११ की भीड़ में इलेक्ट्रानिक माध्यमों (यथा टेलीविजन), इण्टरनेट पर नया–नया विकसित सामाजिक स्थान (यथा फेसबुक और ट्वीटर) तथा मोबाइल नेटवर्क ने महत्त्वपूर्ण भूमिका निभायी। लेख के आरम्भ में उल्लिखित एस.एम.एस. ऐसी ही नवीन तकनीकियों का एक उदाहरण है।

इन नवीन तकनीकियों के कारण ही आन्दोलन के शुरू में सरकार और आन्दोलन के आलोचकों का बड़ा वर्ग यह मानता रहा कि जनलोकपाल आन्दोलन के समर्थक महज़ फेसबुक, ट्वीटर, टीवी और एस.एम.एस. तक ही सीमित रहेंगे। उनके आंकलन में यह भीड़ एक डिजिटल भीड़ के सिवा कुछ न थी। लेकिन वे ग़लत सिद्ध हुए। लोग जुटने लगे, भीड़ सुरसा का रूप लेने लगी। ऐसे में इतिहास से वाकिफों के लिये यह सोचना लाज़िमी ही था कि यह भीड़ जल्द ही हिंसक हो उठेगी और हुड़दंग को नियन्त्रित करना जहाँ आन्दोलन के कर्ता–धर्ता को असम्भव होगा वहीं यह सरकार के लिये नियन्त्रण का और आन्दोलन को समाप्त करने का आसान तरीक़ा रह जायेगा। पर यह शायद ही किसी को यक़ीन रहा हो कि भीड़ ने न केवल डिजिटल सीमाओं का बड़ी तादाद में उल्लंघन किया वरन् इस भीड़ ने इतिहास को झुठलाते हुए स्वयं को पूर्णतः अहिंसक बनाये रखा, एक ऐसा उदाहरण जो महात्मा के सपनों में था लेकिन जिसे वे भारत में ख़ुद कभी देख नहीं सके (हाँ, दक्षिण अफ्रीका में उन्होंने इस बाबत कुछ हद तक सफलता ज़रूर पायी थी)।

६

भीड़ का अहिंसक बने रहना आलोचकों के लिये परेशानी का सबब था।

एक ओर जहाँ नेहरू की भाषा (जिसमें सत्याग्रह और अनशन को ख़ारिज कर देश की प्रगति का बाधक बनाया गया था) की अनुगूँज सुनायी दे रही थी वहीं आन्दोलन को संविधान, प्रजातन्त्र और संस्थान-विरोधी के रूप में देखा जा रहा था। लेकिन शान्तिपूर्ण तरीक़े से अपनी माँगों के लिये जनता के समर्थन की माँग को ग़ैर-क़ानूनी या ग़ैर-संवैधानिक करार देना मुश्किल था। ऐसे में आलोचना का एक वर्ग ख़ासकर वामपन्थी बुद्धिजीवियों के बीच भीड़ के अंदेशे को सामने लेकर आया। यहाँ भीड़ को उसके मध्यवर्गीय चरित्र, उसके शहरी होने और सबसे ऊपर उसके संकुचित उद्देश्यों को लेकर आलोचना का शिकार बनना पड़ा। जाने-माने राजनीतिक विश्लेषक पार्थ चटर्जी के अनुसार यह भीड़ उन नौजवानों की थी जिनके परिजन उसी भ्रष्ट सरकारी तन्त्र के हिस्से रहे हैं जिनका विरोध आन्दोलन में किया जा रहा है। 'भारत के भ्रष्ट लोग रामलीला मैदान की भीड़ के ही रक्त सम्बन्धी हैं। लेकिन यह कहना बेकार है कि यहाँ कोई आपको ऐसा मिले जिसे यह स्वीकार हो'। अर्जुन अप्पादुरई के शब्दों में यह आन्दोलन कुछ हद तक एक क्लासिक मास-फासिस्ट फैंटेसी है जहाँ हमारे पैरेड, युद्ध और भाषण नैतिक रहते हैं लेकिन दुश्मन के वैसे ही प्रयास राजनैतिक और शैतानी शक़्ल अख़्तियार कर लेते हैं। यह राजनीति के ख़िलाफ़ लड़ाई है लेकिन यह जनता के नाम पर और न केवल राजनीति के वरन् नौकरशाही के ख़िलाफ़ भी लड़ा जा रहा है। लेकिन ऐसे में जब हर किसी का दोस्त, सगा-सम्बन्धी नौकरशाही का अंग हो तो यह लड़ाई हमारे 'ख़ुद' के भीतर की हो जाती है जिसे 'उनके' ख़िलाफ़ पुनः मंचित (re-staged) किया गया है।

ये आलोचनाएँ लोकवाद और राजनैतिकता (पोपुलिस्ट और पोलिटिकल) के रोचक सम्बन्धों की ओर ले जाती हैं जिनके विषय में अरनेस्ट लकलाउ का लेखन सहायक हो सकता है। पोपुलिस्ट और पोलिटिकल के अन्तर पर बल देते हुए पार्थ चटर्जी लिखते हैं कि पोपुलिस्ट आन्दोलन महज़ इसी कारण स्वीकृति के अधिकारी नहीं बन जाते कि उन्होंने बड़े जन-मानस का जुगाड़ कर लिया है। यह वक्तव्य जहाँ किसी आन्दोलन को उसके निहितार्थ, उद्देश्यों के आधार पर परखने की नसीहत देता है वहीं यह प्रश्न भी छोड़ता है कि किसी जन-आन्दोलन को, जिसने जनता के बीच ख़ासी लोकप्रियता अर्जित की हो उसे किन आधारों पर आलोचित किया जाय। इस बिन्दु पर मुझे लगता है कि इन आलोचनाओं का एक अहम

हिस्सा एक क़िस्म के भय से ग्रस्त दिखता है। यह भय है बहुलतावादी राजनीति का। भीड़ के साम्प्रदायिक हो जाने का। यह भय है १९६० के दशक के 'मराठी मानूस' से जुड़े आन्दोलनों का, १९९२ के बाबरी मस्जिद के ध्वस्त होने से उत्पन्न भीड़ का भय। यह वही भय है जो किसी जन-समुदाय को भीड़ में तब्दील कर उसे सन्देह के घेरे में डाल देता है। यह भीड़ के बेकाबू हो जाने का भय है। यह भय अकारण नहीं है। लेकिन क्या कभी कोई भीड़ किसी एक विचारधारा में बँधी रही है? शाहिद अमीन ने चौरी-चौरा के अध्ययन में दिखाया है कि भीड़ और उसके अक़्स हमेशा अनेकानेक कारकों से बने होते हैं। इसे किसी भी सरलीकृत तर्क और एकीकृत वैचारिक चौखटे में नहीं कसा जा सकता है। ऐसे में भीड़ की आलोचना उनके वैचारिक रुझानों के आधार पर करना कहीं भीड़ में अपनी इच्छाओं की तलाश तो नहीं?

शहर की देह पर अक्षराघात*

(प्रभाष रंजन के साथ)

वे जाड़े के दिन थे। दिल्ली की सर्दी। अपने ही में सिमटने के दिन। मैं पर्यावरण के क्षेत्र में कार्यरत एक ग़ैर-सरकारी संस्था में काम किया करता था। अपने ऑफ़िस से हॉस्टल आने के लिए मोरी गेट से बस बदलनी होती थी। ठीक छह बजे वहाँ से उत्तम नगर वाली ८८३ नम्बर की डी टी सी (नयी सी.एन.जी.) मैं उन दिनों पकड़ा करता था। बस में सवार होते ही अपनी सीट की तस्दीक के साथ ही नज़र घूमती है महिलाओं की कतार की सीटों की तरफ़ और ठहर जाती है।

कुछ गड़बड़ है। नहीं, सभी कुछ ठीक तो है। वैसा ही जैसा हर रोज़ हुआ करता है। नया क्या? कुछ भी तो नहीं। हर दिन नज़रों के सामने से गुज़रता है यह नज़ारा। लेकिन जो आज पहली बार ध्यान खींच रहा है वह मेरा मस्तिष्क समझ नहीं पा रहा। मैं ग़ौर से देखने की कोशिश करता हूँ। महिलाओं की कतार की सीटों के पीछे जहाँ मेरी नज़रों को 'महिलाएँ' लिखा हुआ देखने की आदत है वहाँ उन सभी सीटों के पीछे 'महिलाओं' के पहले अक्षर 'म' को जतन से खुरचकर काट दिया गया है। यह महज़ एक सीट के पीछे की बात नहीं, यह 'तथ्य' पूरे बस में महिला कतार की सभी सीटों के पीछे की 'महिलाओं' पर लागू होता है। मैं इस (खुरचने की) पूरी प्रक्रिया में लगायी गयी मेहनत, धैर्य और हिंसा से हैरान हूँ। एक

---

* इस लेख का शोध 2002-03 में सराय—सी.एस.डी.एस. की स्वतन्त्र शोधवृत्ति के दौरान किया गया, जिसके लिए हम सराय के आभारी हैं। प्रभाष रंजन इस शोध के सहभागी रहे और यह एक साझा शोध कर्म था।

उड़ता हुआ ख़याल आता है हैबरमास के 'पब्लिक स्फेयर' की संकल्पना का और हाल ही में पढ़ी उन नारीवादी आलोचनाओं का जिसमें हैबरमास का पब्लिक स्फेयर महज़ एक बुर्जुआ और पुरुषवादी संकल्पना मात्र रह जाता है। पर दूसरे क्षण मैं सजग होता हूँ। यह पब्लिक स्फेयर की बात नहीं। यह तो जन-स्थान की बात है और जन-संस्कृति पर पुरुषवादी सत्ता के हस्ताक्षर की एक मिसाल। यदि एरिक फ्राम के मनोविश्लेषणात्मक लहज़े से देखें तो इसे पुरुषवादी जन-संस्कृति की नेक्रोफिलियायी अभिव्यक्ति भी करार दे सकते हैं। लेकिन व्याख्या के इस धरातल पर भी जो बात अधिक परेशान करने वाली है वह यह कि इन जतन से खुरची इबारतों, 'महिलाएँ' से बच गये 'हिलाएँ' को पढ़ते हुए इन सीट पर बैठी महिला यात्रियों को क्या महसूस होता होगा?

दूसरे स्तर पर, इस जतन-भरे काम को पुरुषवादी जन-स्थान द्वारा राज्य के उस दावे के प्रतिरोध के रूप में पढ़ा जा सकता है, जिसमें राज्य अपनी आमूल पुरुषवादी संरचना को बनाये रखने के लिए महिलावादी सत्ताओं के साथ समझौता कर बस का एक हिस्सा महिलाओं के नाम आरक्षित करता है। यहाँ यह ख़याल रखना ज़रूरी है कि सरकार और राज्य दोनों ही को एक विचारधारा में पुरुषवादी माना गया है और किसी भी तरह का आरक्षण (महिलाओं के लिए) नारीवादी प्रतिरोध और पुरुषवादी राज्य के बीच के समझौते के तौर पर हमारे सामने आता है। इस नज़रिये से 'म' का खुरचा जाना पुरुष और महिला सत्ताओं के बीच का प्रत्यक्ष संघर्ष नहीं होकर एक तिकोणीय लड़ाई में तब्दील हो जाता है—महिला बनाम् पुरुष जन स्थान और पुरुषवादी राज्य।

ज़ाहिर सी बात है कि मेरे इस पाठ से आप में से बहुतों को आपत्तियाँ हो सकती हैं। इसमें आपको कई तरह की विसंगतियाँ और विरोधाभास भी नज़र आयेंगे। इससे भी बड़ी बात कि जब आप मेरे लिखे की तस्दीक के लिए पहुँचे तो इस कहानी के सारे पहचान तो मिल जायेंगे पर असल वही नहीं मिले जो इस पूरी कहानी के ठीक बीच में है—वह इबारत जिसके इर्द-गिर्द हम अभी तक घूम रहे हैं। हम दरअसल ऐसे निशानों की पड़ताल में लगे हैं जो बहुत क्षण-भंगुर हुआ करते हैं। आप इस भुलावे में भी ना रहें कि हम किसी भी प्रकार के ऐतिहासिक प्रमाणों को (जो दिल्ली जैसे शहर के जन-जीवन में महत्त्वपूर्ण भूमिका अदा करते हैं) आपके सामने

लाने की कोशिश कर रहे हैं। छोटे-छोटे पहचान चिह्नों के सहारे हम अपनी कहानी की प्रामाणिकता का कोई दावा भी पेश नहीं करना चाहते। यह मेरा पाठ है। यह आप पर निर्भर है—आप इसे कल्पना मानें या हक़ीक़त यह मेरे सामर्थ्य से परे है। पर यदि आप मेरे साथ इस सफ़र में चलने को तैयार हैं तो इस पाठ को कुछ और आगे ले जाने पर इस संघर्ष का स्वरूप ही बदला हुआ लगने लगता है। अभी तक मैंने अपने पाठ को जन-स्थान की भागीदारी के मुद्दे पर केन्द्रित रखा है। परन्तु 'म' के हट जाने के बाद बची हुई इबारत, 'हिलाएँ' और इस इबारत से विन्यास लेती राजनीति में हम पाते हैं कि 'म' के खुरच जाने के बाद वस्तुतः पूरा सत्ता संघर्ष जन-स्थान से हटकर देह पर सिमट जाता है। किसकी देह है यह—पुरुष की या नारी की? किसे सम्बोधित है यह शेष रह गयी इबारत? सवाल गहराते जाते हैं। प्रश्न कुछ भी हो, डर के साये में तो नारी देह ही है।

सवाल यह भी है कि क्या इस छोटी-सी अस्पष्ट और अत्यन्त साधारण लगने वाली इबारत को इतनी दूर लाना, इसकी इतनी खींच तान जायज है? क्या इसे पाठ की ओवर-रीडिंग, बाल की खाल निकालना न मानें? साथ ही क्या यह बस के जन-स्थान को असम्पृक्त देखना नहीं है?

इबारत के भौतिक आकार के मद्देनज़र अति सामान्यता का ख़तरा स्वाभाविक ज़रूर है पर इसे नज़रअन्दाज़ नहीं किया जा सकता। संस्कृति साधारण भी होती है और सामान्यतया के सहारे अपना विस्तार पाती है। फिर मनोविज्ञान ने समाज-विज्ञान को और ख़ासकर जन-संस्कृति के अध्ययन में ग़ौण

और अति सामान्य से लगने वाले तथ्यों और लम्हों के महत्त्व को स्थापित किया है। इन लघुतम क्षणों का आकार इसलिए भी बड़ा हो जाता है क्योंकि यह अक्सर अनजान से लगने वाले मामूली लमहों में जन-संस्कृति के अवचेतन में प्रवेश करता है। ये ऐसे पल होते हैं जब लोग राजनीतिक सत्ता सूत्रों से अपने को ढालहीन किये होते हैं। ये मासूमियत-भरे लमहे होते हैं और इन्हीं लमहों में पुरुषवादी सत्ता के राजनीतिक सूत्र अपने ताने-बाने को दुरुस्त करते जन-संस्कृति पर अपनी पकड़ को मजबूत करते हैं।

असम्पृक्तता का प्रश्न भी उस समय क्षीण होने लगता है जब हम इस इबारत को बस के जन-स्थान के अन्य संकेतों और बिम्बों के साथ रखकर तौलते हैं। बस में चिपके स्टीकरों पर ध्यान देने से उल्लिखित इबारत के ग़ौण भौतिक आकार का सन्देह भी ख़ारिज हो जाता है। दोहों के रूप में बनी इन स्टीकरों की एक पूरी दुनिया है जो अपने रंग, रूप, प्रिंट की तकनीकी के सहारे इस दृश्य संस्कृति के सुनियोजित और विशाल आकार वाले उत्पादन और इसके व्यापक बाज़ार की ओर ले जाता है। लेकिन मैं इस अर्थव्यवस्था के गणित में इच्छुक नहीं हूँ। मैं इस दृश्य जगत् की राजनीति पर ही केन्द्रित रहना चाहता हूँ। बात आगे बढ़े, उससे पहले कुछ बानगी लें :

अरे ओ छम्मक छल्लो कहाँ जाती हो लगाकर क्रीम,
पास आओ इस ड्राइवर के खिलायेगा आइसक्रीम।

तितली उड़ी बस में चढ़ी सीट ना मिली;
ड्राइवर ने कहा आजा मेरे पास लड़की ने कहा हट बदमाश।

फूल डाली में होते हैं मगर चमन का नाम होता है;
गुनाह लड़की करती है मगर ड्राइवर बदनाम होता है।

मेरे दिल में हर वक़्त तेरे प्यार का गुमान होता है;
ड्राइवर की ज़िन्दगी गाड़ी चलाने में जवाँ होता है।

तेरे गालों का तिल मेरी आँखों का तारा;
तेरे होंठों की लाली ड्राइवर के दिल का सहारा।

दिल जले ड्राइवर के पास तुम आना-जाना छोड़ दो;
गिर पड़ेंगी बिजलियाँ यूँ मुस्कुराना छोड़ दो।

जाने वाले ड्राइवर देख ले एक नज़र फेर कर;
हम मुसाफ़िर किसलिए बैठे हैं रास्ता घेरकर।

गाड़ी नहीं मैं रानी हूँ;
ड्राइवर मेरा आशिक मैं उसकी दीवानी हूँ।

चलती है गाड़ी तो नाज़ दिखाती है;
उड़ती है राकेट की तरह जब मूड में आती है।

ये ऐसे चन्द उदाहरण हैं जिनमें ड्राइवर और एक लड़की एक-दूसरे से सीधे-सीधे मुख़ातिब हैं।

यहाँ ग़ौर करने की ज़रूरत है इन दोनों के उभरते रूपों पर। इन स्टीकरों के ज़रिये किस तरह का अक़्स सामने आ रहा है? जो समीकरण 'छम्मक छल्लो', 'तितली', 'गुनाह' आदि का लड़की के साथ बनाया जा रहा है, उससे कौन-से नये सवाल निकलते हैं? यह जो रास्ता घेरकर बैठे मुसाफ़िर हैं, जो ड्राइवर की एक नज़र का दीदार चाहते हैं वह किस प्रकार के लैंगिक वृत्तों की ओर हमारा ध्यान खींच रहा है? रानी के रूप में परिवर्तित होते गाड़ी और ड्राइवर, आशिक तथा दीवानी उस जन-स्थान को कौन-सी परिभाषा देना चाहते हैं जिसे हम हर क्षण भोगते तो हैं पर साधारण, भोंडा और घटिया समझकर नज़रअन्दाज़ कर देते हैं? वृहत्तर उद्देश्य है ऐसे साधारण और तथाकथित अभद्र संकेतों के माध्यम से दिल्ली के दृश्यमान स्थान की व्याख्या करना या फिर कम से कम चन्द सवालों के रू-ब-रू होना जो हमारी व्याख्या को एक दिशा प्रदान कर सके। इस पाठ का एक दूसरा पक्ष भी है जो कला की ओर ले जाता है। यदि सीट के पीछे लिखी इबारत और स्टीकरों को जन कला, जन सृजन का उदाहरण मानें तो इसका स्वरूप क्या है? कला का यह रूप किस प्रकार कला-दीर्घाओं और जन-कला के उन रूपों से भिन्न है जो 'कलाकार' साकांक्ष तरीक़े से करते हैं? यदि इन अभिव्यक्तियों को कला मानें तो इसका सौन्दर्यशास्त्र क्या हो? इस सौन्दर्यशास्त्र में निहित मूल्यों को किस प्रकार व्याख्यायित किया जाय? सवाल बढ़ते जायेंगे पर, पहली नज़र में भी यह कहा जा

सकता है कि दो क़िस्म के प्रश्न सामने आते हैं जो एक–दूसरे से अलग न होते हुए भी कुछ गहराई में उतरने की माँग करते हैं। ये हैं दृश्य जन स्थान को लेकर बनते सवाल और कला के साथ इनके सम्बन्धों का प्रश्न। यहाँ मैं पहले पक्ष तक ही अपने को सीमित रखूँगा पर साथ ही मुमकिन है कि कुछ छींटे कला के कैनवास पर भी अपने निशान छोड़ें।

यह निबन्ध दिल्ली शहर की रोज़मर्रा की जगहों और इनके बिम्बों को देह के रूप में पढ़ने का प्रयास है। यह बिम्ब बहुत साधारण क़िस्म के हैं। लेकिन इस शहर में और हमारे पाठों में देह का नंगापन परत–दर–परत हमारे सामने आता है। एक देह ही की तरह, एक किताब की तरह, एक चित्र की तरह।

मेरे लिए यह शक्ल, यह तसवीर उस आँख की है जिसका चेहरा हरे पत्तों से ढका है। यह भी एक स्टीकर है (देखें चित्रण)। मैं दृश्य संस्कृति के प्रख्यात विद्वान् डब्ल्यू.जे.टी. मिचेल की तर्ज़ पर इस आँख, इस तसवीर से सवाल पूछता हूँ—'तसवीरें क्या चाहती हैं?'

मिचेल इस सवाल की विचित्रता और बेतुकेपन से वाक़िफ़ हैं परन्तु चित्रों को देखने की उस प्रभावशाली पद्धति से दूर जाना चाहते हैं उसकी आलोचना करना चाहते हैं जिसमें विश्लेषण (interpretation) और आलंकारिकता कब्ज़ा जमाये बैठी है (इस आलोचना के द्वारा मिचेल दृश्य संस्कृति के अध्ययन को कला और साहित्य के अध्ययनों की प्रचलित पद्धति से थोड़ी दूर भी करना चाहते हैं)।

मिचेल की इस संकल्पना में दृश्य जगत् महज़ बिम्बों और चित्रों का वह जगत् नहीं रह जाता जो संवाद के माध्यम मात्र के रूप में या फिर मानवीय संवेदनाओं को प्रभावित करने वाले एक औज़ार के समान काम करता हो। यहाँ तसवीरों की इच्छाएँ उन्हें पैदा करने वाले कलाकारों या उन्हें देखने वाले उपभोक्ता की आँखों के गणित से तय नहीं होतीं। यहाँ सवाल है इन चित्रों की अपनी इच्छाओं का। यह बेजान चित्रों को मानवीय देह देने जैसा है पर क्या फ्रेंज फेनी ने मानववाद की भौतिकता और नस्लवाद को एक साथ जोड़ने का ख़तरा उठाते हुए यह सवाल नहीं उठाया था कि "काले लोग क्या चाहते हैं?" क्या फ्रायड ने यह नहीं पूछा था कि "औरत क्या चाहती है?" मिचेल ने इसी तर्ज़ पर चित्रों की इच्छाओं को जानने का मुद्दा उठाया है यद्यपि यहाँ मैं मिचेल के इस प्रभावशाली हस्तक्षेप

में विस्तार से जाने से बचना चाहूँगा पर निश्चिततः मिचेल ने चित्रों को देखने और उनकी इच्छाओं को जिस तरह से परिभाषित किया है उससे सीख लेते हुए अपने ऊपर के चित्र की आँखों को देखते हुए मैं पूछना चाहता हूँ कि ये चित्र और ये आँखें क्या चाहती हैं? इच्छाओं के इस शहर दिल्ली में इन आँखों की पुतलियों में कैसे सपने क़ैद हैं। यदि पूरे दास्तान को एक भिन्न नज़रिये से देखें तो कहेंगे कि ये आँखें किसकी बाट जोह रही हैं? किसका इन्तज़ार है इन्हें? (चित्र–०२)

२

यदि आप उड़ नहीं रहे, यदि आप बस या ट्रेन से सफ़र कर रहे हैं, यदि आप दिल्ली से आ या जा रहे हैं और यदि आपको खिड़की से बाहर दुनिया को देखने का शौक़ है तो आपका फँस जाना तय है। कहीं कोई मुक्ति नहीं, रेलवे लाइन के दोनों तरफ़ और बस के रोड के समानान्तर दौड़ती दीवारें इबारतों से अटी पड़ी दिखायी देंगी। आपका शहर नक़्शे और सरकारी फ़ाइलों में क़ैद शहर से बहुत पहले ही शुरू हो जाता है और बहुत दूर तक पीछा नहीं छोड़ता। साथ–साथ चलती ये दीवारें अक्षरों, संख्याओं और भिन्न–भिन्न प्रकार के प्रतीकों से भरी पड़ी मिलेंगी। दीवारों का यह शहर आशाओं और सपनों का जीता–जागता अभिलेखागार है। यदि आप कुँवारे हैं तो आपकी आँखें इन पर 'रिश्ते–ही–रिश्ते' को देखती हैं। आपके पास कई विकल्प हैं—'मिलें या लिखें', यदि आपको ये विकल्प पुराने और बोझिल लगते हैं तो आप महज़ अपने मोबाइल का बटन दबायें और फ़ोन कर सकते हैं।

लेकिन यदि आप कुँवारे नहीं होकर विवाहित हैं और शारीरिक या सेक्सुअली विवाह योग्य नहीं हैं या फिर आप एक मध्य आयु वर्गीय 'असफल' पुरुष हैं तो भी आपको चिन्ता करने की ज़रूरत नहीं है। इस दीवार को आपकी समस्या का इल्म है और इसके पास आपकी परेशानियों का 'शर्तिया इलाज' भी है। ज़ाहिर सी बात है मैं आपकी देह की कसक की बात कर रहा हूँ। इस दीवार को पता है कि आप नामर्दी, गुप्त रोग, शीघ्र पतन, बवासीर, निल शुक्राणु आदि–आदि के शिकार हैं। यहाँ इन सभी का 'शर्तिया इलाज' है पर ज़रा ठहरें। आप उत्तर–औपनिवेशिक काल में रह

चित्र-02 : इन्तजार करती बिरहनी

रहे हैं और आपको मुख्यधारा की पाश्चात्य चिकित्सा पद्धति पर विश्वास नहीं है पर चिन्ता नहीं। इस दीवार के पास वैकल्पिक चिकित्सा की एक लम्बी सूची है। यहाँ सागर दवाख़ाना और बंगाली तान्त्रिक में काँटे की टक्कर है।

३

मशहूर अफ़सानानिगार सआदत हसन मंटो ने अपने एक निबन्ध 'दीवारों पर लिखना' में लाहौर और बम्बई की उन तमाम दीवारों का ज़िक्र किया है जहाँ गुप्त शहर या फिर कहें कि शहर की गुप्त इच्छाएँ/कामनाएँ मुखरित हुआ करतीं। शुरुआत में लिखा कि ''कल एक दीवार पर यह हुक्म लिखा नज़र आया : 'इस दीवार पर लिखना मना है'।''

मंटो के लिखने के क़रीब पच्चीस-तीस बरस बाद पश्चिम बंगाल ने १९७६ में इस हुक्म को बक़ायदा क़ानूनी जामा पहनाया। इस क़ानून को बहुत दिनों तक यथावत रूप में ही दिल्ली के लिए भी विस्तारित (entend) किया गया पर अब यह स्वतन्त्र रूप से द दिल्ली प्रिवेंशन ऑफ़ डिफेसमेंट ऑफ़ प्रोपर्टी एक्ट २००७ (दिल्ली एक्ट) (१) ऑफ़ २००९) के नाम से कार्यशील है। यहाँ इस क़ानून की पेचीदगी में मैं नहीं जाना चाहूँगा। पर इतना ज़िक्र करना ज़रूरी होगा कि इस क़ानून में शामिल सम्पत्ति (property) की परिभाषा के दायरे में इमारत, झोंपड़ी, संरचना (structure), दीवार, पेड़, फेंस (fance) खम्भे या और कोई भी ऊर्ध्व संरचना आती है। लेखन क्रिया के दायरे में शामिल कार्यों में प्रिंटिंग, पेंटिंग, डेकोरेशन, अक्षरांकरण और अलंकरण आदि आते हैं (चित्र-04)।

शुद्ध क़ानूनी लहज़े में यदि बात की जाय तो यह एक्ट सम्पत्ति के निजी मालिकाना हक़ और उसमें किये जा रहे हस्तक्षेप से सुरक्षा प्रदान किये जाने वाले उपायों में से एक है। पर व्यापकता में यह आँखों पर किये जा रहे दावों से सम्बन्धित है और यहाँ मैं इस क़ानून का इसी रूप में उल्लेख कर रहा हूँ। मंटों की तहरीर, डी.टी.सी. बस में जतन से खुरची गयी इबारतों का मंज़र और ट्रेन की खिड़की से बाहर दौड़ते 'रिश्ते-ही-रिश्ते' ये सभी आँखों पर किये जा रहे भिन्न-भिन्न तरह के दावे हैं—यहाँ जो दो तथ्य महत्त्वपूर्ण हैं वह है 'रिप्रेजेंटेशन' और 'लेखन'। 'रिप्रेंजेटेशन' हमेशा

चित्र-03 : "Homestead interior converted into a public wall in the affermath of a demolition : Faiz Road, Central Delhi, Jan. 2001". एक्स मीडिया कलैक्टिव द्वारा जारी एक ब्रॉडशीट जो "Co-ordinates 28° 28' N/77°15' E", Doccumenta 11, जर्मनी, २००२ का एक हिस्सा था।

सार्वजनिक ही होता है। कोई भी रिप्रेजेंटेशन निजी मामला नहीं हो सकता। इन रिप्रेजेंटेशनों के द्वारा आम आदमी से लेकर चुस्की बेचनेवाला और तथाकथित धार्मिक गुरु और तान्त्रिक और राज्य सभी शहर की नज़रों पर अपनी सत्ता स्थापित करने का प्रयास करते हैं। निश्चिततः इस सत्ता के खेल में राज्य की भागीदारी सबसे प्रबल और प्रखर और सुनियोजित होती है। इस सत्ता को सुरक्षित रखने के लिए सरकार के पास जन-सम्पर्क विभाग से लेकर म्युनिसिपैलिटी के अमले होते हैं। नज़रों पर किये जा रहे दावों की क़ीमत होती है जिसे बड़ी विज्ञापन एजेंसियाँ और म्युनिसिपैलिटी के दफ़्तर दोनों ही बड़ी ख़ूबी से जानते हैं लेकिन इन दोनों ही छोरों के बीच बसी होती है वह इबारत जो चुपके से लेकिन बड़े ही जतनपूर्वक कोई डी.टी.सी. बस की सीटों पर और सार्वजनिक शौचालय की दीवारों पर अपनी निशानदेही छोड़ जाता है। इन पर लिखा शब्द निजी और सार्वजनिक स्थल के दो-पाटी (binary) विपक्ष को ध्वस्त करता है। अपनी गुप्त कामनाओं को ज़ाहिर करता यह लेखन हमेशा ही हर उस आँख के लिए होता है, जो बेशर्म होकर इसकी तलाश में हो, उस आँख के लिए भी जो शहर के अन्दरूनी दर्द से वाबस्ता होना चाहती है।

४

सन् २००२-०३ जब मैं और मेरा साथी प्रभाष रंजन 'शहर के निशान' पर शोध कर रहे थे उन दिनों दिल्ली के शोध संस्थान सेंटर फ़ॉर द स्टडी ऑफ़ डेवलपिंग सोसाइटीज के सराय कार्यक्रम के रक्स मीडिया समूह ने एक ब्रॉडसीट जारी किया था (चित्र-०३)। इसे जर्मनी में एक इन्स्टालेशन के हिस्से के रूप में वितरित किया गया था। इसके मुख्यपृष्ठ पर कैप्शन हमें सूचित करता है : "तोड़-फोड़ के बाद एक पब्लिक दीवार में परिवर्तित घर का अन्दरूनी हिस्सा। फ़ैज़ रोड, मध्य दिल्ली जनवरी" यह कैप्शन एक अन्य लिखित टैक्स्ट के साथ है जहाँ ऊपर उल्लिखित १९७६ के बंगाल एक्ट से कुछ प्रभावोत्पादक शब्द लिये गये हैं।

यह एक या कुछ बच्चों द्वारा की गयी एक मोहक तसवीर है। शहर का एक भोला-भाला चेहरा जिसे साथ के कैप्शन, क़ानून के शब्द और इसके

होने की शर्तों ने अत्यन्त ही दारुण बना दिया है। पर आप यह भी पूछ सकते हैं कि इसमें दारुण क्या है—दीवालें टूटती रहती हैं, घर का अन्दरूनी बाहरी दुनिया के सामने उघाड़ा जाता रहा है और कलाकार इसे अपने दायरे में लाते रहे हैं। मेरा ध्यान इस तसवीर की मोहक और वात्सल्य कला की तरफ़ है, अन्दरूनी भाग के टूटने पर है और इसका सार्वजनिक दीवाल में परिवर्तन की ओर है। मेरी नज़र उस काले धागे से विखण्डित होती है। शेर का मुँह हँस रहा है या ग़ुस्से में? चारों तरफ़ अक्षर बिखरे हुए हैं। शायद कुछ नाम-सा लिखा हुआ है। मैं उन बहुतेरे अनुपस्थित तथ्यों की ओर भी सोचना चाहता हूँ (जैसे फ़ोटोग्राफ़र का नाम कहीं उल्लिखित नहीं है) जो अर्थोपार्जन को प्रभावित कर रहे हों।

रोलाँ बार्थ तसवीरों को विश्लेषित करने के लिए एक ख़ास शब्द की ओर हमारा ध्यान दिलाते हैं। वह है 'पंक्टम'। वह बिन्दु जो किसी तसवीर को देखते हुए सबसे अधिक हमारी नज़रों को खींचता है। जहाँ हमारी नज़र ठहरती है तो इस तसवीर का पंक्टम मेरे लिए यह धागा है—एक काला-सा धागा; चित्र और चित्र पर उकेरे गये क़ानूनी शब्दों को अलग करती हुई एक लकीर। पंक्टम के साथ रोलां बार्थ जिस दूसरे शब्द का प्रयोग करती हैं वह है स्ट्डियम। अर्थात् वे तत्त्व और प्रक्रियाएँ एवं संरचनाएँ जिनके मध्य तस्वीर का अर्थ संरूपित होता रहता है, परिमार्जित होता चलता है।

यह पूरा फ्रेम शहर की मासूमियत और उसके ध्वंस की कहानी को कलात्मक अन्दाज़ में बयाँ करता है। अभिव्यक्ति का एक ऐसा नमूना जहाँ शहर की दीवारों पर उकेरे गये शब्द कला के गलियारे में प्रवेश करते हैं।

पर यहाँ इस तस्वीर में और भी बहुत कुछ हो रहा है। एक विचित्र क़िस्म की शक्तिहीनता का अहसास, बच्चों की मासूमियत की दीवार का ढह जाना। और, एक बेचैनी कि आप कुछ नहीं कर सकते महज़ एक मूक दर्शक की तरह तस्वीर के फ्रेम को देखने के सिवाय। शहर में हो रही हिंसा की कलात्मक अभिव्यक्ति के भागीदार बनने के अलावा, रोलाँ बार्थ और दूसरे विद्वानों के लिखे हुए को अपने लेखन में आत्मसात् करने के अतिरिक्त, अक्षरों की देह और देह पर आघात करते अक्षर (जैसा कि बस की इबारत में हमने महसूस किया) चित्र और अक्षर के आपसी सम्बन्ध की ओर बहुत कुछ लिखा गया है लेकिन यही अक्षर शहर के जन-स्थानों

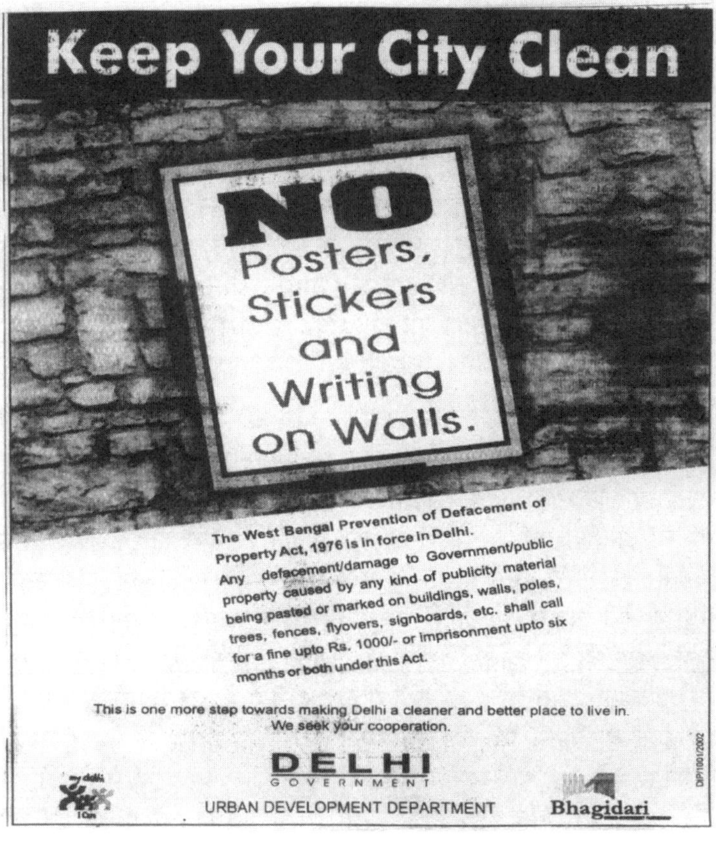

चित्र-04 : दिल्ली के अख़बार का एक इश्तेहार

पर किन रूपों में दिखायी देते हैं (जहाँ अक्षरों को महज़ पढ़ा ही नहीं, देखा भी जाता है)। उस देखने की प्रक्रिया की विशिष्टता में हमें उतरना होगा। यह लेख इस तिकोणीय सम्बन्ध (चित्र, अक्षर और शहर) की पड़ताल की शुरुआत भर है।

तस्वीर का पंक्टम

एक तस्वीर है। इसकी ज़मीन पर कुछ पेड़ हैं और उन पर टीन के छोटे-छोटे प्लेट लगे हुए हैं। यह कुछ ऐसा मजमा पेश करता है कि मानो ये पेड़ इन्हीं प्लेटों के लिए खड़े हों, मानो ये इन्हीं पेड़ों के लिए बनी हों। यह दूसरी बात कुछ अधिक यथार्थता का बोध देती है। लेकिन, यक़ीन मानिये, इस तस्वीर में इन पेड़ों का वजूद इन प्लेटों के साथ अनिवार्यत: सम्बद्ध है वरना ये तस्वीर ही शायद नहीं ली जाती और अगर तस्वीर नहीं ली जाती तो हम और आप बात ही नहीं कर रहे होते। यह तस्वीरों के हस्तक्षेप से हो रहा संवाद है। यह एक तस्वीर के चन्द लम्हों की कहानी है।

इस तस्वीर में, उस पेड़ पर लटके टिन प्लेटों पर अँग्रेज़ी के बड़े-बड़े अक्षरों में लिखा है—'एबार्शन'। नीचे एक फोन नम्बर दिया गया है, एक 'समस्या' के समाधान के लिए। अपनी आवाज़ को पहुँचाने के लिए और किसी आवाज़ को दुनिया में आने से पहले ही दबा देने के लिए। इस तस्वीर के ज़रिये हम एबार्शन के आसपास बुन रहे ताने-बानों और उनके विमर्शों की बात कर सकते हैं। राज्य-तन्त्र और राजसत्ता, क़ानून की सत्ता, इस क़ानून के पुरुषवादी स्वरूप और उसकी नारीवादी व्याख्याओं में शहर की इच्छाओं, डरों और क्रूर यथार्थों की दुनिया में इस सामान्य सी लगने वाली तस्वीर के सहारे प्रवेश कर सकते हैं। वासना और शहर की ख़ौफ़नाक हक़ीक़त से भी बात आगे बढ़ाई जा सकती है। पर यहाँ मेरा सरोकार फ़िलहाल कुछ और ही है। इस तस्वीर में अपनी ही आँखों को ढूँढ़ा जा रहा है—इस तस्वीर को देखते हुए, इस तस्वीर में भटकते हुए...

इस तस्वीर का पंक्टम इसके फ्रेम के भीतर नहीं वरन् बाहर है। यह इस फ्रेम में अनुपस्थित जितना नहीं है उससे अधिक अदृश्य है। यह पंक्टम तस्वीर के कैप्शन के ज़रिये इसके फ्रेम में अपने होने का अहसास दिला रहा है। यह पंक्टम दौलतराम कॉलेज की वह दीवार है जिसके आगे यह पेड़ खड़ा है, जिस पर टिन की प्लेट में एक इबारत है। एबार्शन की इस

चित्र–०५ : एर्वासन वाली टिन पट्टियों को लटकाए वृक्ष

पंक्टम के बनने की चर्चा यहाँ कुछ अप्रासंगिक नहीं होगी।

यदि जूम आउट करें तो यह चित्र दिल्ली विश्वविद्यालय का है। दिल्ली विश्वविद्यालय में कई सड़कों के नाम हैं। सौभाग्य या दुर्भाग्यवश इस सड़क का, जिस पर एबार्शन वाले ये पेड़ हैं, का कोई नाम नहीं है। यदि इसका कोई नाम हो भी तो वह प्रचलित नहीं है। ख़ैर, नाम के अभाव में इस सड़क, जिस पर हमारी तस्वीर का पंक्टम मौजूद है, का ठोस ज्योग्राफिया बयान लाज़िमी हो जाता है। यह सड़क रिंग रोड, जो दिल्ली की मुख्य सड़कों में से एक है, से ही निकलती है और मानसरोवर छात्रावास, खालसा कॉलेज, मिराण्डा हाउस, आर्ट्र्स फैकल्टी और दौलतराम कॉलेज होते हुए कमलानगर, रूपनगर और शक्ति नगर तक जाती है। कुछ और भी जगहों को शामिल किया जा सकता है लेकिन फ़िलहाल उन्हें रहने दें। यहाँ ग़ौरतलब हो कि तस्वीर का पेड़ कोई अकेला पेड़ नहीं है जिस पर टिन की यह पट्टी लगी है। एबार्शन की पट्टी वाले पेड़ खालसा कॉलेज से ही शुरू हो जाते हैं। और जब भी इस सड़क पर आप शहर से परेशान होकर इन पेड़ों की छाँह की ओर, इनकी हरियाली की ओर नज़र दौड़ायेंगे आपको इनके तने पर एबार्शन की पट्टी मिल ही जायेगी। दिल्ली विश्वविद्यालय की यह सड़क अपनी 'रंगीनी' के कारण ख़ासी तादाद में शहर के मजनुओं की सैरग़ाह, उनकी ख़्वाबग़ाह है और इस कारण से कई महत्त्वपूर्ण रूपों में इस तस्वीर के पाठों को स्वरूपित करता है।

यह पंक्टम परेशान करता है। तस्वीर के पाठों एवं इनके बहुतेरे 'अन्य' को विस्थापित करता है। लेकिन कुछ सवालात हैं जिनसे रूबरू हुए बग़ैर पाठों के इन बहुतेरे अन्य का विस्थापन नहीं पढ़ा जा सकता है। सबसे पहले, दिल्ली विश्वविद्यालय की यह सड़क ही क्यूँ? इन टिन प्लेटों को इस सड़क पर लगाने वाले, गर्ल्स कॉलेज के सामने (बहुत चुपके से) प्रदर्शित करनेवालों के बाज़ारीय हथकण्डों में किस प्रकार के मिथकों का बोलबाला है। इस सड़क, इस कॉलेज के बारे में वे कौन सी पुरुषवादी सोच काम कर रही हैं जिसने इस सड़क को, इस कॉलेज को इस तस्वीर की 'सबसे नज़दीकी पृष्ठभूमि' प्रदान की? एबार्शन करने वालों के द्वारा इस जगह का चुनाव क्यों?

इस 'क्यों' के साथ कई प्रकार की समस्याएँ जुड़ी हुई हैं। इस 'क्यों' के साथ हम कितनी दूर तक जा सकते हैं?

संस्कृति, ख़ासकर जन-संस्कृति के अध्ययन में अकसर बीच मझधार में ही यह 'क्यों' हमारा साथ छोड़कर बोरिया-बिस्तर समेट भाग खड़ा होता है। जिस तरह के दृश्य जगहों की बात हम करना चाहते हैं उनके पीछे के व्यक्तियों की ठीक-ठीक मंशा जानना असम्भव है और मेरी मानें तो सैद्धान्तिक रूप से ग़ैर-ज़रूरी भी। यह प्रयास असम्भव इसलिये नही कि आप उन तक नहीं पहुँच सकते या फिर वो अपनी मंशा आपसे साझा करने के लिये तैयार नहीं होंगे। समस्या तो तब खड़ी होती है जब आप उस 'कहे गये' मंशा को पढ़ने, व्याख्यायित करने बैठते हैं और पाते हैं कि जो कहा गया है वह महज़ चेतन मानस की एक अभिव्यक्ति मात्र है। यह अहसास होता है कि इस व्यक्त चेतन के पीछे का अव्यक्त अचेतन अधिक महत्त्वपूर्ण होगा। और फिर, आप पूरे पाठ में अकेले रह जाते हैं—अपनी ही कल्पनाओं के साथ, अपने ही बिम्बों में उलझे हुए। एक दूसरी भी समस्या है, थोड़ी अधिक जटिल। यह पाठ के लेखक के बहुवचन होने की समस्या से उपजता है। इस समस्या में लेखक स्वयं ही विस्थापित होता चलता है। जिसने ये टिन प्लेट लगवायी क्या उसे ही इस पाठ का लेखक माना जाय? क्या उस संस्कृति और उन मिथकों को इनका लेखक नहीं माना जाय जिसने इस तख़्ती लगवाने वाले की मनोवृत्ति को प्रभावित करते हुए उसे इस जगह पर टिन प्लेटें लगवाने हेतु प्रेरित किया? क्या हम ही इस पाठ के लेखक नहीं हैं जो इस अदने से तस्वीर के बहुतेरे सम्भाव्य पाठों में से

महज़ एक ख़ास हिस्से को तरजीह दे रहे हैं? या फिर आप ही क्यों नहीं जो अपने पठन के दौरान अपने अनुभवों और ज्ञान के द्वारा पूरे पाठ को परिमार्जित करते चल रहे हैं? और भी बहुतेरे सवाल हैं जो लेखक के कटघरे में खड़े होने से उपजते हैं। और लेखक स्वयं ही एक पाठ हो जाता है। लेकिन, अभी इसे भी रहने दें। यहाँ उस जन-संस्कृति, शहर के उस जन-स्थान की ओर लौटें जिसमें तस्वीर का यह बिम्ब, इसके बनते-बिगड़ते अक़्स एवं इस अक़्स में साँस लेता शहर हमारी आँखों से टकराता है। यह देह होता शहर है और है, देह पर फिसलती कुछ जोड़ी जुड़ी आँखें। शहर और देह का रिश्ता बहुत पुराना न भी हो लेकिन नारीवादी विमर्श के लिए कुछ नया भी नहीं है। थोड़ी देर के लिये इस पंक्टम से अपना ध्यान हटाकर वापस इस तस्वीर के उपस्थित फ्रेम की ओर लौटें तो पाते हैं कि इस दृश्य के मूल में एक देह है—अजन्मा, अनदेखा लेकिन अपरिचित अनजाना नहीं। इस तस्वीर के सारे दावे/प्रतिदावे इसी देह पर हो रहे हैं। इस अजन्मी देह के अस्तित्व को मिटाने का आहवान है यह टिन-प्लेट परन्तु, इस देह के अस्तित्व को हम कहाँ खोजें?

चित्र-०६ : दिल्ली की एक दीवाल।

निश्चित तौर पर इस देह की अस्मिता जितनी इसको धारण/परित्याग करने वाले गर्भ पर निर्भर है उतनी ही यह डर व असुरक्षा की एक सामान्य शहरी मनोवृत्ति में भी। इस प्रकार हम पाते हैं कि दावे/प्रतिदावों का स्थान उस अजन्मे गर्भ से बदलकर उस गर्भ धारण करनेवाली नारी देह पर आ जाता

है। इसका मतलब यह कतई नहीं है कि कोख और उसको धारण करने वाली देह, दो भिन्न इकाइयाँ हैं। यहाँ इन्हें महज़ संवाद और विमर्श के बहाने दो दैहिक जगहों के रूप में प्रयोग किया गया है जो एक-दूसरे में उपस्थित होते हुए भी भिन्न दृष्टिकोण की माँग करते दिखते हैं।

एक नज़र से देखें तो एबार्शन की यह टिन-प्लेट इस देह को मुक्त करती है। गर्भाधान भारत में अनिवार्यतः एक सामाजिक बन्धन की पूर्वकल्पना करता है और अपवादों को छोड़ दें तो कोख द्वारा मातृ-देह पर किये जा रहे दावों की वैधता वस्तुतः विवाह की सामाजिक प्रक्रिया के माध्यम से ही होती है। दूसरे शब्दों में कहें तो कोख मातृ-देह पर दावे पेश कर उस देह को औपनिवेशिक बनाती है। उस देह को अधिकृत कर लेती है (भले ही यह औपनिवेशीकरण, यह अधिकार प्यार/मातृत्व की सबसे मूल, सबसे स्फूट और सबसे मूक अभिव्यक्ति ही क्यों न हो)। एबार्शन का यह प्रचार मातृ-देह को अपनी ही कोख के द्वारा किये गये अधिकार को ख़त्म करता है। गर्भाधान के साथ सम्बद्ध सामाजिक बन्धनों को तोड़ता हुआ, यह फ्री-सेक्स के साथ जुड़े उस थोड़े से भय को भी ख़त्म करता है जो एक नारी देह तमाम गर्भनिरोधक तरीक़ों और कंडोम के उपयोग के बाद भी अपने साथ ढोती है।

लेकिन यह तो महज़ एक स्तर है। इस स्तर के ठीक नीचे देह का एक बिल्कुल भिन्न और आभासी तौर पर कहें तो ठीक विपरीत रूप नज़र आता है। इस दूसरे स्तर पर यही टिन-प्लेट और इनकी यही इबारत, देह को विवाह के सामाजिक बन्धनों से मुक्त करने के बजाय सामाजिक संस्था के रूप में विवाह की उपयोगिता और देह की इस संस्था पर निर्भरता के मुद्दे को पुनः आरोपित करती है। यह विज्ञापन नारी देह को उसकी कोख के भय से तो मुक्त करता है लेकिन उस भय के पीछे के मूल कारण सामाजिक भय को अपने विमर्श के केन्द्र में बनाये रखता है। यह पोसता है इस भय को। यह पहले नारी देह पर सामाजिक वक्तव्यों को स्थापित करता है—शादी गर्भाधान की अनिवार्य पूर्वकल्पना है (या फिर कुछ दूसरी तरह के सामाजिक-आर्थिक भय जो शहरी जीवन की गतिशीलता और गर्भाधान के कारण होती अधिक व्यावहारिक परेशानियों द्वारा उत्पन्न होता है)। फिर यह नारी देह को उस प्रक्रिया का निदान बताता है जिसके कारण यह भय आरोपित होता है। लेकिन ऐसा करते हुए यह कभी उस

भय का निदान नहीं करता है बल्कि यह भय को और अधिक व्यापक बनाता है। नारी देह को हमेशा सामाजिक मान्यताओं के भय के आगोश में रखता है। यह आगोश और इस आगोश का अहसास इस टिन–प्लेट को देखते हुए जागृत हो उठता है। पहला संदेश दुबारा लौटकर आता है—फ्री–सेक्स की संस्कृति में गर्भाधान सबसे बड़ी सामाजिक समस्या है और एबार्शन ही इसका एकमात्र उपाय है। इस टिन–प्लेट से नज़रें फिसलती हुई नारी देह पर अटकती हैं, उसे असुरक्षित, भयाक्रान्त करते हुए कमज़ोर बनाती चलती हैं।

चित्र–०७ : जन्तर–मंतर, दिल्ली में प्रेम की त्रिकोणीय संघर्ष बयान करती एक अन्दरूनी दीवाल।

शहर द्वारा, इसकी दृष्टि के द्वारा नारीदेह पर कब्ज़ा करने का यह महज़ एक हथकण्डा है। शहर की नज़र के पास ऐसे हथकण्डों की एक पूरी शृंखला है जिसके द्वारा शहर और इसकी पुरुषवादी नज़रों का राज चलता है। यह नारी देहों पर होता दस्तदराजी है : शहर की देह पर, इबारतों की नारी देहों पर पुरुषवादी नज़रों की दस्तदराजी। ("दस्त=हाथ, दराज=लम्बा करके छुलाना, क़ाफी हद तक अश्लील तरीक़े से ज़ुल्म; अत्याचार; दुस्साहस; गुस्ताखी; मार पीट; इतिहासकार शाहिद अमीन /ज्ञान पाण्डे ने औपनिवेशिक काल के अख़बार का हवाला देते हुए इस शब्द का इस्तेमाल

किया है)। औपनिवेशिक देह तो अब रही नहीं लेकिन दस्तदराजी तो शायद हमेशा ही कायम रहेगी।

चित्र–0८ : घण्टाघर, शक्ति नगर, दिल्ली के पास सौन्दर्यानुभुति की इच्छा से नेहरू की तस्वीर का उपभोग करती एक दीवाल।

यह एक ऐसा उदाहरण है जहाँ जन–स्थान की रचना, महिलावादी स्वरों को शान्त कर नहीं हो रही है। पुरुषवादी शक्तियाँ उभरकर मैदान में

चित्र–0९ : बवासीर ग्रस्त दिल्ली की दीवाल।

आमने-सामने नहीं हैं। यह खेल तो महिलाओं की उपस्थिति से ही हो रहा है। शर्त बस इतनी कि देखने वाली, मज़ा लेने वाली हमेशा पुरुष देह ही है। दस्तदराजी के नये-नये नुस्ख़े ईजाद करता—देह का शहर, शहर के देह...देह में ढलती नज़र।

चित्र-१० : देवी-देवताओं के नामों को लिखकर जपने की परिपाटी रही है। यहाँ दीवालों को उसी स्लेट और नोटबुक की भाँति इस्तेमाल कर लिख रहा है कोई। मानो कोई है ध्यानस्थ यहाँ। कुछ ऐसे कि दीवारों का शुद्धीकरण कर रहा हो कोई।

सड़क की आँखें, शहर की कहानी

दिल्ली के न थे कूचे औराक़-ए-मुसव्वर* थे
जो शक्ल नज़र आयी तसवीर नज़र आयी
—मीर तक़ी मीर

कहते हैं कि शहर में साँप की आँखों सा आकर्षण होता है। जो आता है बस इसी का होकर रह जाता है लेकिन इस होकर रह जाने में सर्पदंश का भय साये की तरह चलता रहता है। ज़िन्दगी भर मरते हुए शहरी अपना जीवन गुज़ारते हैं, महज़ गुज़ारते भर हैं। ज़िन्दगी तो वहीं दूर रहती है...होती चली जाती है...शहर अपनी अनुपस्थिति में साँस लेता है।

लेकिन मैं इस अनुपस्थित शहर की तलाश क्यों करूँ? इस दिल्ली शहर की ज़िन्दगी उसे बसाने वाले की मौत से शुरू होती है : 'कीली तो ढीली भयी/राजा तोमर तू तो गया'। कीली ढीली हुई, ढीली दिल्ली हुई...और, राजा तोमर इतिहास में दफ़न लेकिन, क़िस्सा ख़तम, पैसा हज़म नहीं। क़िस्सा तो यहीं से शुरू होता है...। हाँ, दिल्ली की सड़कें इस भटकाव में कभी अकेलेपन का अहसास नहीं होने देतीं। इतिहास साथ-साथ सफ़र करता है।

नहीं, मैं पुरानी दिल्ली की बात नहीं कर रहा। बहुतों ने लिखा है, चाँदनी चौक और यहाँ के कटरों के सम्बन्ध में। प्राच्यवादी विमर्श को बड़े ख़ास तरीक़े से बहुत दिनों तक पुरानी दिल्ली के कूचों ने ज़िन्दा रखा है कॉफ़ी टेबल किताबों में, लुभावनी तस्वीरों के ज़रिये, विदेशी पर्यटकों की रिक्शा सवारी में और विदेशी शिक्षाविदों के सैर-सपाटों में। इसे आप रूमानियत भी कह सकते हैं और विडम्बना भी कि 'शहर की आत्मा' की तलाश दिल्ली में हमेशा चाँदनी चौक और इसके कूचों से शुरू होती है और यहीं ख़त्म हो जाती है।

मैं बाहर निकलना चाहता हूँ—ढका की बात करना चाहता हूँ। सिविल लाइंस से चल कर जो सड़क बुराड़ी तक जाती है, उस सड़क की बात करना चाहता हूँ। इसी सड़क पर कॉरोनेशन पार्क है, शाही दरबार लगा था यहाँ, १९११ में। यहीं जब लगा कि दरबार समाप्त हो चुका है, जब राजा जॉर्ज पंचम और उसकी रानी निचले मंच पर उतर चुके थे, जब तुरही ने अन्तिम घोष कर दिया था, तभी अचानक सभी को आश्चर्यचकित करते हुए सम्राट ने हार्डिंग के हाथों से एक दस्तावेज़ लेकर पढ़ना शुरू किया और भारत की राजधानी कलकत्ता से बदल कर दिल्ली हो गयी। इतिहासकार फ्रिकेनबर्ग लिखते हैं कि "साम्राज्यवादी चकाचौंध, ठाट-बाट और शक्ति की विविध अभिव्यक्तियों में जहाँ कुछ ने इसे ब्रिटिश अक्खड़पन की 'चमकती दोपहर' माना वहीं दूसरे थे (और हैं) जिन्होंने इसे ओछा लक़दक़ माना। दूसरे शब्दों में, यह भारत में ब्रिटिश और बंगाली दोनों ही के प्रभुत्व का प्रतीकात्मक अन्त था।"[१]

मैं इसी सड़क पर, इस कॉरोनेशन पार्क के नज़दीक ही एक दूसरे क़िस्म के इतिहास के साथ रहता हूँ। आप कहेंगे मध्यकाल से निकलकर औपनिवेशिक रोड पर फँसे हुए हैं। लेकिन मैं दुविधा में हूँ। किंग्सवे,

हडसन, आउट्रम कैम्पों से गुज़रते हुए मैं फँस जाता हूँ। ये कैम्प इसलिए कि यहाँ सन् १८५७ में अँग्रेज़ सेना के कमाण्डरों ने तम्बू डाले थे, कैंपिंग की थी। इन अँग्रेज़ सेना के कमाण्डरों के नाम बाक़ी हैं लेकिन नाम खोखले रह गये हैं। इन तम्बुओं में सन् सैंतालीस के विस्थापितों को जगह मिल गयी थी... और, लोग मुझे बताते हैं कि 'आज जहाँ कैम्प है, यही अपना किंग्सवे कैम्प, वहाँ हम रिफ़्यूजियों का बहुत बड़ा कैम्प लगा था...हमें रिफ़्यूजी कहते थे और इसी कारण तो इसका नाम पड़ा कैम्प।'

'उस समय की कुछ याद है?' मैं पूछता हूँ और, थके हुए चेहरे के भीतर की परतों से दर्द की चमक उभरती है। 'सब कुछ याद है। आग लगी थी...बहुत भयंकर आग...चिन्दी-चिन्दी आसमान में उड़ रहे थे...'

कहीं पढ़ा निर्गुणी माण्ड मेरे भीतर से आवाज़ लगाता है। *सभी ठौर जमात हमरी, सबही ठौर पर मेला/हम सब माय, सब हैं हम माय, हमही बहुरि अकेला।* पर यह अकेलापन अधिक देर तक ठहर नहीं पाता। इतिहास के ठोर पर जमात लगाये शहर की माया अकेलेपन को भी ठहरने नहीं देती। दिल्ली की पहली ऐतिहासिक इबारत हमें याद दिलाती है अपनी माया की। पण्डित योगेश्वर ने १२७६ ई. के पालम बाउली अभिलेख में दिल्ली को आनन्द के स्रोत, दैत्यों के वास स्थान के साथ-साथ साक्षात् माया माना है, एकदम मोहिनी।[२]

माया है तो इसके कई रूप भी होंगे। हरेक के लिए उसका एक अपना ही रूप। बिना माया के न तो शहर हो सकता है और न ही इतिहास, परन्तु, मैं इस चक्कर में उलझना नहीं चाहता। मैं लौटना चाहता हूँ अपनी सड़क पर। उस (पुराने) चन्द्रावल की ओर जिसे मटका हाउस (मेटकाफ़ हाउस) के पीछे बनते सिविल स्टेशन ने ग्रस लिया। उस पुराने चन्द्रावल और सिविल लाइंस का रिश्ता बड़ा अनोखा है।

चन्द्रावल, चौकीदारी, चोरी और सिविल लाइंस

मेरी कहानी फ़्लैग स्टाफ़ टावर, जो उत्तरी रिज पर एक महत्त्वपूर्ण ऐतिहासिक चिह्न है, के पश्चिमी ढलान पर केन्द्रित है। लेकिन, यदि आप इस फ़्लैग स्टाफ़ टावर से पूरब की ओर उतरते जायेंगे तो सिविल लाइंस का हलक़ा

मिलेगा। इस सड़क को फ़्लैग स्टाफ़ रोड कहा जाता है। आगे जाकर यह रिंग रोड (महात्मा गाँधी मार्ग) में विलीन हो जाती है। इसी पर कुछ आगे जाने पर लालबत्ती से कुछ पहले ही मेटकाफ़ हाउस है, चन्द्रावल के गूजरों का मटका हाउस। इसी लालबत्ती पर एक छोटा सा बोर्ड लगा है : सिविल लाइंस क्षेत्र में आपका स्वागत है।

मॉल रोड और कैण्टोनमेण्ट एरिया की तरह सिविल लाइंस भी औपनिवेशिक भारतीय नगर की एक स्थायी पहचान रहा है। परन्तु, दिल्ली का सिविल लाइंस कई मायनों में दूसरे शहरों के सिविल लाइंस से कुछ अलग रहा है। जैसे इलाहाबाद के, जहाँ भारतीयों को ज़मीन ख़रीदने की इज़ाज़त नहीं थी। दिल्ली में सिविल लाइंस की ज़मीन अंशतः नजूल (चन्द्रावल मौज़ा) और अंशतः वैयक्तिक थी। ये निजी मालिकाना हक़ ख़रीद-बिक्री के कारण भी और सन् सत्तावन के विद्रोह के बाद दिये गये 'माफ़ी' उपहारों के कारण भी था। यहाँ के भूस्वामियों में सेठ, शेख़ और पंजाब के राजा-नवाब थे।[३] १८६५-७० की मेरठ सेट्लमेंट रिपोर्ट से पता चलता है कि १८३० के बाद से ही दिल्ली शहर के पड़ोस में काफ़ी बदलाव आया। कारण, अब बहुतेरे महाजनों और अन्य व्यवसायियों ने भूमि में पूँजी लगायी और, इसी बदले रुझान का फल था सिविल लाइंस की कोठियों पर देशी मालिकाना। लेकिन, इसके बाद भी यहाँ मद्रास के समान कोई भारोपीय (Indo-European) उच्च वर्ग विकसित नहीं हुआ। सिविल लाइंस के अधिकांश देसी मालिक पुरानी दिल्ली (walled city) में ही रहना पसन्द करते थे। सामान्यतः कोठी का किराया ५० रुपये प्रति माह हुआ करता था लेकिन दरबार (१८७७, १९०३ और १९११ के शाही दरबार) के दिनों में इन कोठियों की माँग आसमान छूने लगती। १९०३ के शाही दरबार के समय दो महीने के लिए सिविल लाइंस में एक कोठी का किराया ५०,००० रुपये तक था। लेकिन भारतीय उच्च वर्ग को अँग्रेज़ अफ़सरों के समान 'उजाड़' में रहने का कोई शौक़ नहीं था और न ही वे चन्द्रावल के गूजरों की दया पर ही रहना चाहते थे।[४]

चन्द्रावल के गूजरों ने शुरू से ही अँग्रेज़ हुकूमत के समाने यह शर्त रखी थी कि यदि उन्हें उनके पड़ोस के सिविल लाइंस के अँग्रेज़ अफ़सरों की कोठियों का चौकीदार नहीं रखा गया तो कोठियों को लूट लिया जायेगा। इसे आप गूजरों द्वारा ब्रिटिश साम्राज्य पर आरोपित चौकीदारी टैक्स मान

सकते हैं (शर्त बस इतनी कि इसे औपनिवेशिक इतिहास में अधिक प्रचलित चौकीदारी टैक्स, जो ब्रिटिश प्रशासन द्वारा आरोपित था, न मान लिया जाय)। गूजरों की यह शर्त महज़ घुड़की नहीं थी। १९०८ तक अँग्रेज़ सरकार द्वारा गूजरों की इस धमकी को बेअसर करने के सभी दृढ़निश्चयी प्रयास व्यर्थ साबित होते रहे। जिस भी रात चन्द्रावल के इन गूजर चौकीदारों को हटाया जाता सिविल लाइंस की सभी कोठियाँ सफलतापूर्वक और पूरी वफ़ादारी के साथ लूट ली जातीं। ब्रिटिश हुकूमत को और सिविल लाइंस की कोठियों को आख़िरकार चन्द्रावल के गूजरों के सामने घुटने टेकने पड़े।[५]

आप कहेंगे कि सड़क पर चलते हुए कहाँ से राष्ट्रवादी इतिहास के चक्कर में पड़ गये...मैं भटकता हूँ...भटकने के लिए शहर है, सड़कें हैं और जंगल भी। विलायती कीकर के जंगल। आजकल दिल्ली मेट्रो के कारण इस सड़क पर व्यस्तता अत्यन्त बढ़ गयी है। रिज और कीकर के जंगल के दरवाज़े हमेशा खुले रहते हैं। गाड़ियों की चिल्ल-पों मची रहती है। पर आप यदि भटकना चाहते हैं तो पक्की से उतरना होगा।

दिल्ली विकास प्राधिकरण द्वारा बड़े जतन से बिछायी गयी सुर्ख़ी और बजरी की इन कच्ची पगडण्डियों से होते हुए आप ख़ूनी ख़ान झील और सर्पाकार झील तक पहुँच सकते हैं जो अपनी गहराइयों में कम से कम सन् १८५७ तक तो ले ही जाती हैं। इन कच्ची सड़कों से गुज़रते हुए आपको दिल्ली विश्वविद्यालय के, और बाक़ी शहर के भी कई प्रेमी जोड़े चट्टानों के पीछे और झाड़ियों की ओट में अख़बार बिछाये मिल जायेंगे। कुछ आपकी उपस्थिति से बेख़बर, कुछ बाख़बर। अपनी मदनक्रिया को अचानक रोकते हुए, आपकी आहट सुन कर आप ही को अजीब आँखों से देखते हुए। स्थितप्रज्ञता, किंकर्तव्यविमूढ़ता और 'नययौनतस्थौ' जैसे शब्द शायद ऐसे ही नाज़ुक मौक़ों के लिए बने हैं। लेकिन इस कीकर जंगल के अपने भय भी हैं जो हनुमान दूतों के रूप में सामने आ सकते हैं और, 'हिजड़ों' के रूप में भी। दिल्ली विकास प्राधिकरण की तथाकथित सुरक्षा के बावजूद ये हिजड़े मदनक्रियारत युगलों और कच्ची पर सैर करने वालों से कभी दो रुपये, कभी पाँच रुपये, या कभी दस रुपये वसूल करना अपना हक़ समझते हैं। यदि आप नोश फ़रमाते हैं तो फिर जंगल में मंगल भी महज़ कुछ ही रुपयों में हो जायेगा। शहर और सेक्सुॲलिटी के मारे

इन हिजड़ों को कई बार बहुत मार खानी पड़ती है। यह बात न तो शहर जानता है न ही सड़क की आँखें इसकी गवाही देती हैं।

रिज में इसी सड़क पर एक महत्त्वपूर्ण ऐतिहासिक पड़ाव फ़्लैग स्टाफ़ टावर है। सन् १८५७ के ग़दर में यह टावर अँग्रेज़ी साम्राज्य और उसके ख़ात्मे के बीच का एकमात्र रोड़ा भी माना गया। कुछ दिनों के लिए पूरी हुकूमत की जान इसी टावर के हलक़ में अटकी हुई थी।[६]

पश्चिम की ओर उतार

ऐतिहासिक फ़्लैग स्टाफ़ टावर से पश्चिम में नाक की सीध में उतरते हुए दिल्ली विश्वविद्यालय के मुख्यद्वार के दर्शन होते हैं। यहाँ से कुछ दूर आपको पैदल चलना होगा। पहला पड़ाव दिल्ली विश्वविद्यालय की जवाहर गुलाब वाटिका। जवाहर लाल (नेहरू जी) की मूरत बड़ी अजीब सी अति यथार्थरूपता का बोध कराती है।

ये जो बायीं तरफ़ वाइस चांसलर का ऑफ़िस है, कभी यह वाइस रीगल लॉज हुआ करता था। जहाँ आजकल रजिस्ट्रार बैठते हैं उसी कमरे में वाइसराय ने अपनी प्रेमिका को 'प्रोपोज़' किया था। इस कमरे के पीछे एक बड़ा सा बॉल रूम हुआ करता था, अँग्रेज़ अफ़सरों के डांस के लिए। बाद में यहाँ 'फ़ॉल्स रूफ़' के ऊपर विश्वविद्यालय के डिस्पैच सेक्शन के

कर्मचारी बैठने लगे डिग्री और समय की डिस्पैचिंग करते हुए। यहाँ लगेहाथ यह बता देना भी, आज के दौर में, रोमांचक हो सकता है कि ब्रिटिश साम्राज्य के समान ही इस इमारत के भी अनेक तहख़ाने हैं : मिथक है कि इन्हीं तहख़ानों में फाँसी से पहले तीन रात के लिए गुपचुप तरीक़े से भगत सिंह को रखा गया था। इस प्रचलित अवधारणा पर सवालिया निशान लगाने की ज़रूरत है। चौदह अन्य 'षड्यन्त्रकारियों' पर पुराने वाइसरीगल लॉज के मुख्य ब्लॉक में १५ अप्रैल, १९३१ को मुक़दमा शुरू हुआ। भगत सिंह को इससे तीन सप्ताह पहले ही २३ मार्च, १९३१ को फाँसी दे दी गयी थी।[७] फिर किस वजह से भगत सिंह का नाम उनके मरने के बाद भी इस इमारत से जोड़ा जाता है? इन 'षड्यन्त्रकारियों' पर २२ माह तक मुक़दमा चला। इस दौरान इन्हें (रुद्रदत्त मिश्रा, धन्वन्तरि, के.वी. गुप्ता, वी.आर. गुप्ता, एस.एच. वात्स्यायन, आज़ाद विद्याभूषण, वैशम्पायन, टी. भागीरथ लाल हरकेस एवं अन्य) दिल्ली जेल से बराबर इस ख़ाली लॉज में लाया जाता रहा। इतिहासकार शाहिद अमीन लिखते हैं, "क्या यह सम्भव नहीं कि इन्होंने चन्द रातें इन तहख़ानों (वाइनसेलर्स) में बितायी हों या फिर इन्हें लंच के अवकाश में यहाँ बाँध कर रखा न गया हो? शायद।"[८] लेकिन इनकी बातें कौन करता है? क्या हम भगत सिंह को छोड़ कर इन अनाम 'षड्यन्त्रकारियों' के साथ इस ऐतिहासिक जगह को नहीं जोड़ सकते? ये तहख़ाने (ब्रिटिश) राज को सँजोये रखते थे। यही तहख़ाने राज की बात का पर्दाफ़ाश भी करते हैं। आजकल उस वाइसरीगल लॉज (वाइस चांसलर ऑफ़िस) का रेस्टोरेशन कार्य प्रगति पर है। बॉल रूम में सभाएँ होंगी और तहख़ाने सैरग़ाह बन सकते हैं। गुलाब वाटिका फिर से बस जायेगी, हाँ कुछ टीचर ज़रूर हटा दिये जायेंगे।

इस लेख में मेरा वृहत्तर उद्देश्य है सड़क की कहानी लिखना। सड़क जो देखती है उसे कैसे बयान किया जाय? सड़क की आँखें होती हैं जो शहर और समय की देह को देखती है। लेकिन सड़क की एक और देह भी है जहाँ शहर और समय दोनों ही आकार ग्रहण करते हैं। इस देह, इसकी इबारतों को कैसे पढ़ा जा सकता है? शहर के विमर्श में सड़क की यह देह या तो अतीत में खो जाती है, तसवीरें धुँधली होती जाती हैं और सड़क मिथकीय लगने लगती है। दूसरी ओर, मानवशास्त्रीय रुझानों में सड़क अपनी इतिहासविहीनता में एकदम सपाट हो जाती है, कोलतार की एक

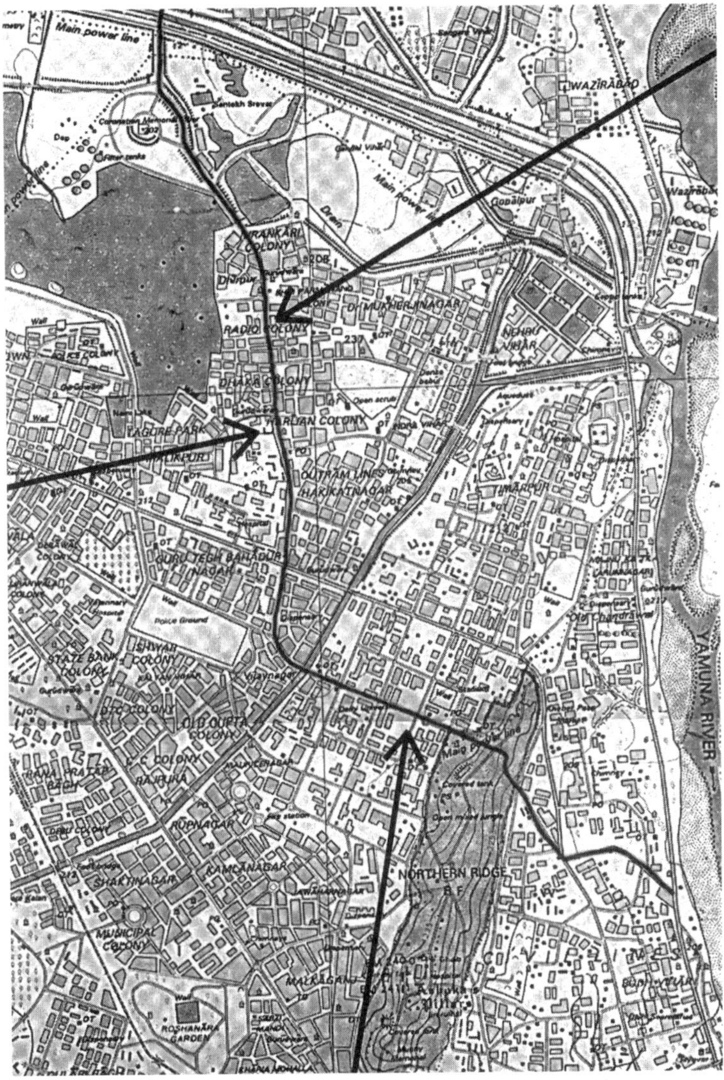
Main power line
WAZIRABAD
Gopalpur
COLONY
RADIO COLONY
NEHRU VIHAR
DHAKA COLONY
HARIJAN COLONY
TAGORE PARK
OUTRAM LINES
HAKIKATNAGAR
TIMARPUR
GURU TEGH BAHADUR NAGAR
Police Ground
STATE BANK COLONY
DTC COLONY
OLD GUPTA COLONY
RAJPURA
ROOPNAGAR
KAMLANAGAR
SHAKTINAGAR
NORTHERN RIDGE
MUSICIPAL COLONY
MALKAGANJ
ROSHANARA GARDEN
YAMUNA RIVER

बेजान देह जिसको विभिन्न तरह के लोग चौबीसों घण्टे रौंदते रहते हैं।

इतिहास और मानवशास्त्र के अलावा एक विमर्श और है जहाँ सड़क की आँखें अपना रूमानी विस्तार पाती हैं। यह है गाइडबुकों और यात्रा वृत्तान्तों की दुनिया। मुझे यह दुनिया भाती है। यहाँ इतिहास भी है, समय की इबारतें भी और 'वर्तमान' के लोग तथा उनकी जन-संस्कृतियाँ भी। परन्तु, यहाँ सभी कुछ एक ख़ास तरह से रूमानी है। समस्या इस रूमानियत से, इस मिथकीय रोशन दुनिया से नहीं है। परेशानी ये है कि पर्यटन निर्देशिकाएँ और यात्रा-वृत्तान्त रूमानी और मिथकीय शहर को सपाट बना देते हैं। ये हमें शहर के, सड़क के अँधेरे वृत्तों की ओर जाने की इज़ाज़त नहीं देते।

...सड़क और शहर अपनी भाषा की तलाश में फिर से भटकते हैं। मैं वाइसराय लॉज, समय के तहख़ाने और विश्वविद्यालय के पार्क से बाहर निकलने की कोशिश करता हूँ। जय जवान टी स्टॉल के पास बन्द गेट की बग़ल से निकलते हुए फिर से मुख्य सड़क पर। सड़क की आँखें विश्वायन का मंज़र देखती हैं। जय जवान टी स्टॉल पर ब्रेड-पकौड़े, गाजर के जूस और पंजाबी चाऊमीन के साथ पिछले डेढ़-दो-सालों से जॉर्जिया चाय और कॉफ़ी भी मिलने लगी है। बात महज़ इतनी सी नहीं है। 'कॉमोडिटी कल्चर' का थोड़ा पेचीदा खेल चल रहा है। इसकी पेचीदगी का अन्दाज़ा इस सड़क पर थोड़ा आगे बढ़ने से पटेल चेस्ट की फ़ोटोकॉपी की दुकानों की व्यस्त और लम्बी क़तारों से लगता है। पचास पैसे प्रति पृष्ठ की दर से यहाँ आप विशालकाय वैश्विक कॉपीराइट 'रेजीम्स' से लोहा ले सकते हैं। 'लेखक' की रूमानी परिभाषाओं और परम्पराओं को नये सिरे से व्याख्यायित कर सकते हैं और कॉपीराइट क़ानूनों को इन्हीं दुकानों की क़तार के बीच इसी सड़क पर पुराने क़ब्रिस्तान में दफ़न कर सकते हैं। लेकिन सड़क को आगे जाना होगा।

फ़ोटोकॉपी की दुकानों, पटेल चेस्ट, क्रिश्चियन कॉलोनी और नाला पार करने के बाद विजय नगर, हडसन लाइन और किंग्सवे कैम्प पहुँचते हैं। एन्ड्रयू हडसन ने १८५७ में दिल्ली में ब्रिटिश सत्ता को पुनर्स्थापित करने में महत्त्वपूर्ण भूमिका निभायी थी।

विभाजन के बाद यह पूरा इलाक़ा पाकिस्तान से आये विस्थापितों का

आश्रयस्थल बना। विजय नगर, हडसन लाइन, किंग्सवे कैम्प और इसके आगे का इलाक़ा जैसे आउट्रम लाइन, मुखर्जी नगर, इन्दिरा विहार, हक़ीक़त नगर आदि में पुनर्वास कॉलोनियाँ बसायी गयीं। वो १९५० का दशक था। 'नये देश' में 'नये नागरिकों' को उनकी पुरानी यादों के साथ इस सड़क ने देखा था। तीस-चालीस साल बाद इन इलाक़ों का तेज़ी से राष्ट्रीयकरण हुआ। देश के भीतर से (और कुछ मायनों में वैश्विक स्तर पर भी) शैक्षिक विस्थापित दिल्ली विश्वविद्यालय आने लगे।

इन नये विस्थापितों ने इस इलाक़े में नये क़िस्म की (मकान के किराये पर आश्रित) अर्थव्यवस्था को जन्म दिया। देश के भीतर से आये विस्थापितों ने इन घरों को नये क़िस्म के विकेन्द्रित और प्राइवेट हॉस्टलों में बदल दिया। इस प्रक्रिया ने धीरे-धीरे इस सड़क के आगे पड़ने वाले मुक़ामों जैसे ढका गाँव, परमानन्द कॉलोनी, रेडियो कॉलोनी और निरंकारी कॉलोनी को भी अपनी चपेट में ले लिया।

लेकिन, शहर और सड़क की व्यस्तता और रंगीनियाँ पहले भी कुछ कम न थीं। किंग्सवे कैम्प के चौराहे, यहाँ के बड़े-छोटे रेस्त्राँ/ढाबे, बड़े-बड़े कड़ाहों में खौलता दूध, रात भर खुली रहने वाली इन दूध की दुकानों की चहल-पहल, राजन बाबू टी.बी. अस्पताल के बाहर रात भर खुली रहने वाली वो पटरी जहाँ बड़े-बड़े आलू के पराँठे, चाय, 'बन-ऑमलेट' और रस्क मिलते हैं (जिन्हें लोग 'बन्द-आमलेट' और 'रस' कहते हैं)। कपड़े की दुकानों की क़तार जिसमें पुलिस की ड्रेस लटकती रहती है। हाल के वर्षों में पुरानी एक-मंज़िला इमारतों को तोड़कर बनी/बनती जा रही बहुमंज़िला इमारतों की बड़ी-बड़ी दुकानें, इन दुकानों के ऊपर विभिन्न प्रकार के कोचिंग संस्थान और इनके बाहर ग्रुपों में गप्प लड़ाते/गॉसिप करते बैंक परीक्षा की तैयारी करने से लेकर एयर हॉस्टेस की ट्रेनिंग लेते स्मार्ट लड़के-लड़कियाँ। सुबह सड़क के दोनों तरफ़ झुण्ड में खड़े और उकड़ूँ बैठे काम तलाशते दिहाड़ी मज़दूरों की आँखें और रात में चौराहे पर ग्राहकों को खोजती, मारुति के शीशे के पीछे उत्सुकता से देखती वेश्या लड़कियों और हिजड़ों की आँखें—ये सब कुछ किंग्सवे कैम्प को एक ख़ास चरित्र प्रदान करते हैं : इतनी विविधता, आँखों के इतने सारे भाव आपको शायद ही दिल्ली के किसी दूसरे चौक पर देखने को मिलें। पर यह कोई नयी बात तो नहीं।

कैम्प से सड़क आगे बढ़ती है। रोड चौड़ी हो जाती है। इस रोड पर यदि आप कुछ बरस पहले आये होते तो मशहूर मोटर साइकिल हार्वे डेविडसन की सवारी कर सकते थे। इसे तकनीक और डिज़ाइन के स्तर पर संशोधित कर एक आठ-दस सीट वाली यात्री गाड़ी की शक्ल दे दी गयी थी जिसका नाम था 'फट फट'। किंग्सवे कैम्प से बुराड़ी गाँव (जो इसी सड़क पर क़रीब ढाई-तीन क़िलोमीटर आगे है) तक जाने के लिए यह सबसे सुलभ (यदि सुविधाजनक नहीं भी) सवारी हुआ करती थी। परिवहन का यह प्रचलित तरीक़ा आज भी क़ायम है। हाँ, पिछले वर्षों में पर्यावरण-सतर्क नीतियों ने इसकी संख्या आश्चर्यजनक रूप से घटा ज़रूर दी है साथ ही इसके डिज़ाइन में ख़ासा परिवर्तन भी हो गया है। अब यह एक अनोखी मोटरसाइकिल कम और बड़ा तिपहिया अधिक लगता है।

बाज़ार की व्यस्तताओं के बाद हम हरिजन सेवक संघ या गाँधी आश्रम पहुँचते हैं। सन् १९३२ में जब इसकी स्थापना की गयी थी तो पूरा इलाक़ा कम आबादी वाला और तथाकथित निम्न जाति बहुल ही था। हाँ, ढका गाँव के चौहानों की बात भले ही दूसरी थी।

एक ऐसी ही भंगी बस्ती के बारे में सन् १९३३ की एक रपट बताती है, "जेठ की कड़ी धूप में पानी की एक बूँद भी वहाँ नसीब नहीं। एक नल है, तो वह टट्टी के पास ही। उसे जलाव पर कूड़ा डालने वाले और टट्टियों को इस्तेमाल करने वाले गन्दा कर देते थे, इसलिए अधिकारियों ने उसे बन्द कर दिया परन्तु दूसरी जगह अभी तक नल नहीं लगाया गया। पीने को ही पानी नहीं, नहाने-धोने की बात तो अलग रही। ऐसी अवस्था में वे पशुओं की खोल (मशक) में या शाहजी के गन्दे तालाब से पानी लाते हैं। इस बस्ती में ५० परिवार रहते हैं। सब मेहतर हैं और वे सभी दिल्ली की म्यूनिसिपैलिटी के मुलाज़िम हैं।"[९]

इलाक़े की हरिजन जनसंख्या ने महात्मा गाँधी, ठक्कर बापा और घनश्याम दास बिड़ला के अलावा ईसाई मिशनरियों और निरंकारी मण्डल का भी ध्यान इस सड़क की ओर आकर्षित किया। सन् १९५७ में यहाँ मेथॉडिस्ट चर्च ढका की स्थापना हुई। इस चर्च के वार्षिक मेले का एक पर्चा 'बिरयानी कबाब, मटन कोरमा, केक और कुकीज़, रोटी, जैम और आचार, चाय, कॉफ़ी' और भी बहुत कुछ के साथ क्रिश्चियन फ़ेलोशिप के लिए लोगों को आमन्त्रित करता है।

सन् २००४ वार्षिक मेले का पर्चा, रविवार के दिन के उत्सव की तैयारी, ख़ैरात बाँटती सड़क, सड़क के दूसरी तरफ़ तम्बू से रूपान्तरित हो गये सड़क के किनारे ही बसे गाड़िये लुहारों के मिट्टी के लिपे-पुते क़रीब पन्द्रह घर। इन घरों के आगे चारपाइयाँ, हुक़्क़े, धौंकनी, आग, टेबल पर सजाकर रखे गये हथौड़े, तवे, चिमटे, छुरी आदि। इधर-उधर खेलते बच्चे और चारपाइयों पर अलमस्त लेटी महिलाएँ। सड़क की दूसरी तरफ़ (मेथॉडिस्ट चर्च के साथ ही) हरनारायण जी महाराज का भव्य और विशालकाय मन्दिर...

मैं इन लुहारों के बारे में जानना चाहता हूँ। मुझे ये बंजारे अधिक दिखते हैं। ये बताते हैं कि ये राजस्थान से आये हैं लेकिन अब काफ़ी बरस हो गये। मैं कुछ अधिक जानना चाहता हूँ। मुझे तिमारपुर जाने की सलाह दी जाती है। वहाँ भी इनकी जाति के बहुत से घर हैं। साथ ही बताया जाता है, 'चावड़ी बाज़ार चले जाओ। महाराणा प्रताप का इतिहास उठा लो, उसी के वंशज हैं'। सड़क आगे बढ़ती है।

इस मेथॉडिस्ट चर्च से पुरानी है रोमन कैथलिक चर्च। यहाँ आज चर्च के साथ-साथ एक बहुत बड़े कैम्पस वाला बड़ा सा रोज़री स्कूल भी है। अस्सी बसन्त देख चुके युआना डेविड गेट के बाहर दरबानों के साथ बैठे मिल गये। इन्होंने अपने जीवन के लगभग पचास साल यहाँ गुज़ारे हैं। बताते हैं, "यहाँ कुछ नहीं था, जंगल था, जब (मैं) यहाँ आया। पहाड़गंज में रहा हूँ। वहाँ से यहाँ आया पचास में। यहाँ क्वॉर्टर बने हुए थे, बाईस, जिनमें सारे चमार थे। जिन्हें हरिजन बोलते हैं। हमारे पाँच-छह घर थे, क्रिश्चियन के और, इस जगह का नाम था पंपैयाबाद। इस जगह का जो आज रोज़री स्कूल लिखा हुआ है...हम पाँच-छह आदमियों ने मकान ख़ाली करे...मैं स्टेट्समैन में काम करता था...ये जगह मिशन की थी, कोर्ट का फ़ैसला था, लेकिन इन्होंने तवज्जो नहीं दी। १९६५ में ये स्कूल बना है। १९७७ में ये चर्च बना है। १९७८ में यहाँ बाढ़ आ गयी थी, मैं यहीं था निरंकारी में...यहाँ ज़्यादातर अँग्रेज़ पादरी थे आइरिश..."

"(उस समय) जंगल था ये सब। खेत था जिसमें से निकलकर हम जाते थे। ये रेडियो कॉलनी है न! इसकी दीवाल मिट्टी की थी और इसकी (चर्च की) दीवाल भी मिट्टी की थी जो आज इतनी बड़ी-बड़ी है।"

दूसरा स्वर : ''जब १९ नम्बर चलती थी न यहाँ से तब मैं यहाँ आया करता था।''

डेविड : ''यहाँ (ढका में) थोड़े से चौहान थे, अब तो भर गयी है ये जगह। यहाँ जब मैं आया था तो पीछे धीरपुर गाँव में छह-सात मकान थे बस। बाक़ी चार-छह मकान जाटों के थे जिनकी यहाँ ज़मीन थी। खेत हुआ करता था समझे! और आज देख लो ये हालत है। अरबों रुपयों की जगह है ये सब। विलायती कीकर थे यहाँ। तब से मैं यहाँ हूँ और अब ये हरामज़ादे पूछते नहीं कि मैं क्या हूँ। पहले छोटा सा चर्च था, चैपल। साथ में २२ घर थे। क़रीब दो-ढाई सौ आदमी थे। बाहर से राशन आता था, 'एड' आया था... बाँटने के लिए।''

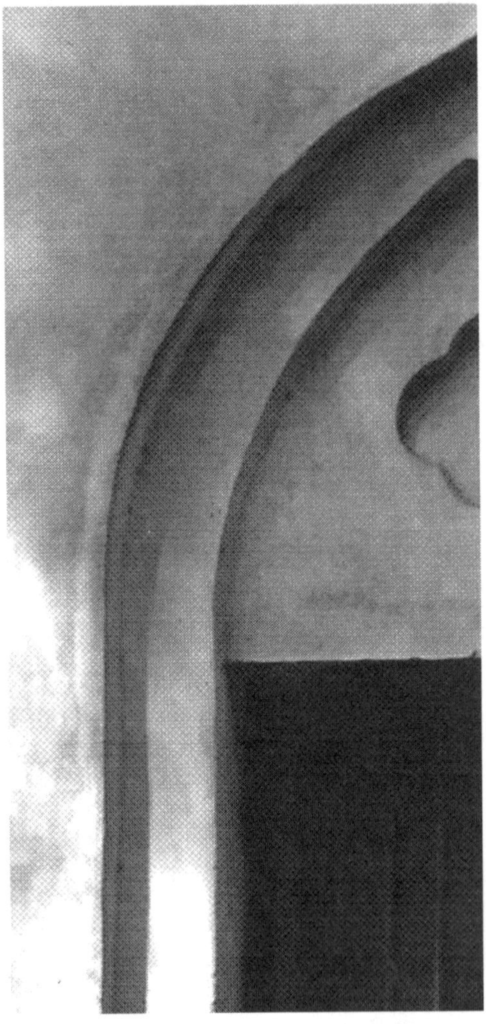

विलायती कीकर के जंगल और खेतों के बीच जो संस्थागत गतिविधि सबसे पहले शुरू हुई वह थी १९४३ में किंग्सवे उच्चशक्ति प्रेषित केन्द्र की स्थापना और इसके इर्द-गिर्द बसी रेडियो कॉलोनी। अपने विस्तार में यह पूरा इलाक़ा कम से कम तीन-चार क़िलोमीटर

तो होगा ही। बहुत बड़ा ख़ाली सा घास का मैदान जिसमें कई सारे ऊँचे ट्रांसमीटर खम्भों और तारों का जाल बिछा हुआ है। सड़क के किनारे कर्मचारियों और अधिकारियों के लिए घर बने हुए हैं। मज़ाक़ में लोग कहते हैं कि यहाँ चतुर्थ श्रेणी के कर्मचारी को जितना बड़ा क्वार्टर दिया गया है उतना बड़ा घर तो दिल्ली में आईएएस अधिकारी को भी नहीं मिलता।

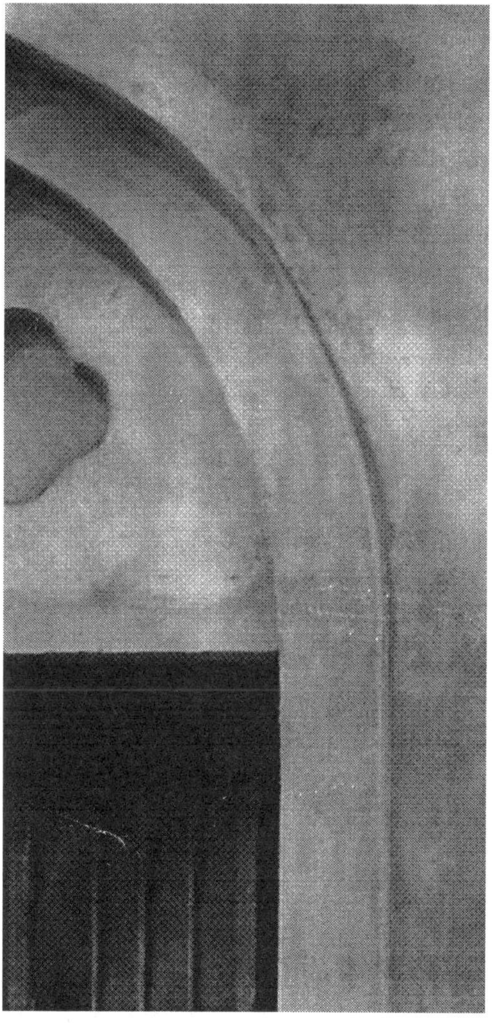

इसी रेडियो कॉलोनी के अन्त में रोज़री स्कूल की लेन है। इस लेन के दूसरी तरफ़ धीरपुर गाँव शुरू होता है। यह लेन कई मामलों में महत्त्वपूर्ण है। यहाँ हमारी सड़क का इकलौता अपार्टमेंट है। इस पंचमंज़िला इमारत में कुल बीस फ़्लैट्स हैं। तीन कमरों और ड्राइंगरूम वाले फ्लैट्स। इसे नानक एन्क्लेव कहा जाता है। इसकी छत से मैं देखता हूँ दिल्ली शहर का क्षितिज। छोटे-छोटे मकान, दो मंज़िले, तीन मंज़िले। दूर बत्रा सिनेमा हॉल की रोशनी। पश्चिम में बाहरी रिंग रोड पर डब्बे के समान चलती

गाड़ियाँ, रेडियो कॉलोनी की डेढ़–दो क़िलोमीटर की विशाल परती हरियाली और पानी से ढका मैदान, निषिद्ध क्षेत्र, रेडियो ट्रांसमीटर सिग्नल टावरों का जाल सा बिछा हुआ। बीच में एक छोटा सा घर, कर्मचारियों के लिए, और इस घर से निकलती लकीर सी दिखती पगडण्डी। बड़ा रूमानी लगता है यह घर, एकदम शान्त सा। देखने से कैसे पता चले तारों के बीच काम करने वाला मानुष मन कितना शान्त होगा ? दूर मैदान के पार मॉडल टाउन के फ़्लैट्स। मैं छत की पूर्वी रेलिंग पर वापस आता हूँ। सामने उत्तर–पूर्वी दिशा में बुराड़ी और गाँधी विहार की बस्ती आकाश रेखा बनाती है लेकिन ठीक सामने थोड़ी तिरछी निरंकारी कॉलनी और उससे सटी इन्दिरा विकास कॉलोनी ('झुग्गी')। निरंकारी कॉलोनी में एक अत्यन्त आधुनिक स्थापत्य का नमूना, निरंकारी सम्प्रदाय का मुख्य केन्द्र। ऐसा भव्य और अनोखा स्थापत्य भारत में बहुत आसानी से नहीं दिखायी पड़ता। सड़क के ठीक सामने राधास्वामी सत्संग (व्यास) का प्रवचन कम्पाउण्ड। पिछले डेढ़–दो सालों में यहाँ गतिविधियाँ अचानक बहुत बढ़ गयी हैं। रविवार की सुबह (और कभी बृहस्पतिवार को भी) यहाँ लोग इकट्ठे होते हैं। गाड़ियों की क़तार लम्बी हो जाती है। ट्रैफ़िक कंट्रोल करने का कार्य स्वयं सेवक अपने हाथ में ले लेते हैं। उनकी मुस्तैदी देखते बनती है। लगभग सौ कारें, आठ–दस छोटे–छोटे टाटा ट्रक, चार-पाँच बसें, सौ–सवा सौ मौटर साइकिलें अब यहाँ प्रवचन की सुबह दिखायी पड़ती हैं। बृहस्पतिवार की शाम को रेडियो कॉलोनी की यही सड़क साप्ताहिक बाज़ार की व्यस्तता से भर उठती है।

आगे सन्तोष सरोवर है जिसे चाहें तो निरंकारी कॉलोनी का विस्तार समझ लें। पंजाब के कृषक समुदाय, दिल्ली के आसपास के ग्रामीण इलाक़ों से और प्रवासी पंजाबी समुदाय से निरंकारी सम्प्रदाय के सदस्य आते हैं लेकिन इनका अधिकतर कार्य हिन्दी और अँग्रेज़ी भाषा के ज़रिये होता है। वार्षिक जलसे में प्रवासी बिहारी निम्नवर्ग, राजस्थान और हरियाणा के इलाक़ों के निम्न वर्ग भारी संख्या में दिखते हैं। निरंकारी मण्डल के 'फ्लायर' के पीछे महत्त्वपूर्ण केन्द्रों के नाम और पते हैं। मण्डल के प्रभाव और विस्तार को दर्शाते ग्राफ़िक भी हैं—पूरे ग्लोब को घेरे में लिये हुए मानव पंक्ति। भौगोलिक चिह्न—शिकागो, लॉस ऐंजिलिस, टोरंटो, मॉन्ट्रियल और इंगलैण्ड। ख़ैर, सन्तोष सरोवर वापस चलें—एक आधुनिक और

अत्यन्त ख़ूबसूरत पार्क। पार्क के भीतर दक्षिणी किनारे पर मोहक स्वीमिंग पूल सा बना सरोवर। बहुत सारे कर्मचारी अपने-अपने कामों (सफ़ाई के) में दक्षता से व्यस्त। स्थापत्य और विचारधारा के सम्बन्धों की जटिलता के लिए यह सरोवर, यह पार्क और निरंकारी मण्डल का मुख्य हेडक्वार्टर एक दिलचस्प अध्ययन क्षेत्र का निर्माण करता है। मुझे बताया जाता है कि पार्क में ख़ूबसूरत रेस्त्राँ और मण्डल के प्रकाशन की दुकान है। एक संग्रहालय का निर्माण-कार्य ज़ोरों से प्रगति पर है।

यह सन्तोष सरोवर से कुछ पहले ही सड़क की दूसरी ओर, कॉरोनेशन पार्क का बड़ा सा ख़ाली-ख़ाली-सा इलाक़ा है। सफ़ेद संगमरमर की मूर्तियाँ और बहुतेरे ख़ाली बुर्ज़। बीचोंबीच एक विशालकाय ऊँचे प्लैटफ़ॉर्म पर बड़ा सा स्तम्भ।

कुल मिलाकर इस सड़क पर दो स्तम्भ हुए। एक कॉरोनेशन पार्क में, दूसरा हरिजन सेवक संघ के भीतर। हरिजन सेवक संघ के स्तम्भ में सबसे ऊपर चरख़े की छवि बनी हुई है।

कॉरोनेशन पार्क वाले स्तम्भ पर जॉर्ज पंचम की घोषणा अँग्रेज़ी और उर्दू दोनों में है। लेकिन इस शाही टैबलेट के बहुत ऊपर किसी ने लाल ईंट से लिखा है अपना नाम (BUNTY)। कुछ प्यार की इबारतें भी हैं, पक्के दिल से, कच्चे अक्षरों में लिखी हुई। चौकीदार धन्नूलाल कहता है, "मुझे नहीं पता ये क्या है कहते हैं कोई लाड (लार्ड) आया था। आप ही जानते होंगे, पढ़े-लिखे हो।" मैं सोचता हूँ धन्नूलाल की अज्ञानता के बारे में, अभिशाप है यह या वरदान!

मैं कॉरोनेशन पार्क से बाहर निकलता हूँ। आगे सड़क बाईपास में मिल जाती है और बाईपास पार करने के बाद बुराड़ी गाँव शुरू हो जाता है। बुराड़ी में दिल्ली परिवहन विभाग का एक महत्त्वपूर्ण कार्यालय है। 'ऑथोरिर्टी' कहते हैं लोग इसे। यहाँ ऑटोरिक्शा के चालान, परमिट आदि कटते हैं। इसी ऑथोरिटी से वापस आते एक ऑटो में सवार होता हूँ। अपनी खिचड़ी दाढ़ी और बुढ़ापे की ओर बढ़ती आवाज़ के साथ मुझे निमित्त बनाकर वह अपने आप से, सरकार से और सड़क से बातचीत शुरू करता है—"दो-पाँच-पचास रुपए सभी कुछ निकलवा लेते हैं स्साले"। मैं बातचीत में साथ देना चाहता हूँ, उसका मानसिक बोझ कुछ

कम करना चाहता हूँ और वह बताता है कि उसे ४०० रुपये के काम के लिए १००० देना पड़ा। यदि आपसे कोई बड़ी ग़लती हो गयी तो ५००० रुपये तक लग जायेंगे। सड़क की और इसके इस्तेमाल की अपनी क़ीमत होती है और इसे यदि कोई सबसे अच्छी तरह से जानता है तो वह है बिचौलिया। यह बिचौलिया समय भी हो सकता है और शहर भी। सड़क अपनी इबारतों को पढ़ने की कोशिश करती है—रात के 'अँधेरे में' इसकी दीवाल पर कौन चिपकाता है हड़ताली पोस्टर... ?'

पाद-टिप्पणी

१. आर.ई. फ्रिकेनबर्ग, *''द कॉरोनेशन दरबार ऑफ़ १९११ : सम इंप्लिकेशंस''*, आर.ई. फ्रिकेनबर्ग (सं), *दिल्ली थ्रू दि एज़ेज : सेलेक्टेड एसेज़ इन अर्बन हिस्ट्री, कल्चर एण्ड सोसायटी*, दिल्ली, ऑक्सफ़ोर्ड यूनिवर्सिटी प्रेस, २००२, १९८६, पृ. २३५।

२. पण्डित योगेश्वर का पालम बाउलि अभिलेख, १२७६ ई. देखें, *हिस्टॉरिक डेल्ही*, इण्डियन हिस्ट्री काँग्रेस, ५२वाँ सत्र, २१-२३ फ़रवरी, १९९२, पृ. ३९।

३. नारायणी गुप्ता, *डेल्ही बिटविन टू एम्पायर्स १८०३-१९३१: सोसायटी, गवर्नमेंट एण्ड अर्बन ग्रोथ*, दिल्ली, ऑक्सफ़ोर्ड यूनिवर्सिटी प्रेस, २००२, १९८१, पृ. ५९।

४. वही, पृ. ५९।

५. वही, पृ. ५९-६०, एवं, नारायणी गुप्ता, *''डेल्ही एण्ड इट्स हिंटरलैण्ड इन द नाइन्टीथ एण्ड अर्ली ट्वेन्टिएथ सेंचुरीज़''*, आर.ई. फ्रिकेनबर्ग (सं.) दिल्ली थ्रू दि एजेज़, पृ. १४८।

६. रिज के ऐतिहासिक विवरणों एवं महत्त्वों के लिए देखें, एच.सी. फ़ैनशॉ, *डेल्ही पास्ट ऐंड प्रेजेन्ट*, लन्दन, जॉन मर्रे, १९०२। साथ ही रिज से जुड़े इलाक़ों के अनुभवों, यादों और ऐतिहासिकता की पेचीदगियों के सुन्दर वर्णन हेतु देखें, शाहिद अमीन, 'पास्ट रिमेन्स', *कॉन्वरसेशन्स*, अंक ३, नं. २ समर, ऑस्ट्रेलियन नेशनल यूनिवर्सिटी पैडेनस बुक्स, २००३, पृ. ७७-८४।

७. देखें शाहिद अमीन, 'हाउ टू राइट (right) हिस्ट्री', *टाइम्स ऑफ़ इण्डिया*, दिल्ली, ३१ मई २००५।

८. वही,

९. रिपोर्ट आगे लिखती है, ''इसमें से सिर्फ़ ८ परिवारों को म्युनिसिपैलिटी ने घर दिये हैं। घर पक्के हैं १०×१५ फुट और सामने ६ फुट का बरामदा भी है। पर बरसात में वे सारे-के-सारे टपकते हैं। शहरपनाह की दीवार पुरानी है। उसके सहारे पानी घरों में भी भर जाता है। बाक़ी घर कच्चे हैं। उनकी छतें टिन के टुकड़ों, चिथड़ों और सिरकियों से छायी हुई हैं और भीतर-बाहर एक समान पानी बरसता रहता है। बस्ती की एक ओर बम पुलिस और डलाव भी है। यहाँ मैले से भरी आठ गाड़ियाँ हमेशा खड़ी रहती हैं। मैला-कचरा यहाँ दिन-रात पड़ा सड़ा रहता है। रोशनी का भी कुछ प्रबन्ध नहीं है। क़र्ज़ इन ग़रीब जातियों का काल है। शादी-ब्याह के समय जिस ब्याज पर भी मिले, ऋण ले लेते हैं। तनख़्वाहों का देर से मिलना भी इनके ऋणी होने का एक कारण है। ऋणी परिवारों की संख्या ३७ और औसत ऋण १६२ रुपये है।'' देखें, मुकुट बिहारी वर्मा, *हरिजन-सेवक-संघ का इतिहास (सन् १९३२ से ६८ तक)*, दिल्ली, हरिजन-सेवक-संघ, १९६९, पृ. ८।

देखने की राजनीति
भारत का झण्डा और आस्था की नज़र

१

> कोई भी व्यक्ति जो किसी सार्वजनिक स्थान पर या किसी भी ऐसे स्थान पर जो सार्वजनिक रूप से दृष्टिगोचर हो, भारतीय राष्ट्रीय ध्वज या भारत के संविधान या उसके किसी भाग को जलाता है, विकृत करता है, विरूपित करता है, दूषित करता है, कुरूपित करता है, कुचलता है या अन्यथा (मौखिक या लिखित शब्दों में अथवा कृत्यों द्वारा) अपमान करता है उसे तीन वर्ष तक के कारावास से, या जुर्माने से, या दोनों से दण्डित किया जायेगा...
>
> स्पष्टीकरण : भारतीय राष्ट्रीय ध्वज की अभिव्यक्ति में कोई भी तसवीर, पेंटिंग, ड्राइंग या फ़ोटोग्राफ़ या भारतीय राष्ट्रीय झण्डे या उसके किसी भाग या भागों का अन्य स्पष्ट चित्रण जो किसी पदार्थ का बना हो या पदार्थ पर दर्शाया गया हो, शामिल है।
>
> भारतीय झण्डा संहिता २००२[१]

२

यह १९१८ की बात है। महात्मा गाँधी ने पैट्रिक गेडिस, जो उस समय बॉम्बे स्कूल ऑफ़ इकनॉमिक्स के निदेशक थे, को लिखे ख़त में भीड़ के

बारे में एक दिलचस्प बात लिखी। महात्मा गाँधी ने लिखा कि उन्होंने पण्डाल में होने वाले काँग्रेस के अधिवेशन के बजाय सुबह-सुबह मैदान में जनता को सम्बोधित करने का फ़ैसला लिया। गाँधी का ख़याल था कि यही तरीक़ा भारतीय भी है और सबसे बेहतर भी है। गाँधी का कहना था : मुझे नहीं पता कि सभागार (एम्पीथियेटर) ने इस मामले में कितनी प्रगति की है। पर मेरे लिए आदर्श स्थिति है किसी पेड़ के नीचे भीड़ को सम्बोधित करना। मुझे परवाह नहीं कि मेरी आवाज़ लाखों या हज़ारों तक भी न पहुँचे। वे मुझे सुनने नहीं, देखने आते हैं।[२]

पैट्रिक गेडिस को भारतीय शहरों की योजना में आमूल बदलाव लाने का श्रेय जाता है। बीसवीं सदी के भरतीय शहरों पर कोई चर्चा उनके नियोजन का ज़िक्र किये बग़ैर नहीं हो सकती है। लेकिन यहाँ मैं उनसे या उनके काम से मुख़ातिब नहीं हूँ। यहाँ मैं महात्मा गाँधी के बारे में भी लिखने नहीं जा रहा। मेरे लिए तो गाँधी का यह ख़त बहुत मानीख़ेज़ है, क्योंकि यह हमें महात्मा के भीड़ के प्रति नज़रिये की ओर तो ले ही जाता है, पर साथ में उससे भी आगे बढ़ कर बताता है कि गाँधी के लिए देखने की बात कितनी अहम थी। जो शख़्स अपने शब्दों और उनके अर्थों के प्रति अत्यधिक चौकस था, उसकी क़लम से यह जानना सोचने पर मजबूर कर देता है कि लोग उन्हें सुनने नहीं देखते आते थे। ज़ाहिर है कि महात्मा में देखने और लोगों द्वारा देखे जाने की आकांक्षा थी। लेकिन यहाँ मैं इसको प्रमाणित या खण्डित करने के लिए प्रमाणों की पैमाइश नहीं करूँगा, भले ही ऐसा करना दिलचस्प हो। एक तरीक़ा यह भी हो सकता है कि इस ख़त को उसके ऐतिहासिक सन्दर्भों में रख कर उसकी राजनीतिक हैसियत की पड़ताल की जाय। लेकिन, यह सब फिर कभी। यहाँ तो मैं इस देखने की अहमियत की चर्चा करना चाहता हूँ। देखना जो इस ख़त के मूल में है, देखना जो एक क्रिया है। सवाल यह है कि समाजशास्त्रीय तरीक़े से देखना हमें कहाँ ले जाता है? क्या देखने का समाज-विज्ञान हो सकता है? यदि हाँ तो, उसका स्वरूप क्या होगा? किस तरह के सवाल यहाँ हमसे रूबरू हैं?

सुनने और चलने की तरह देखना भी एक क्रिया है। समाज-विज्ञान में हम इनके बारे में बात नहीं करते। अधिक से अधिक ये हमारे उदाहरणों का हिस्सा बनते हैं। आज भी समाज-विज्ञान में, ख़ासकर भारत में, विचारधाराओं

का ही बोलबाला है। इस बात के कोई प्रमाण या अध्ययन मौजूद नहीं हैं लेकिन अनुमान से भी कहा जाय तो यह अतिशयोक्ति नहीं होगी कि भारतीय समाज-विज्ञान में विचारधाराओं के प्रभुत्व ने राजनीति के प्रति हमारी समझ भले ही पैनी की हो लेकिन ज्ञान और मीमांसा को स्थूल ही बनाया है। दूसरी ओर सौन्दर्यशास्त्र और कला-विमर्श जैसे क्षेत्र हैं जहाँ रूप और आकार के इर्द-गिर्द ताने-बाने बुने जाते हैं। विद्वानों ने इन दोनों के बीच की खाई पाटने का भी काम किया है, जो हमारे सामने कला के समाज-शास्त्र या कला के सामाजिक इतिहास के रूप में आता है। लेकिन इनमें देखना, जो एक क्रिया है, जो एक अनुभव है, सिरे से नदारद है। सवाल महज़ देखने का ही नहीं है। यदि इतालवी चिन्तक जिओर्जियो आगम्बेन, जिनसे मैं सहमत भी हूँ, की मानें तो आधुनिकता के विमर्श में अनुभव सिरे से ग़ायब है। यहाँ मैं, आगम्बेन की तरह अनुभव और ज्ञान के बीच के फ़र्क़ की तरफ़ ध्यान खींचना चाहूँगा। यूरोपीय बौद्धिक परम्परा के हवाले से आगम्बेन का कहना है कि आधुनिकता से पहले ज्ञान और अनुभव दोनों की सत्ता हुआ करती थी। लेकिन आधुनिक विज्ञान के आविर्भाव के साथ ही अनुभव की अपनी शख़्सियत जाती रही। अनुभव अब महज़ विज्ञान का एक स्रोत बन कर रह गया।[३] विज्ञान ने अनुभव को निरीक्षण में तब्दील कर दिया। प्रयोगशाला के नियन्त्रित वातावरण में किया गया ऐसा निरीक्षण जो कार्य-कारण के गणित से निरूपित हो। समाज-विज्ञान में समाज को इसी प्रयोगशाला के कमरे का विस्तार माना गया। वही अनुभव काम के रह गये जो समान परिस्थितियों में फिर से उत्पन्न हो सकें। या, फिर जिनकी प्रामाणिकता तर्क और साक्ष्यों से सिद्ध की जा सके। ऐसे अनुभव, जहाँ देह और मन, दैवीय और भौतिक सब एकमेक हो गये हों, अनुभवों की वैधता का एकमात्र मानक रह गये। यह अनुभवों के साक्ष्य में तब्दील हो जाने का इतिहास है।

इस तरह निरीक्षण के रूप में देखने की क्रिया ज्ञान के केन्द्र में आ गयी। सुनी हुई बातों से या फिर ज्ञान के दूसरे माध्यमों के बरक्स आँखों देखा हाल अधिक वैध हो गया। देखना यहाँ अनिवार्यत: आँखों की क्रिया के अर्थ में सिमटा रहा। आँखों को जहाँ एक ओर ज्ञान-प्राप्ति के सबसे अहम ज़रिये के रूप में जगह मिली, दूसरी इन्द्रियों के बनिस्बत तरजीह मिली, वहीं देखने की क्रिया का क्षेत्र सिमट गया।

इसका एक परिणाम यह भी हुआ कि धार्मिकता, विश्वास और जीवन-पद्धति के वे तमाम पहलू, जो विज्ञान, आधुनिकता या रैशनल विचार-पद्धति के दायरे से बाहर थे, अन्धविश्वास, अज्ञानता और पिछड़ेपन के तहत डाल दिये गये, और इस तरह उन्हें इतिहस, साक्ष्य और विज्ञान के दायरे से बाहर कर दिया गया।[४] इसका देखने की क्रिया और उसके इतिहास पर भी अहम प्रभाव पड़ा और राजनीति भी इससे प्रभावित हुई।

स्वतन्त्र भारत में भारत के राष्ट्रीय ध्वज पर केन्द्रित मेरा यह निबन्ध देखने की इसी राजनीति की पड़ताल करता है। झण्डे से जुड़े दिशा-निर्देशों और अदालती मुक़दमों के अध्ययन द्वारा मैं यहाँ क़ानून की भाषा और राज्य की भाषा में राज्य के प्रतीक की धार्मिकता और पवित्रता को लेकर की गयी चिन्ताओं को समझने का यत्न करूँगा।

हाल के समय में समाज-विज्ञान में दृश्य-संस्कृति को लेकर रुझान बहुत बढ़े हैं और सत्तर के दशक (जिसे समाज-विज्ञान में भाषायी मोड़ के लिए जाना जाता है) की तर्ज़ पर अब समाज-विज्ञान में पिक्टोरियल टर्न की बातें कही जा रही हैं। दृश्य-संस्कृति के अध्येता लिखित दस्तावेज़ों की तसवीरों और अन्य दिखाये जाने वाले साक्ष्यों से बदलने पर आतुर हैं। ऐसे में यह लेख देखने की राजनीति को तसवीरों के इतिहास से परे ले जाने का प्रयास करता है।

लेकिन आगे बढ़ने से पहले यह ताक़ीद कर देना ज़रूरी है कि मेरी मंशा यहाँ राष्ट्रवाद पर लिखने की कतई नहीं है। राष्ट्र और राष्ट्रवाद पर बहुत कुछ लिखा जा चुका है और वह विमर्श बहुत समृद्ध भी है। मैं यहाँ अपने विचारों को राष्ट्र के एक प्रतीक, तिरंगे झण्डे तक ही सीमित रखूँगा। पाठकों को मेरी इस बात से कुछ उलझन हो सकती है। यह सवाल सहज ही ज़ेहन में आयेगा कि क्या झण्डे के बारे में चर्चा करना राष्ट्र या राष्ट्रवाद की परिधि से बाहर हो सकता है? मैं इस सहज से लगते सवाल को उलट कर पूछना चाहता हूँ कि क्या राष्ट्र के किसी प्रतीक (चाहे वह तिरंगे झण्डे जितना अहम ही क्यों न हो) के बारे में जाँच-पड़ताल करना अनिवार्यतः राष्ट्र और राष्ट्रवाद के विमर्श का हिस्सा बन जाना है? इस सवाल के पीछे मेरी मंशा साफ़ है। मैं राष्ट्र और उसके प्रतीक के बीच फ़र्क़ करना चाहता हूँ। दोनों के बीच का यह फ़ासला किसी विषय-वस्तु और उसका प्रतिनिधित्व करने वाले बिम्ब, संकेत या चिह्न के बीच का आम सा दिखने

वाला अन्तर है। अर्थात् राष्ट्र का मतलब उसके संकेत चिह्न नहीं हैं। पलट कर कहें तो राष्ट्रीय ध्वज का मतलब राष्ट्र नहीं है। झण्डे के इतिहास का अर्थ राष्ट्र का इतिहास नहीं है।

प्रतिनिधि, प्रतीक या संकेत चिह्न और उनकी विषयवस्तु के बीच का यह फ़ासला जितना आसान दिखता है उतनी ही सुलभता से विद्वानों द्वारा भुला भी दिया जाता है। यही कारण है कि जब लोग खादी या फिर चरखे की बात करते हैं तो अमूमन महात्मा गाँधी और गाँधीवाद पर ही जाकर उनकी गाड़ी रुकती है। यह किसी के ज़ेहन में नहीं आता कि चरखा महात्मा गाँधी ने ईज़ाद नहीं किया था और न ही खादी गाँधीवादियों के बीच ही सीमित रही है। आज खादी भ्रष्टाचार, सादगी और अभिजात सौन्दर्य, तीनों का एक ही साथ प्रतिनिधित्व कर रही है। राष्ट्रीय झण्डे के सम्बन्ध में तो राष्ट्र और उसके प्रतीक के बीच का फ़ासला और भी आसानी से नज़रअन्दाज़ कर दिया जाता है। कुछ तो झण्डे की अँग्रेज़ विरोधी क्रान्तिकारी विरासत के कारण, और कुछ राष्ट्रवाद के इतिहास की दूधिया चमक के चलते।

यही कारण है कि भारतीय झण्डे का इतिहास प्राय: भारतीय राष्ट्रवाद से सम्बन्धित इतिहास की मुख्यधारा, राष्ट्रवादी इतिहास-लेखन के सरोकारों, सवालों और साक्ष्यों की समझ पर ही आधारित रहा है। लेफ्टिनेण्ट कमाण्डर के. वी. सिंह की अहम किताब 'हमारा राष्ट्रीय ध्वज' एक ऐसा ही उदाहरण है।[५] यह किताब भारतीय परम्परा, रजवाड़ों और धार्मिक साहित्य में उल्लिखित झण्डों और पताकाओं की भूमिका देते हुए सिलसिलेवार रूप से सन् १८५७ के आन्दोलन से भारतीय तिरंगे के इतिहास का आरम्भ करती है और स्वतन्त्रता प्राप्ति के साथ इस इतिहास का अन्त। भारतीय झण्डे का इतिहास अर्थात् भारत में अँग्रेज़ी राज के विरुद्ध हुए स्वतन्त्रता आन्दोलन का इतिहास। इस किताब से पहले भी झण्डे के सम्बन्ध में बहुत कुछ लिखा गया, जिनका ज़िक्र करना यहाँ ज़रूरी नहीं है, लेकिन इस साहित्य के प्रति यह कह देना अनुचित नहीं होगा कि इसमें विमर्श का रुझान भारतीय स्वतन्त्रता आन्दोलन के विमर्श की मुख्यधारा से ही आच्छादित दिखता है।

हाल ही में भारतीय झण्डे के इतिहास को अरुंधति विरमानी ने बहुत विस्तार और पेशेवराना तरीक़े से लिखा है।[६] लेकिन विरमानी का इतिहास इसी मुख्यधारा के एक अंग के रूप में ही सामने आता है। उनका मुख्य

उद्देश्य राष्ट्रीय झण्डे के इतिहास द्वारा भारतीय राष्ट्र के निर्माण के सांस्कृतिक इतिहास में योगदान करना है। उनका मानना है कि भारत जैसे धार्मिक, भाषायी और साम्प्रदायिक तौर पर विभाजित राष्ट्र में झण्डे ने परस्पर मिलन की एक मुश्तरका ज़मीन और सभी भारतीयों के लिए (चाहे वे किसी भी जाति, सम्प्रदाय, वर्ग और आयु के ही क्यों न हों) एक राजनीतिक व्याकरण मुहैया कराने का काम किया है। झण्डे ने राजनीतिक उन्माद को संयमित करने का अद्भुत तरीक़ा सुझाया है। यहाँ झण्डा भारतीय राष्ट्रवाद के बहुधा गिनाये गये मूल्यों, सेकुलरिज़्म और अनेकता में एकता का वाहक नज़र आता है। राष्ट्र, राष्ट्रवाद और झण्डा तीनों ही इस इतिहास में इस तरह एकमेक हैं कि एक को दूसरे से आसानी से बदला जा सकता है। यहाँ झण्डे का इतिहास पहले से ही राष्ट्रीय हो चुका है।

इस समीकरण से परे जाकर और नये साक्ष्यों एवं नये क्षेत्रों में झण्डे का इतिहास लिखने की ज़रूरत के तहत मैंने क़ानून के दायरे में झण्डे के तयशुदा विमर्श को खँगालने की कोशिश की है।

३

२२ जुलाई, १९४७ को भारत की संविधान सभा ने भारत के राष्ट्रीय झण्डे का स्वरूप सर्वसम्मति से पारित किया। इसे पारित करते समय हुई बहस और उससे पहले का झण्डा सम्बन्धी इतिहास दिलचस्प है। इस बहस ने और इस इतिहास ने झण्डे के अर्थ, उसके रंग और रूप के मायने, उसकी धर्मनिरपेक्ष अपेक्षाओं और ब्रिटिश शासन के ख़िलाफ़ संघर्ष में झण्डे की भूमिका तय की। यह एक दिलचस्प और सम्भावनाओं से भरा इतिहास है। लेकिन यहाँ उस तरफ़ लौटना मेरे लिए न तो सम्भव है और न ही वांछित। यहाँ मैं २२ जुलाई, १९४७ के बाद के इतिहास की बात करना चाहूँगा, वह भी कुछ ख़ास मुद्दों के इर्द-गिर्द।

इस बात से शुरुआत की जा सकती है कि संविधान सभा से बाहर नये झण्डे के प्रारूप को लेकर एक राय नहीं थी। महात्मा गाँधी झण्डे से चरखे की आकृति हटाये जाने से ख़फ़ा थे। उन्होंने यह तक कह दिया था कि यदि भारतीय संघ के झण्डे में चरखे का प्रतीक नहीं होगा तो मैं उसे सलाम

करने से इनकार कर दूँगा। उनका कहना था कि यदि हम चरखे को नज़रअन्दाज़ करते हैं तो हम ऐसे आदमी का आचरण कर रहे होंगे जो दु:ख में तो भगवान को याद करता है लेकिन जब वही भगवान ख़ुशियाँ देते हैं तो उन्हें भूल जाता है। महात्मा चरखा संघ के पास पड़े हुए दो लाख पुराने तिरंगे झण्डों को लेकर भी चिन्तित थे। चरखा संघ ग़रीबों की संस्था थी और गाँधी जी उसके अध्यक्ष। उनके लिए यह भी समस्या थी कि इन पुराने झण्डों का क्या होगा।[७] ख़ैर गाँधी जी धीरे-धीरे मान गये या फिर इस मुद्दे पर बहस करना उन्होंने छोड़ दिया।

सड़क पर हो रहे छिटपुट विरोध की भी बहुत विस्तार से मैं यहाँ चर्चा नहीं करूँगा।[८] विभिन्न राजनीतिक दलों ने भी विरोध जताया लेकिन वे कुछ करने में या तो असमर्थ थे या फिर संविधान सभा के गणित में उनकी बातें अनसुनी रह गयीं।[९] चरखे को नये झण्डे से हटाये जाने की सावरकर ने प्रशंसा भी की। उनके अनुसार इस काम ने नये झण्डे की अस्वीकृति को बहुत कम कर दिया। उनके विचार में भारत का संघ और संविधान सभा ब्रिटिश इच्छाओं के उत्पाद थे, न कि जनमत आधारित राष्ट्र के स्वतन्त्र अभिमत के। इसी कारण उन्होंने नये झण्डे को हिन्दुस्तान का राष्ट्रीय झण्डा मानने से भी इनकार कर दिया। वे कुण्डलिनी और कृपाण अंकित भगवा ध्वज के अलावा किसी भी दूसरे झण्डे के लिए तैयार नहीं थे।[१०]

दरअसल, सावरकर और महाराष्ट्र के हिन्दू राष्ट्रवादियों के एक गुट ने भगवा झण्डे के पक्ष में पुरज़ोर मेहनत की थी। महाराष्ट्र के कुछ नेता और बम्बई प्रोविंशियल हिन्दू महासभा के कुछ सदस्य इस सिलसिले में डॉ. अम्बेडकर से भी ३ जुलाई, १९४७ को बम्बई में मिले। अम्बेडकर उस झण्डा कमेटी के सदस्य भी थे जिसे नये राष्ट्र के झण्डे के स्वरूप पर विचार कर संविधान सभा के समक्ष पेश करना था। अम्बेडकर के जीवनीकार धनंजय कीर के अनुसार अम्बेडकर इस गुट के सामने इस बात पर राज़ी हो गये कि यदि समुचित दबाव और प्रदर्शन हो तो वे गेरुए झण्डे के पक्ष में समर्थन देंगे। दिल्ली रवाना होते समय उन्हें एक गेरुआ झण्डा भी भेंट किया गया। हालाँकि वे जल्दी ही इस वायदे से मुकर गये। हँस कर उन्होंने एस.के. बोले, अनन्त राव गाडरे और दूसरों से कहा कि क्या ये लोग एक महार के बेटे से संविधान सभा पर गेरुआ झण्डा फहराने की आशा कर रहे थे।[११]

झण्डे की यह राजनीति रोचक है, लेकिन यहाँ मैं इसकी पड़ताल नहीं करना चाहता।[१२] मैं संविधान सभा के इस अनुमोदन से निकले एक दूसरे सिरे को लेकर आगे बढ़ना चाहता हूँ, क्योंकि वह हमें व्यापक फलक यानी राजनीति और सार्वजनिक जीवन में धार्मिकता की उपस्थिति के सवाल की ओर ले जाता है। इसका दूसरा पहलू आधुनिक राज्य द्वारा इस धार्मिकता की उपस्थिति के सवाल की ओर ले जाता है। यही है वह सिक्का जिसका दूसरा पहलू आधुनिक राज्य द्वारा इस धार्मिकता की उपस्थिति के ख़ात्मे या उसे संयोजित करने की इच्छा है। हम इस लेख में देखेंगे कि एक स्तर पर यह इच्छा विज्ञान की भाषा (जो राजकाज चलाने के कौशल के लिए अपरिहार्य है) और धार्मिकता के ज़रिये जन्मे अनुभव के बीच के संघर्ष के आसपास घूमती है। दूसरे स्तर पर यह झण्डे को पवित्र मानने वाले के मन में उस धार्मिकता को पुन:परिभाषित करने जैसी है जिसे झण्डे में अनिवार्यत: समाविष्ट माना जाता है। यह लेख स्वातन्त्र्योत्तर भारत में धार्मिकता और राज्य की भाषा के बीच होने वाले इस खेल को देखने के अनुशासन की इसी इच्छा पर केन्द्रित है।

भारतीय राजनीति और सार्वजनिक जीवन में धार्मिकता का सवाल अनेक तरीक़े से परखा गया है। इसमें सबसे प्रखर धारा सेकुलरवाद और साम्प्रदायिकता के मुद्दे को लेकर किये गये अध्ययन हैं।[१३] लेकिन इस विमर्श से परे मैं यहाँ बिखरे हुए अध्ययनों की सहायता से राष्ट्रीय झण्डे में समाविष्ट धार्मिकता का इतिहास लिखने का प्रयास करूँगा।

मैं शुरू करना चाहता हूँ चन्द ऐसे अध्ययनों के हवाले से जो तुर्की टोपी (फ़ैज़), सिखों की पगड़ी और उनके बिम्बों के सन्दर्भ में हैं, जिनका ताल्लुक़ सीधे-सीधे पहचान की राजनीति से है। जैसे, शाहिद अमीन ने अपने आलेख 'रिप्रज़ेंटिंग द मुसलमान' में तुर्की टोपी, फ़ैज़ और उस प्रक्रिया के समृद्ध इतिहास की तरफ़ हमारा ध्यान दिलाया है जिसमें एक वस्तु राष्ट्रीय आन्दोलन के समय मुसलमान-पहचान की रूढ़ छवि के रूप में उभरती है। इस इतिहास को वे एक सामयिक सवाल के साथ जोड़ते हैं : सन्दर्भित समूह को रूढ़ छवि में तब्दील किये बिना उनके बीच के अन्तर को कैसे उकेरा जा सकता है?[१४] कुछ भिन्न तरीक़े से शाहिद अमीन से पहले, राज्य और उसके लोगों के बीच के मतभेदों में यह अन्तर स्थापित करते हुए बर्नार्ड कोहेन ने पगड़ी और कपड़े के अध्ययन में वस्तु,

झण्डा के उपयोग की सीमायें तय करते और उसकी पवित्रता की रक्षा करने के लिए झण्डे के साथ क्या नहीं करना चाहिए के सम्बन्ध में दिशा-निर्देश देते हुए चित्र। *हमारा राष्ट्रीय ध्वज*, संचालक सूचना विभाग, मध्य भारत शासन, ग्वालियर, १९५०

मूल्य-बोध और उनके पहचान के प्रतीक में रूपान्तरण के ऐसे ही संगम को दिखाया है।[१५] इन दोनों ही मामलों में टोपी और पगड़ी को धार्मिक पहचान के रूप में माना और चिह्नित किया गया। कोहेन के अध्ययन में सिख समुदाय के एक सदस्य ने पगड़ी को समुदाय की धार्मिक आस्था का अनिवार्य अंग बताया। यह हमें इसकी पवित्रता की तरफ़ ले जाता है जो धार्मिकता के केन्द्र में है।[१६] ये दोनों ही विद्वान न केवल उस मूल्य-बोध की शिनाख़्त करते हैं जो किसी वस्तु को फ़ेटिश का गुण देता है और इस तरह उन्हें ऐसे नवाज़ता है कि वे अपने उत्पादन (पूँजी और श्रम) के तर्क को लाँघ सकें, बल्कि साथ ही उनके अपने समुदाय की छवि (तुर्की टोपी के सन्दर्भ में) और आस्था (पगड़ी) के इतिहास के साथ भी जोड़ता है। मेरे लिए ये दोनों अध्ययन मानीखेज़ हैं, क्योंकि ये हमें महज़ धार्मिकता के दायरों की तरफ़ ही नहीं ले जाते। ज़्यादा अहम यह है कि यहाँ वस्तु का इतिहास उसके बिम्ब हो जाने के इतिहास की प्रक्रिया से उलझा हुआ है। वस्तु और बिम्ब एक-दूसरे से आच्छादित हैं और बिम्ब की राजनीति को व्याख्यायित करने का नया नज़रिया देता है। मैं यह दिखाने का प्रयास

भी करूँगा कि स्वतन्त्रता के बाद राज्य ने राष्ट्रीय झण्डे को महज़ एक बिम्ब के रूप में नियन्त्रित करने का यत्न नहीं किया है। राज्य की नीतियाँ एक पवित्र वस्तु के रूप में भी झण्डे के वितरण और विचरण को नियन्त्रित करने की ओर उन्मुख रही हैं।

४

यहाँ उत्तर-औपनिवेशिक राज्य के प्रशासनिक तौर-तरीक़े और उसके पूर्ववर्ती के बीच एक सीधा सम्बन्ध दीखता है। नये भारतीय अभिलेखागार में झण्डे से जुड़े बहुत से दस्तावेज़ ऐसे ही नियमनों के बारे में हैं जिनका मुख्य बिन्दु अनेक मौक़ों पर, सार्वजनिक जगहों पर, झण्डे के उचित प्रदर्शन से है : जैसे, देशी रियासतों में झण्डे के प्रति अवमानना, इन राज्यों में राष्ट्रीय झण्डा फहराने के नियम, भारतीय दूतावासों में ख़ास मौक़ों पर झण्डा फहराने की सही विधि के बारे में जिज्ञासा, काग़ज़ के झण्डे के प्रचार के विरोध में लिया गया निर्णय, नौकरशाहों की मोटर गाड़ियों पर झण्डों में फ़र्क़ करने के बारे में और खाने के सामानों के रैपर पर राज्य के चिह्न और राष्ट्रीय झण्डे के रंगों के इस्तेमाल की वांछनीयता।[१७]

धार्मिकता का दूसरा अर्थग्रहण मैंने अन्धविश्वास के नज़रिये से करने की कोशिश की है। यह उन व्यवहारों से ताल्लुक़ रखता है जो आमतौर पर परा-भौतिक और ग़ैर-बुद्धिवादी के रूप में परिभाषित होते हैं। ये ऐसे कारक या हस्तक्षेप हैं जिन्हें किसी भी धर्म के भीतर नहीं समेटा जा सकता। इनकी उपस्थिति सार्वभौमिक होने के साथ-साथ सार्वजनिक जीवन में भी इनकी भूमिका अहम होती है।[१८] धार्मिकता का मेरा तीसरा और अन्तिम उपयोग भारत में मन्दिरों के उस इतिहास से सम्बन्धित है जहाँ वे धार्मिक जगह और धार्मिक संस्था, दोनों ही रूपों में हमारे सामने आते हैं।[१९] मैं यह स्थापित करने का प्रयास करूँगा कि राज्य अपने अंगों द्वारा राष्ट्रीय झण्डे को एक ऐसी ही संस्था के रूप में देखता है जिसका एक सार्वजनिक चेहरा है, जिसकी सत्ता पवित्र है और जिसकी पवित्रता को ठीक उसी प्रकार नियन्त्रित किया जाना चाहिए जिस तरह मन्दिर से सम्बन्धित धार्मिकता को नियन्त्रित किया जाता है।

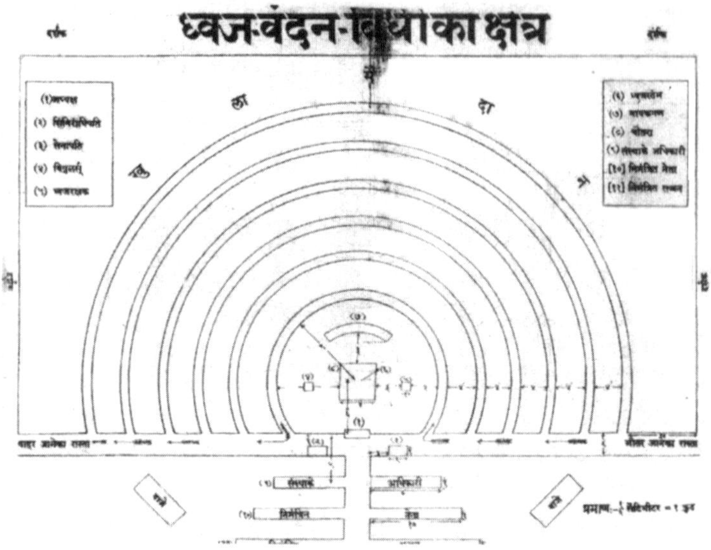

भारत सरकार के दिशा-निर्देशों से पहले ही एन.एस. हार्डीकर ने अपनी किताब में झण्डोत्तोलन के लिए यह व्यवस्था सुझायी थी। नेशनल फ़्लैग, (प्रिंटर सम्बन्धित सूचना उपलब्ध नहीं), १९३७, ए.आई.सी.सी. पेपर्स, नेहरू मेमोरियल म्यूज़ियम एण्ड लाइब्रेरी : ११७

धार्मिकता के ये तीन गुण (पवित्रता की धर्म और समुदायगत पहचान, अन्धविश्वास का खेल और एक पवित्र जगह का सन्दर्भ) राष्ट्रीय झण्डे का इतिहास समझने का नया नज़रिया देते हैं। ध्यान रहे कि अभी तक यह इतिहास राष्ट्रवाद और देशभक्ति के इतिहास के तौर पर ही लिखा गया है जिसके तहत झण्डा धर्मनिरपेक्षता, अनेकता में एकता आदि जैसे राष्ट्र के इच्छित गुणों के वाहक के रूप में ही दर्शाया गया है।[२०] मेरे अध्ययन के केन्द्र में होगी क़ानूनों, परम्पराओं, निर्देशों और व्यवहारों की एक सूची जिसे भारतीय झण्डा संहिता २००२ का नाम दिया गया है। मैं यह दिखाने का यत्न करूँगा कि यह संहिता ऊपर गिनाये गये तीनों गुणों को सम्बोधित करती है।

स्वतन्त्रता प्राप्ति के बाद राष्ट्रीय झण्डे का प्रदर्शन प्रॉविज़ंस ऑफ़ द एम्बलम्स ऐंड नेम्स (प्रिवेंशन ऐंड इम्प्रॉपर यूज़) एक्ट, १९५० (नं. १२

ऑफ़ १९५०) से निर्देशित होने लगा। १९७१ में इन नियमों में संशोधन किया गया और इन्हें प्रिवेंशन ऑफ़ इंसल्ट्स टू नैशनल ऑनर एक्ट, १९७१ (नं. ६९ ऑफ़ १९७१) के नाम से जाना जाने लगा। इनके साथ ही सरकार समय-समय पर बहुत से संविधान-इतर निर्देश भी जारी करती रही। ६ जनवरी, २००२ से लागू भारतीय झण्डा संहिता २००२ इन सभी का मिला-जुला लेकिन संशोधित संग्रह कहा जा सकता है जिसने पहले से लागू झण्डा संहिता की जगह ले ली है।[२१] भारत सरकार ने यह माना कि पहले के नियम प्रॉविज़ंस ऑफ़ द एम्बलम्स ऐंड नेम्स (प्रिवेंशन ऐंड इम्प्रॉपर यूज़) एक्ट, (१९५० का अनुच्छेद ३) ने केन्द्र सरकार को अधिकार दिये थे कि वह किसी भी सार्वजनिक जगह पर झण्डे के प्रदर्शन पर सीमा आरोपित कर सके।[२२] भारतीय झण्डा संहिता २००२ ने इनमें से अनेक सीमाओं को और झण्डा फहराने पर लगी कई पाबन्दियों को हटा लिया। इसने घोषित किया कि आम जनता, ग़ैर-सरकारी संगठनों और शैक्षणिक संस्थाओं आदि द्वारा राष्ट्रीय झण्डे के प्रदर्शन पर कोई प्रतिबन्ध नहीं होगा सिवाय सम्प्रतीक और नाम (अनुचित प्रयोग का निवारण) अधिनियम १९५० और राष्ट्रीय गौरव अपमान निवारण अधिनियम १९७१ तथा इस विषय पर बनाये गये किसी अन्य क़ानून में बताये गये प्रतिबन्ध के।[२३]

भारतीय झण्डा संहिता जहाँ प्रतिबन्धों को हटाती है वहीं बड़ी सफ़ाई से झण्डे का स्वरूप व्याख्यायित करती है। वह तिरंगे के रंगों की पहचान करती है : भारतीय केसरी, भारतीय हरे और सफ़ेद रंग के साथ नेवी ब्लू रंग में २४ धारियों वाला अशोक चक्र।[२४] यह संहिता सुझाव देती है कि बेहतर होगा यदि अशोक चक्र स्क्रीन से प्रिंट किया हुआ हो अन्यथा उसे छापा हुआ, स्टेंसिल किया हो और जो स्पष्ट रूप से दिखायी देना चाहिए। संहिता ने विभिन्न मानक दिये हैं। यदि इस संहिता को झण्डे के भारतीय मानक से जोड़ कर पढ़ा जाय तो सूक्ष्मता और गुणवत्ता के प्रति समरूपता को लेकर भारतीय राज्य का आग्रह और भी उभर कर आता है। इस भारतीय मानक में न तकनीकि रूप से मात्र भारतीय केसरिया और बाक़ी रंगों को व्याख्यायित किया गया है और रंगों के स्पेक्ट्रफोटोमैट्रिक मूल्य २२ जुलाई, १९४७ को संविधान सभा में पेश किये गये झण्डे (जो कानपुर की टेक्निकल डिवेलपमेंट इस्टब्लिशमेंट लेबोरेटरी ने उस वक़्त तय किये थे) के आधार पर उनके त्रिक्रोमेतिक मूल्य दिये गये हैं, बल्कि बंटिंग के

कपड़े के ताने–बाने में सूत की अनुमानित संख्या, भार, मशीन से सिलाई करने के लिए प्रयुक्त सिलाई के धागे की गुणवत्ता, लकड़ी की गुल्ली का विवरण जैसी अनेक सूचनाएँ दी गयी हैं।[२५]

भारतीय झण्डा संहिता झण्डे की मर्यादा के लिए मार्ग–दर्शन और हिदायतें देती है जो फहराने के साथ–साथ झण्डे के सामने शपथ लेने के, सलामी देने के और स्कूल में झण्डोत्तोलन के समय खड़े होने के बारे में भी हैं, ताकि मन से झण्डे का सम्मान करने के लिए प्रेरणा दी जा सके। यहाँ हमें बताया गया है कि स्कूल के विद्यार्थी इकट्ठे होकर वर्ग बनायेंगे। इस वर्ग में तीन तरफ़ विद्यार्थी खड़े होंगे और चौथी तरफ़ बीच में झण्डा होगा। प्रधानाध्यापक, मुख्य छात्र और झण्डे को फहराने वाला व्यक्ति (यदि वह प्रधानाध्यापक के अलावा कोई दूसरा हो) झण्डे से तीन क़दम पीछे खड़े होंगे। छात्रों की क़तार में कक्षा का मुख्य छात्र अपनी कक्षा की पहली पंक्ति की दायीं ओर खड़ा होगा। सबसे बड़ी कक्षा सबसे दायीं ओर खड़ी होगी। हर कक्षा के बीच समान फ़ासला होना होगा।[२६]

मेरे लिए सवाल यह है कि इन विस्तृत मार्ग–निर्देशों के और इन सूक्ष्म सूचनाओं के क्या मायने निकलते हैं? इस सूची में जहाँ कुछ व्यवहार झण्डे के लिए अपमानजनक माने गये हैं, और जिन्हें प्रतिबन्धित किया गया है वहीं कुछ दोषहीन, जिसके लिए नागरिकों को इज़ाज़त है या फिर यह भी कहा जा सकता है कि ये व्यवहार नागरिक–अधिकार क्षेत्र का हिस्सा हैं। यह सूची समय के साथ बदलती जा रही है। जैसे, २००५ में राष्ट्रीय ध्वज का पहनावे के रूप में, या पहनावे के हिस्से के रूप में ऐसा उपयोग जहाँ वह कमर के नीचे पहना जाय या फिर इसका किसी कुशन, रूमाल या अन्त:वस्त्र आदि के रूप में, इस्तेमाल पर पाबन्दी लगा दी गयी।[२७]

ये निर्देश और क़ानून हमें धार्मिकता के शासन के गणित की ओर ले जाते हैं। साथ ही ये सूक्ष्मता और स्पष्टता की उस ज़रूरत की ओर ले जाते हैं जो सार्वजनिक जगह में सम्प्रभुता के प्रदर्शन के लिए आधुनिक राज्य की पूर्व–कल्पना है। आइये इस बात को कुछ विस्तार से खँगालें।[२८]

जैसाकि मैंने ऊपर ज़िक्र किया कि लम्बे अरसे तक राज्य ने आम नागरिक को झण्डे के इस्तेमाल की इज़ाज़त नहीं दी (या फिर ख़ास तरह से

इस्तेमाल तक ही सीमित रखा)। इस तरह राज्य ने आम आदमी और सम्प्रभुता के प्रतीक के बीच फ़ासला बनाये रखा। दूसरे शब्दों में, झण्डे का सार्वजनिक जगहों पर प्रदर्शन असामान्य/ख़ास घटना बना रहा। यह राज्य के प्रतीक को रोज़मर्रा की वस्तु होने से बचाने जैसा था। नागरिक को महज़ झण्डा देखने का अधिकार था, उसे अपना बनाने या अपनाने का नहीं। लेकिन राष्ट्र के प्रतीक के लिए, जो एक दृश्य-प्रतीक हो, जिसके साथ जनता की आकांक्षाएँ, देश की विरासत और इतिहास जुड़ा हो, उसका जनता के बीच परिसंचरण भी आवश्यक था। इसके लिए ज़रूरी था कि कुछ घटनाओं, संस्थाओं, जगहों और कुछ ख़ास व्यक्तियों को झण्डा फहराने की, उसके साथ सम्पर्क की, उसे धारण करने की इज़ाज़त हो, लेकिन एक नागरिक के रूप में नहीं, राज्य के ही एक अंग के रूप में, इसके प्रतिनिधि के रूप में। इस पूरी व्यवस्था में झण्डा सभी का था। लेकिन, महज़ एक दृश्य-प्रतीक को देखने भर के लिए। एक वस्तु के रूप में अपनाने के लिए नहीं।

अँग्रेज़ी हुकूमत के दौरान भी हमें यूनियन जैक के साथ कुछ इसी तरह के सुलूक की मिसाल देखने को मिलती है, जब हम राज्य द्वारा यूनियन जैक के ग़लत इस्तेमाल पर जतायी आपत्तियों से रूबरू होते हैं। साथ ही दूसरा अहम मुद्दा यूनियन जैक के साथ स्वराज झण्डा फहराये जाने पर अँग्रेज़ी शासन के क्रोधित हो जाने का भी रहा। लेकिन बीस के दशक में महात्मा गाँधी द्वारा व्यवहृत स्वराज झण्डा और १९३१ के बाद काँग्रेस का औपचारिक पार्टी झण्डा, जिसे एक बड़ा तबका राष्ट्रीय झण्डा या आज़ादी के झण्डे के रूप में देखता रहा वहाँ न तो झण्डे के इस्तेमाल पर बहुत नियन्त्रण था, न ही इसको अपनाने पर पाबन्दियाँ ही। वहाँ नैतिकता की भाषा एक भिन्न पोशाक में थी। वहाँ हम महात्मा गाँधी को यह वक्तव्य देते पाते हैं : यदि किसी धार्मिक कार्य के सम्पादन के लिए कुँआरियों की ज़रूरत होती है और यदि कुँआरियाँ मौजूद न हों तो किसी और का विकल्प के तौर पर नहीं उपयोग कर सकते हैं। यदि एक कुँआरी भी मिल जाय तो मामला सँभल जाय। यही बात स्वराज के झण्डे की स्थापना के साथ भी है। झण्डा उन्हीं पाक हाथों से फहराया जायेगा जो इसके प्रति निष्ठावान बने रहे हैं। यहाँ यह फ़र्क़ नहीं पड़ता कि उनकी संख्या कितनी भी थोड़ी क्यों न हो।[२९]

यहाँ महात्मा की भाषा और आधुनिक राज्य की भाषा की तुलना करना मेरा

उद्देश्य नहीं है। कुँआरियों का ज़िक्र करके मैं जेंडर के अहम सवाल पर भी लौटना नहीं चाहता। ऐसी बात भी नहीं कि गाँधी, झण्डे के स्वरूप को लेकर उत्सुक नहीं थे (उन्होंने तो कहा ही था कि कपड़े का हर टुकड़ा झण्डा नहीं हो सकता। उसे सुझाये प्रारूप का अनुसरण करना होगा)।[३०]

इन उदाहरणों के ज़रिये मैं बुद्धिवाद और पवित्रता के गुणों की तरफ़ ध्यान दिलाना चाहता हूँ जो झण्डे की धार्मिकता के निर्माण को संयोजित करते हैं। या फिर तवज्जो चाहता हूँ उस आस्था की दृष्टि के बारे में, जिसका उपयोग मैं महात्मा गाँधी से उधार लेकर कर रहा हूँ।[३१] स्वतन्त्रता प्राप्ति के बाद आस्था की यह दृष्टि आमूल रूप से बदल गयी। संविधान सभा और भारतीय राज्य ने इसी के साथ झण्डे के योग्य उत्तराधिकारी की योग्यता के मापदण्ड भी बदल दिये। महात्मा गाँधी की भाषा में आस्था की नज़र देहस्थ आँख है। यह निरीक्षक की आँख नहीं है। 'आस्था की नज़र' देहस्थ रूप से किसी वस्तु को आँख से देखने के अनुभव और उस वस्तु की पवित्रता में देखने वाले की निष्ठा के बीच असम्पृक्त सम्बन्ध की बुनियाद पर केन्द्रित है। यहाँ देखने की क्रिया एक ऐसा निपट अनुभव है जिसे महज़ आँख की जानकारी के लिहाज़ से अलग करना होगा। यहाँ आँख कोई आधुनिक ज्ञान के निर्माण का ज़रिया नहीं है जिसकी पुष्टि या खण्डन हो सके। यह अन्तर मेरे लिए अहम है। यह सुझाता है कि संविधान सभा के बाद भी (जब लोग अशोक चक्र को सुदर्शन चक्र के रूप में देखते थे या जब रंगों को धार्मिक अर्थों में मानने का चलन जारी था) झण्डे में धार्मिकता की निरन्तरता, राज्य के आधुनिकतावादी स्वरूप की कमियों का नतीजा नहीं था। यहाँ यह उल्लेख करना लाज़मी हो जाता है कि संविधान सभा में उड़ीसा के लक्ष्मी नारायण साहू ने कहा था कि जब मैं झण्डे के इन तीन रंगों को देखता हूँ तो मुझे भगवान जगन्नाथ के मन्दिर के भीतर की तीन छवियाँ भी दिखायी देती हैं। भगवान जगन्नाथ नीले रंग के प्रतिनिधि हैं, बलराम श्वेत के और सुभद्रा देवी पीले रंग की।...[३२] धार्मिकता, आधुनिकता या राज्य की नीति के रास्ते की बाधा न होकर इसकी संरचना के मूल में है। यह देखने के, कल्पना के, दर्शन के और राष्ट्र, उसके प्रतीक और उसकी जनता के बीच के रिश्तों के उस बहुआयामी रूप से तय होता है, जो सदैव ही राज्य की प्रशासनिक, नियोजनात्मकता और क़ानून की एकवचनीयता के परे जाता है। इस मुद्दे की जटिलता को

समझने के लिए हम वापस लौटेंगे। लेकिन संविधान सभा के ये उदाहरण इस बात को अवश्य रेखांकित करते हैं कि लोगों द्वारा झण्डे और उसके रंगों को देखने का कर्मकाण्ड राज्य के कर्मकाण्ड से बहुत भिन्न था।[३३]

प्रतीकों और झण्डे में रंगों को देखने की जन-संस्कृति और वहाँ धार्मिक भाषा की उपस्थिति हमें देखने की विविधता की ओर ले जाते हैं। दीपेश चक्रवर्ती ने भिन्न सन्दर्भ में इस मसले पर ध्यान आकर्षित करते हुए लिखा है कि भारत में राष्ट्र महज़ एक कल्पित समुदाय नहीं है। यहाँ लोग राष्ट्र का दर्शन भी करते हैं।[३४] 'राष्ट्रीय झण्डा संहिता' और 'नैशनल ऑनर एक्ट' दृष्टि के जिस अनुशासन की इच्छा रखता था, उसे देखने की विविधता से भरी समृद्ध संस्कृति की माँगों से तो रूबरू होना ही था। इसलिए जो दमित था वह पचास साल के बाद पुनः प्रकट हुआ।

५

एक बड़े उद्योगपति और सांसद नवीन जिंदल के छह-साला मुक़दमे की रोशनी में केन्द्र सरकार ने अप्रैल २००१ में आख़िरकार झण्डे के फहराने और प्रदर्शन के बारे में उदार रुख़ अपनाने का निर्णय लिया। इस मामले के लिए गठित शेनॉय कमिटी ने यह सुझाव दिया कि आम आदमी को अपने प्रेम और देशभक्ति की अभिव्यक्ति के तौर पर किसी भी दिन झण्डे को फहराने और प्रदर्शन की अनुमति देनी चाहिए।[३५]

यह मामला तब शुरू हुआ जब नवीन जिंदल एक कम्पनी के सह-प्रबन्ध निदेशक थे। उन्हें रायगढ़, उन दिनों के मध्य प्रदेश में अपने कारख़ाने के अहाते में राष्ट्रीय ध्वज फहराने की अनुमति नहीं दी गयी। प्रशासन का मत था कि भारतीय झण्डा संहिता इसकी इज़ाज़त नहीं देता था। नवीन जिंदल ने इस सम्बन्ध में उच्च न्यायालय के समक्ष प्रतिवेदन देते हुए कहा कि राष्ट्रीय ध्वज को सम्मान और प्रतिष्ठा से फहराना हर नागरिक का मूलभूत अधिकार है। उन्होंने दावा किया कि झण्डा संहिता महज़ विधायिका का निर्देश है न कि क़ानून। अतः भारतीय संविधा की धारा १९ (२) के सन्दर्भ में यह उचित पाबन्दियों के दायरे का उल्लंघन है।[३६] सर्वोच्च न्यायालय ने अपने फ़ैसले में माना कि राष्ट्रीय झण्डे को सम्मान और

प्रतिष्ठा से फहराना और उसका प्रदर्शन करना हर नागरिक का मूलभूत अधिकार है और यह संविधान की धारा १९ (१) के तात्पर्यों के तहत आता है। अदालत ने भारतीय झण्डा संहिता को संविधान की धारा १३ (३) (ए) के अर्थों में क़ानून का दर्जा देने से इनकार भी कर दिया। धारा १३ (३) (ए) को यहाँ धारा १९ (२) के साथ जोड़कर आँका गया और झण्डे को फहराने पर पाबन्दी को स्वतन्त्र अभिव्यक्ति के अधिकार का हनन माना गया। साथ ही यह भी स्वीकार किया गया कि झण्डा संहिता उस सीमा तक वैध है जहाँ वह झण्डे के मान और प्रतिष्ठा के संरक्षक की भूमिका का निर्वहन करती है।

सर्वोच्च न्यायालय ने अपने निर्णय तक पहुँचाने के लिए तीन बिन्दुओं को आधार बनाया। ये थे (अ) राष्ट्रीय ध्वज का महत्त्व (ब) संविधान सभा में राष्ट्रीय ध्वज अपनाने के समय हुई बहस और (स) अन्य देशों में उनके राष्ट्रीय ध्वज से जुड़े क़ानून। सर्वोच्च न्यायालय ने झण्डा फहराने के अधिकार को मूलभूत अधिकार तो माना लेकिन इसे परम अधिकार नहीं माना और कहा कि इसे मौलिक कर्तव्य (धारा ५१ {ए}) के साथ जोड़कर ही देखा जाना चाहिए।[३७]

झण्डा फहराने के अधिकार को उदार बनाने में सर्वोच्च न्यायालय ने कई बातों का ध्यान रखा जिसमें इलेक्ट्रॉनिक मीडिया और दूरसंचार के दायरे में झण्डे के सार्वजनिक प्रदर्शन को रोक पाने की मुश्किल की तरफ़ भी इशारा है। इसके साथ ही यह भी माना गया कि पहले की पाबन्दियों ने लोगों के मन में यह संशय पैदा किया कि राष्ट्रीय ध्वज केवल सरकार के उपयोग के लिए ही है। आम जनता को ध्वज फहराने की छूट केवल चन्द मौक़ों तक ही सीमित थी। इससे जनता के एक बड़े हिस्से में पनपे क्षोभ का उल्लेख भी किया गया।

सर्वोच्च न्यायालय ने इस बात पर भी बल दिया कि पाबन्दियाँ अन्य देशों के झण्डा विधान में अपनाये तरीक़ों से मिलती-जुलती भी हों। कुछ देशों और वहाँ के व्यवहारों का उल्लेख भी किया गया। इस सिलसिले में हम पाते हैं कि जहाँ कुछ देश जैसे यूनाइटेड किंगडम जनता द्वारा झण्डा को फहराने के मामले में उदार नहीं है, वहीं न्यूज़ीलैण्ड जैसा देश झण्डे के विज्ञापन और व्यावसायिक उपयोग की उस हद तक इज़ाज़त देता है जहाँ तक उपयोग झण्डे की छवि के प्रति निष्ठापूर्ण रहे। संयुक्त राज्य अमेरिका

में झण्डे को जलाना नागरिकों के बोलने की, सरकार के प्रति विरोध की अभिव्यक्ति का सूचक है। यहाँ यह ध्यान दिलाना उचित होगा कि नवीन जिंदल के मामले में वादी, प्रतिवादी और कोर्ट सभी ने भारतीय सन्दर्भ को अमेरिका से बहुत अलग भी माना तथा व्यावसायिक उपयोग या जलाये जाने जैसे अतिवादी कृत्य से बचने की ही वकालत की। यहाँ झण्डे के उदार उपयोग और उसकी पवित्रता की रक्षा के बीच एक क़िस्म का सन्तुलन बनाये रखने की कोशिश पाते हैं। यह भी ग़ौर करने की बात है कि निर्णय तक पहुँचने के क्रम में न तो झण्डे की पवित्रता को परिभाषित या व्याख्यायित किया गया न ही इस बात के तर्क दिये गये कि किन कारणों से झण्डे के व्यावसायिक उपयोग या जलाये जाने पर उसकी पवित्रता को ख़तरा हो सकता है।

निर्णय में बल दिया गया कि ध्वज का पवित्र स्वरूप सम्पूर्ण राष्ट्र के आदर्श, आकांक्षा, आशा और उपलब्धियों का प्रतीक है। इसमें अतीत के त्याग और बलिदान के अहम योगदान की बात की गयी। क़ानून के तार्किक लहज़े में यदि पूछा जाय तो यह प्रश्न अनुत्तरित रह जाता है कि अतीत की अवमानना क़ानून की नज़र में अपराध क्यों होना चाहिए (दूसरे शब्दों में, अतीत की थाती को क़ानून क्यों संरक्षित रखना चाहता है? क़ानून और अतीत का रिश्ता पेचीदा है और इस दिशा में कोई ख़ास अनुसन्धान नहीं हुआ है, लेकिन यहाँ हम इस सिरे के साथ अधिक देर तक नहीं चल सकते)? नैतिक धरातल से परे क़ानून की भाषा में झण्डे को जलाना उसकी पवित्रता के ख़िलाफ़ क्यों हो जाता है? लोक छवियों में यह आतंकवादी हरकत कैसे हो जाता है?[३८] इस सवाल को बेहतर ढंग से समझने के लिए हमें अमेरिका के मशहूर केस *स्टेट ऑफ़ टेक्सास बनाम जॉनसन* की तरफ़ रुख़ करना चाहिए।

६

घटना १९८४ की है जब डलास शहर में रिपब्लिकन नैशनल कनवेंशन के दौरान जार्ज ली जॉनसन ने एक राजनीतिक प्रदर्शन में अमेरिकी झण्डा फहराया। प्रदर्शन डलास के सिटी हाल पर ख़त्म हुआ जहाँ जॉनसन ने

झण्डे में आग लगा दी। जब झण्डा जल रहा था, प्रदर्शनकारी नारे लगा रहे थे : अमरीका लाल, श्वेत और नीला, हम तुम पर थूकते हैं।[३९] जॉनसन पर टेक्सास के डेसिक्रेशन ऑफ़ अ वेनिरेटिड ऑब्जेक्ट क़ानून की अवमानना का आरोप लगा। राष्ट्रीय ध्वज को क्षति पहुँचाने की घटना को एक ऐसी ओछी हरकत माना गया जिससे देखने वाले का मन आहत हो सकता है। जॉनसन को एक साल के कारावास की सज़ा और दो हज़ार डॉलर का जुर्माना हुआ। इस निर्णय को बाद में टेक्सास कोर्ट ऑफ़ क्रिमिनल अपील्स ने उलट दिया और अमेरिकी संविधान के प्रथम संशोधन के विरुद्ध माना। मामला सर्वोच्च न्यायालय पहुँचा, जिसने अन्ततः एक विभाजित फ़ैसला जॉनसन के पक्ष में सुनाया। १९८९ का यह निर्णय कई मायने में महत्त्वपूर्ण है। यह सार्वजनिक शान्ति के रख-रखाव, झण्डे का जलाया जाना, राजनीतिक विरोध की पहचान, अभिव्यक्ति की आज़ादी और नागरिक के मूलभूत अधिकार जैसे गम्भीर क्षेत्रों को छूता है। अहम यह भी है कि यहाँ देश और उसके झण्डे के बीच अन्तर किया गया और कहा गया कि झण्डे के प्रति निष्ठा के मामले को देश के प्रति निष्ठा से नहीं उलझाया जा सकता है। झण्डे को इसके सार्वभौमिक अर्थों में स्वतन्त्रता के मूल्यों के प्रतीक के रूप में माना गया।[४०] जस्टिस ब्रेनन ने निर्णय सुनाते हुए कहा कि पहले संशोधन के पीछे अगर कोई एक सिद्धान्त है तो वह यह कि सरकार महज़ इसलिए किसी विचार की अभिव्यक्ति पर रोक न लगाये क्योंकि समाज उस विचार से आहत होता है या असहमत है।[४१]

इस निर्णय का एक तार हमारे अध्ययन के लिए केरल में राष्ट्रीय गान से जुड़े एक मसले *(बीजोय इमैनुअल बनाम स्टेट ऑफ़ केरल)* की तरफ़ भी जाता है। झण्डा दहन का मामला जहाँ बोलने की आज़ादी को स्थापित करता है, वहीं केरल में राष्ट्रगान का मसला सम्मानजनक तरीक़े से चुप रहने की आज़ादी प्रदान करता है। इस मामले में जेहोवा सम्प्रदाय के तीन बच्चे स्कूल की सभा में राष्ट्रीय गान की वंदना के समय सम्मानपूर्वक लेकिन चुपचाप खड़े रहे। उन्होंने गाना गाने से इनकार कर दिया। जेहोवा मत जेहोवा भगवान के अतिरिक्त किसी दूसरे भौतिक चिह्न के प्रति विश्वास प्रकट करने की इज़ाज़त नहीं देता। केरल के उच्च न्यायालय ने इन छात्रों के ख़िलाफ़ निर्णय सुनाया और माना कि राष्ट्रीय गान में कोई भी शब्द ऐसा नहीं जो किसी धार्मिक अभिव्यक्ति की स्वतन्त्रता का हनन

है। यहाँ भी सर्वोच्च न्यायालय ने निर्णय को उलट दिया और माना कि न गाने से राष्ट्रीय गान का कोई अपमान नहीं हुआ। उसने माना कि भारतीय संविधान की धारा २५ विश्वास की धारा है जो मूलतः इस बात पर टिकी है कि प्रजातन्त्र की असल परीक्षा ग़ौण से ग़ौण लगने वाली अल्पसंख्यक पहचान की संविधान में उपस्थिति से है। भले ही वादी का व्यवहार कितना ही अनोखा और विचित्र क्यों न हो, और भले ही कोई ख़ास धार्मिक विश्वास या व्यवहार कोर्ट के तर्क या भावना को अपील करता हो या न करता हो, वास्तविक मुद्दा यह है कि वह विश्वास आमूल रूप में और विवेकपूर्ण तरीक़े से किसी जीवन की पद्धति और धार्मिक व्यवहार का हिस्सा है या नहीं।

राष्ट्रीय गान और झण्डा दोनों ही नेशनल ऑनर एक्ट के दायरे में आते हैं, और यह दिलचस्प है कि न्यायाधीशों (मुरली मोहन दत्त और चिन्नप्पा रेड्डी) ने अपने निर्णय में पश्चिमी वर्जीनिया के झण्डा सलामी के मामलों से उदाहरण दिये, जिन पर विस्तार से चर्चा यहाँ अपेक्षित नहीं। महत्त्वपूर्ण यह है कि कोर्ट ने विश्वास के मुद्दे पर विविधता को तरजीह दी और माना कि कोर्ट को यह तय करने का कोई अधिकार नहीं है कि इन व्यवहारों का धार्मिक या भक्ति सम्बन्धी महत्त्व है या नहीं। कोर्ट ने ख़ुद माना कि उसके द्वारा यह तय करना धार्मिक स्वतन्त्रता के संविधान प्रदत्त सिद्धान्त के ख़िलाफ़ जाता है।

कोर्ट की यह स्वीकारोक्ति और ऊपर के मामले मेरे लिए न्यायिक विमर्श और प्रशासनिक व्यवहारों के बीच के फ़र्क़ को दर्शाते हैं। प्रशासनिक दायरे में राष्ट्रीय गान और झण्डे की धार्मिकता अनिवार्यतः राज्य के बताये तरीक़े से पालन करने की बात है। कोर्ट ने यद्यपि ५१ (ए) को अहम माना लेकिन इस बात पर बल दिया कि राष्ट्रीय गान और झण्डा राष्ट्र के मूल उद्देश्य के प्रसार के माध्यम हैं, स्वयं देश के बराबर नहीं। यहाँ कोर्ट ने मूल्यों की भाषा के लिए व्यापक ज़मीन तैयार की जिसमें मतभेद को शामिल किया गया, बशर्ते वह व्यापक राष्ट्र और जनतान्त्रिक मूल्यों के विरोध में न हो। इन मूल्यों को राष्ट्र के प्रतीक से इनके स्वरूपगत नियोजन से अधिक तरजीह दी गयी। इन मामलों में प्रतीक की पवित्रता हर पक्ष (लोग, सरकार और न्यायपालिका) के लिए दलील का मुख्य आधार और उनके शक्ति के स्रोत के रूप में हमारे सामने आती है। लेकिन

यह पवित्रता हर एक के लिए भिन्न है और यही मतभेद का कारण भी है। समझने की बात यह है कि लोगों का बड़ा हिस्सा अपने विवेक से राष्ट्र के पवित्र प्रतीक में निष्ठा और उसे एक वस्तु की तरह देखने में कोई फ़र्क़ नहीं करता। यहाँ हम महात्मा गांधी द्वारा व्यक्त विश्वास की नज़र से सम्बन्धित भाषा की निरन्तरता पाते हैं। विश्वास की यह नज़र राजनीति और जीवन के दूसरे क्षेत्रों को एक-दूसरे से असम्पृक्त नहीं करती। इसलिए यहाँ राजनीति का उद्देश्य जीवन की ख़ुशहाली है जो विवेक से निर्देशित-परिभाषित होती है। दूसरी ओर अनुशासन के लिए इस विवेक का नियोजन राज्य के अपने अस्तित्व के लिए ज़रूरी हो जाता है। यहाँ अनुशासनहीन व्यक्तिगत विवेक पर आधारित राजनीतिक जीवन राज्य की राजनीतिक सम्प्रभुता की एकलता के लिए सदैव ही ख़तरा हो सकता है।[४२]

आधुनिक राज्य के लिए झण्डे की पवित्रता का नियोजन उसी तरह आवश्यक हो जाता है जिस तरह मन्दिर के भीतर आने वाले श्रद्धालुओं के विश्वास और उनकी गतिविधियों का नियोजन मन्दिर प्रशासन और आधुनिक राज्य दोनों के लिए अपरिहार्य होता है जिसके बारे में अर्जुन अप्पादुरै ने अध्ययन किया है। जिस तरह हर कोई देव प्रतिमा नहीं रख सकता, उस पर स्वामित्व नहीं जमा सकता, महज़ उसे दूर से देख सकता है, उसी तरह राष्ट्रीय झण्डे में विश्वास, उसके दूर से दर्शन की इज़ाज़त और झण्डे पर स्वामित्व के बीच फ़र्क़ लम्बे समय तक राज्य के लिए अपरिहार्य बना रहा। राज्य के लिए झण्डा सार्वजनिक जगहों पर राष्ट्र की सम्प्रभुता को धारण करने वाली एक वस्तु थी, जिसका उत्पादन तकनीकी रूप से भारत के मानक के निर्देशों का पालन करता हो। इस पर हम शुरू में चर्चा कर चुके हैं। यहाँ यह महज़ एक पवित्र प्रतीक नहीं रह जाता। राज्य के निर्देश अपनी इसी सम्प्रभुता की रक्षा के लिए लागू किये गये। राज्य वस्तुतः नागरिकों को झण्डा राज्य की ही नज़र से उसी की शर्तों पर ही देखने की इज़ाज़त दे रहा था। लेकिन न्यायपालिका के लिए लोगों का अनुशासन और विश्वास दोनों महत्त्वपूर्ण थे। सर्वोच्च न्यायालय ने अपने निर्णय में दिखाया कि अनुशासन का प्रश्न उसके लिए झण्डे की पवित्रता की रक्षा भर का सवाल था (बिना अवमानना के झण्डे का उदार उपयोग)। कोर्ट के लिए अनुशासन का सवाल सार्वजनिक जगहों पर इस पवित्र वस्तु के प्रगुणन या इसके वितरण के नियोजन का कतई नहीं था। लोगों के विवेक

के संरक्षणकर्ता के रूप में कोर्ट, अर्थों की एकलता और बहुलता के पचड़े में नहीं पड़ना चाहता था। इसके लिए एकल और बहुल की सह-उपस्थिति किसी तरह घातक नहीं थी जब तक कि वे एक दूसरे की क्षति नहीं करते। इसलिए न्यायपालिका के लिए विश्वास की नज़र को सेकुलर राष्ट्र के लिए ख़तरे के रूप में देखने की कोई वजह नहीं थी।

इस पूरी प्रक्रिया में प्रतीक न केवल नये अर्थ ग्रहण करता मिलता है, बल्कि साथ ही उनकी तरफ़ देखने वाली नज़र भी परिमार्जित होती प्रतीत होती है। लोगों के लिए मूल्य पवित्र थे, लेकिन वे उन कर्मकाण्डों को भी करना चाहते थे जो उनके दैनिक जीवन को झण्डे से जोड़ सकें। वे अपने दैनिक जीवन में झण्डे की उपस्थिति चाहते थे, और झण्डे को हमेशा राज्य के बताये नियमों में बन्ध कर नहीं फहराना चाहते थे। अपने और झण्डे के बीच वे राज्य की मध्यस्थता नहीं चाहते थे। वे झण्डे की धार्मिकता को अपने विश्वास की नज़र से देखना चाहते थे, अपनी शर्तों पर।

राज्य के कर्मकाण्डों से परे, धार्मिकता की भाषा कई अन्य रूपों में भी हमारे सामने आती है जैसे, १९९८ के स्वतन्त्रता दिवस पर उड़ीसा की एक स्वयंसेवी संस्था पश्चिम उड़ीसा कृषिजीवी संघ ने बोलंड़ी ज़िले के कुर्लुभाटा गाँव के कान्धा आदिवासियों के बीच झण्डा फहराने का कार्यक्रम आयोजित किया। इस समारोह में ब्रज बन्धू भोय ने झण्डे के स्तम्भ की जड़ में नारियल फोड़ कर पूजा की और बुदबुदा कर कहा : 'वर्षा के देव, अब ढाई एकड़ खेत में कुछ फसल दे दे।' इसी तरह कालाहाँडी ज़िले के बुर्कानी गाँव के बुज़ुर्ग ५५ वर्षीय सदानन्द माझी (गोंड आदिवासी) विस्मित थे, जब उन्हें झण्डोत्तोलन के लिए ले जाया गया। झण्डे से गिरते फूलों को देखते हुए वे बोले, 'क्या यह हमें बारिश और खाना देगा?'[४३]

७

इस निबन्ध में झण्डे को देखने से जुड़े भिन्न-भिन्न दावों की प्रकृति और उनकी राजनीति को समझने का प्रयास किया गया। मेरा ख़याल है कि इन दावों का स्वरूप एक ओर आधुनिक राष्ट्र-राज्य की सम्प्रभुता की ऐक्यता और जनमानस के बीच उस ऐक्यता को परिभाषित करने, उसके प्रदर्शन

तथा उसे नियोजित करने की ज़रूरत से तय होता है, वहीं दूसरी ओर इस सम्प्रभुता और इसके प्रदर्शन की शर्तें जनता अपनी तरह से तय करने की कोशिश करती है। जनता के भिन्न-भिन्न समूह अलग तरीक़े से सम्प्रभुता और राष्ट्र के चिह्न को अपने व्यवहारों में उतारते हैं क्योंकि उनके लिए इन्हें देखने का व्याकरण भिन्न है। वे हमेशा उसी लहज़े में सम्प्रभुता और राष्ट्र के संकेत झण्डे में नहीं देखते जिस लहज़े में आधुनिकता ने राज्य को परिभाषित किया और राज्य के संकेत चिह्नों को देखने की शर्तें तय की हैं। जनता के देखने का अन्दाज़ संस्कृति से प्रभावित होता है जिसमें पवित्रता और धार्मिकता का काफ़ी गहरा असर रहता है। यही पवित्रता राज्य के संयोजनकारी व्याकरण को तहस-नहस कर देती है। राज्य का संयोजनकारी तन्त्र और उसकी भाषा, आधुनिकता और विज्ञान से संरचित है। इसकी बुनियाद में गवर्नेंस का वह बीज निहित है जिसके लिए यह अनिवार्य है कि वह किसी बिम्ब, चिह्न या वस्तु में निहित मूल्य को इस तरह से परिभाषित करे कि उसे नियोजित किया जा सके। ऐसे में पवित्रता या धार्मिकता, जो हमेशा ही नियोजित सम्प्रेषणीयता के दायरे से बाहर जाती है और जिसे वैज्ञानिक तरीक़े से व्याख्यायित नहीं किया जा सकता है, राज्य और उसके सरकारीकरण के लिए चुनौती बनकर सामने आती है। पर यहाँ मैंने यह भी दिखाने का प्रयास किया है कि यही धार्मिकता न्यायपालिका के लिए असहजता नहीं लेकर आती। संविधान के प्रति निष्ठावान क़ानून के लिए, धार्मिकता के नियोजन से बड़ा सवाल इसकी रक्षा करने का है।

इस तरह झण्डा देखने की परिपाटी और विमर्श में हम तीन भिन्न-भिन्न वृत्तों (जन मानस, राज्य और न्यायपालिका) से रूबरू होते हैं जिनके रूपक, भाषा और सरोकार भिन्न हैं और जो हमें देखने की संस्कृति की विविधता की ओर ले जाते हैं।

पाद-टिप्पणी

१. राष्ट्रीय गौरव अपमान निवारण अधिनियम १९७१ (राष्ट्रीय गौरव अपमान निवारण (संशोधित) अधिनियम २००३ द्वारा संशोधित) भारतीय झण्डा संहिता २०२ में उल्लिखित। http://mha.nic.in/pdfs_jhanda.\-hindi.pdf 29 जून, २०१२ को देखा गया।

२. महात्मा गाँधी (१९१८), 'लेटर टु पैट्रिक गेडिस', १२ अप्रैल, *कलेक्टेड वर्क्स ऑफ़ महात्मा गाँधी*, खण्ड १४, पब्लिकेशन डिवीज़न, दिल्ली : ३३१–३३२।

३. आगम्बेन लिखते हैं कि अनुभव का ज्ञान से अलग वजूद हमारे लिए इतना अनजान हो चुका है कि हम भूल जाते हैं कि आधुनिक विज्ञान के जन्म तक विज्ञान और अनुभव दोनों का अपना–अपना स्थान था। प्राचीन काल में ज्ञान का मूल प्रश्न तथ्य (ऑब्जेक्ट) और विषय (सब्जेक्ट) के बीच का सम्बन्ध नहीं, वरन एक और अनेक के बीच का रिश्ता हुआ करता था, निश्चितता की खोज में विज्ञान ने ज्ञान और अनुभव के बीच की दूरी को पाट दिया और अनुभव ज्ञान का एक ज़रिया बन कर रह गया। देखें, जियोर्जियो आगम्बेन (१९९३), *इंफेंसी ऐंड हिस्ट्री : एसेज़ ऑन द डिस्ट्रक्शन ऑफ़ एक्सपीरियेंस*, अनुवाद, लीज हेरोन, वर्सो, लन्दन और न्यूयॉर्क : १८–१९।

४. इस विषय पर उम्दा और अन्तर्दृष्टि से परिपूर्ण अध्ययनों के लिए देखें, रणजीत गुहा, (१९८३) 'द प्रोज़ ऑफ़ काउंटर इंसरजेंसी', रणजीत गुहा (सम्पा.) *सबाल्टर्न स्टडीज़ II*, ऑक्सफ़ोर्ड यूनिवर्सिटी प्रेस, दिल्ली : १–४२; यहाँ मैं गुहा द्वारा संथाल विद्रोह के दस्तावेज़ों और उस विषय पर हुए ऐतिहासिक अध्ययनों में धार्मिकता की चर्चा की ओर ध्यान दिलाना चाहता हूँ। इस चर्चा में बिरसा, सीदू और कानू की देह की दैवीयता और इस दैवीयता को देखने के विभिन्न वृत्तों की ओर ध्यान खींचना चाहता हूँ। इस मुद्दे को दीपेश चक्रवर्ती ने बेहद रोचक तरीक़े से आगे बढ़ाया है। देखें, दीपेश चक्रवर्ती (२०००), *प्रोविंशियलाइज़िंग यूरोप : पोस्टकोलोनियल थॉट ऐंड हिस्टोरिकल डिफरेंस*, प्रिंस्टन यूनिवर्सिटी प्रेस, प्रिंस्टन और ऑक्सफ़ोर्ड : १४–१६ और १०२–१०६।

५. देखें, लेफ्टिनेंट कर्नल के.वी. सिंह (१९९१), *अवर नैशनल फ़्लैग*, पब्लिकेशन डिवीज़न, दिल्ली।

६. देखें, अरुंधति विरमानी (२००८), *अ नैशनल फ़्लैग फार इण्डिया : रिचुअल्स, नैशनलिज़म, ऐंड द पॉलिटिक्स ऑफ़ सेंटिमेंट*, परमानेंट ब्लैक, रानीखेत; इनके ही एक पहले के लेख के लिए देखें, अरुंधति विरमानी (१९९९), 'नैशनल सिम्बल्स अण्डर कोलोनियल डोमिनैशन द नैशनलाइज़ेशन ऑफ़ द इण्डियन फ़्लैग मार्च–अगस्त १९२३', *पास्ट ऐंड प्रेजेंट*, अंक १६४, भारतीय झण्डे पर एक भिन्न नज़रिये से लिखे लेख के लिए देखें, श्रीरूपा राय (२००६), 'ए सिम्बल ऑफ़ फ्रीडम : द इण्डियन नैशनल फ़्लैग ऐंड द ट्रांसफर्मेशन ऑफ़ नैशनलिज़म : १९०६–२००२', द *जर्नल ऑफ़ एशियन स्टडीज़*, खण्ड ६५, अंक ३।

७. देखे, सदन झा (२००८), 'द इण्डियन नैशनल फ़्लैग : अ साइट ऑफ़ डेली प्लेबिसाइट', *इकनॉमिक ऐंड पॉलिटिकल वीकली*, खण्ड ४३, अंक ४३: १०३–१११।

८. संविधान सभा में चर्चा करते हुए सेठ गोविन्द दास ने दिल्ली के एक ऐसे ही

विरोध का ज़िक्र किया। देखें, द *कांस्टीटूयूटेंट एसेम्बली ऑफ़ इण्डिया डिबेट्स (प्रोसीडिंग्स)*, अंक ४, २२ जुलाई १९४७, http://parliamentofindia.nic.in/ls/debates/vol4p14htm; २८ अक्टूबर २०१० को देखा गया।

९. वी.डी. सावरकर ने बी.आर. अम्बेडकर, राजेन्द्र प्रसाद, सरदार बल्लभ भाई पटेल और एन.वी. खरे को टेलिग्राम भेज कर लिखा : 'हिन्दुस्तान की पताका भगवे-गेरुए रंग की ही होना चाहिए। कोई भी ध्वज, जिसमें भगवे रंग की कम से कम एक पट्टी न हो, उसे हिन्दू आदर से नहीं देख सकेंगे। चरखे को भी निश्चित तौर पर चक्र-धुरी से या ऐसे ही किसी प्रतीक से स्थानान्तरित किया जाय जो विकास और शक्ति का सूचक हो।' देखें, 'नॉट चरखा बट चक्र ऐंड अ भगवा स्ट्रिप (७/७/१९४७)' (१९६७), *हिस्टोरिक स्टेटमेंट्स*, एस.एस. सावरकर वी.डी. सावरकर के लिए, कर्नाटक प्रिंटिंग प्रेस, बम्बई,: १२५, http://www. savarkar.org/content/pdfs/n/historis-statements-by-savarkar. v001.pdf २२ अक्टूबर, २०१० को देखा गया।

१०. वही : १२७।

११. धनंजय कीर, (१९९०), *डॉ. अम्बेडकर : लाइफ ऐंड मिशन*, पॉपुलर प्रकाशन, मुम्बई : ३९४-५।

१२. ग़ैर-काँग्रेसी नेतागण लम्बे समय तक संविधान सभा द्वारा अनुमोदित झण्डे के राष्ट्रीय चरित्र पर प्रश्न चिह्न लगाते रहे। १९७७ में जब केन्द्र में पहली बार जनता पार्टी के बैनर तले ग़ैर-काँग्रेसी सरकार बनी तो यह मुद्दा जोर-शोर से उठाया गया। राष्ट्रीय झण्डे और काँग्रेस पार्टी के झण्डे के बीच की समानताओं के आधार पर यह कहा गया कि इससे कांग्रेस पार्टी की जनता के बीच आसानी से एक सकारात्मक छवि मिल जाती है। इससे पहले १९६७ में राम मनोहर लोहिया ने भी इस बहस को उठाया था। दिनमान में लेखों की शृंखला प्रकाशित हुई थी। उदाहरण के लिए देखें, 'तिरंगा किसका है?', *दिनमान*, १२-१८ फ़रवरी १९७८, दिल्ली : १६-१७।

१३. सेकुलरिज़्म और साम्प्रदायिकता पर देखें राजीव भार्गव (सम्पा.) (१९९८), *सेकुलरिज़्म ऐंड इट्स क्रिटिक्स*, ऑक्सफ़ोर्ड यूनिवर्सिटी प्रेस, दिल्ली, पीटर वान डर वीर, (१९९६), *रिलीजस नैशनलिज़्म : हिन्दूज़ ऐंड मुस्लिम्स इन इण्डिया*, ऑक्सफ़ोर्ड यूनिवर्सिटी प्रेस, दिल्ली; इस विमर्श से परिचित होते हुए मैंने ख़ासतौर पर आशीष नन्दी की संकल्पना से अन्तर्दृष्टि ली है जिनका मानना है कि दक्षिण एशिया की बहुत सी संस्कृतियाँ इयत्ता की लचीली परिभाषा के साथ साँसें लेती हैं। यह एक ऐसी जीवन-पद्धति है जो आधुनिक राज्य के लिए बेतुकी और अनियोजित है। देखें, आशीष नन्दी, (१९९८) 'दि पॉलिटिक्स ऑव सेकुलरिज़्म ऐंड द रिकवरी ऑफ़ द रिलीजस टॉलरेंस', राजीव भार्गव (सम्पा.) (१९९८), *सेकुलरिज़्म ऐंड इट्स क्रिटिक्स*, ऑक्सफ़ोर्ड यूनिवर्सिटी प्रेस, दिल्ली।

१४. शाहिद अमीन (२००५), 'रिप्रज़ेंटिंग द मुसलमान : देन ऐंड नाव, नाव ऐंड देन', शैल मायाराम, एम.एस.एस. पांडियन, अजय सकारिया (सम्पा.), *सबाल्टर्न स्टडीज़ XII* : मुस्लिम्स, दलित्स ऐंड द फेब्रिकेशंस ऑफ़ द हिस्ट्री, परमानेंट ब्लैक, दिल्ली, २००५ : १-३६, साथ ही देखें, पैट्रीशिया ओबेरॉय, (२००२), 'यूनिटी इन डायवर्सिटी ? डिलेमा ऑफ़ नैशनहुड इन इण्डियन कलेंडर आर्ट', सुमति रामस्वामी (सम्पा.), बियांड एक्सपीरिएंस' विज़ुअल प्रेक्टिसिज़ ऐंड आइडियॉलॅजीज़ इन मॉडर्न इण्डिया', *कंट्रीब्यूशंस टु इण्डियन सोशियोलॉजी,* विशेषांक, ३६, अंक १ और २२ : १९१-२३२।

१५. बर्नार्ड कोहेन (२००४), *क्लोथ, क्लोथ्स, ऐंड कोलोनियलिज़म : द ब्रिटिश इन इण्डिया, बर्नार्ड कोहेन ओमनीबस,* ऑक्सफ़ोर्ड यूनिवर्सिटी प्रेस, दिल्ली, २००४: १०६-१६२; साथ ही देखें, अर्जुन अप्पादुरै (सम्पा.) (१९९८), द *सोशल लाइफ ऑफ़ थिंग्स : कमोडिटीज़ इन कल्चरल पर्सपेक्टिव,* कैम्ब्रिज यूनिवर्सिटी प्रेस, कैम्ब्रिज, १९८६।

१६. धार्मिकता शब्द का इस्तेमाल किसी संगठित धर्म के सन्दर्भ में नहीं कर रहा हूँ मैं। यह 'रिलीजस' और 'रिलीजियोसिटी' के क़रीब हैं। लेकिन मुख्य तौर पर इसका इस्तेमाल ऐसे मूल्य-बोध के लिए किया जा रहा है जो अँग्रेज़ी के सेक्रेड के नज़दीक है।

१७. यहाँ इन सबका ब्योरा देना सम्भव नहीं है। लेकिन नैशनल आर्काइव, दिल्ली के पॉलिटिकल डिपार्टमेंट और मिनिस्ट्री ऑफ़ स्टेट के निम्नलिखित दस्तावेज़ सहायक हो सकते हैं : १९४७/४ (१४)-पी.आर., १९४७/४(८)-पी.आर.(एस); १९४७/४(१२)-पी.आर., १९४७/१२०-पी.आर., १९४७/८३ पी.आर., १९४७/२५-जी, १९४७/२० (२८) पी.आर., १९५२/जी११/८१५४ (मिनिस्ट्री ऑफ़ एक्सटर्नल अफ़ेयर्स); १९५२/जी-II/८१५२ (मिनिस्ट्री ऑफ़ एक्सटर्नल अफ़ेयर्स), १९५२/जी-II/८१५५; मेन्युफेक्चर ऑफ़ नैशनल फ़्लेग, १९५२/जी-II/८१५५ पार्ट-II, *रेगुलेशंस ऐंड रूल्स रिगार्डिंग द फ्लाईंग ऑफ़ द नैशनल फ़्लेग ऑफ़ इण्डिया,* १९५२/जी-II/८१५१; १९५२/एन/८१५१/१०३; होम/१९५०/४१/६ पब्लिक; होम/१९५०/एट४१/८/पब्लिक (यह युनियन जैक के डिस्पोज़ल के बारे में है); होम/१९५१/जनरल/२४/३१/पब्लिक; साथ ही देखें कार्ल फेचिंगेर, एक जर्मन नागरिक द्वारा भारत के झण्डा और प्रतीकों के अध्ययन करने में सहायता और अनुमति देने का आवेदन जिसे रद्द कर दिया गया, १९४९/१४ (७) जे (मिनिस्ट्री ऑफ़ स्टेट)।

१८. इस विषय पर एक उम्दा लेख के लिए देखें, दीपेश चक्रवर्ती (२००८), 'दि पॉवर ऑफ़ सुपरस्टीशन इन पब्लिक लाइफ इन इण्डिया', *इकनॉमिक ऐंड पॉलिटिकल वीकली,* खण्ड ४३, अंक २० (१७ मई): १६-१९.

१९. दक्षिण भारत के श्री पार्थसारथी स्वामी मन्दिर के अध्ययन में अर्जुन अप्पादुरै ने मन्दिर की तीन आवश्यकताओं को रेखांकित किया है। ये हैं एक जगह के रूप

में मन्दिर या एक धार्मिक जगह जहाँ देव रहते हैं जिनकी सत्ता सर्वोच्च होती है, एक प्रक्रिया के रूप में जहाँ भक्तों और देव के बीच में सतत लेन-देन का पुन: वितरण होता है, और, तीसरे रूप में जो एक प्रतीक या प्रतीकों के ऐसे सिस्टम के रूप में कार्य करता है जो इसे 'मेटा-सोशल' चरित्र प्रदान करता है, उनका कहना है कि ब्रिटिश शासन और उसके उत्तराधिकारी राज्य ने मन्दिर नियन्त्रण के विचार में आमूल-चूल परिवर्तन कर दिया और मन्दिर के मूल अधिकारों को खण्डित कर दिया। जहाँ एक ओर देव की आधिकारिक सत्ता कायम रही वहीं व्यवस्था और कार्यविधि से जुड़े नियम अब बदल गये और राज्य के क़ानून सम्प्रभु हो गये। देखें, अर्जुन अप्पादुरै (१९८१), *वरशिप ऐंड कंट्रोल अण्डर कोलोनियल रूल : अ साउथ इण्डियन केस,* ओरियंट लोंगमेन, हैदराबाद।

२०. देखें अरुंधती विरमानी (२००८), कर्नल के.वी. सिंह (१९९१)।

२१. भारतीय झण्डा संहिता २००२, पूर्वोक्त, देखें http://mha.nic.in/pdfs.hin_Jhanda-Hndi.pdf; २९-६-२०१२ को देखा गया। इस संहिता के तीन हिस्से हैं : भाग १ में झण्डे का सामान्य विवरण है, भाग २ में आम जनता, शैक्षणिक संस्थाओं और निजी इकाइयों के द्वारा झण्डा फहराये जाने के सम्बन्ध में दिशा-निर्देश दिये गये हैं और भाग ३ में केन्द्र तथा राज्य सरकार तथा उनके मातहत काम करने वाले संगठनों द्वारा झण्डा फहराये जाने के निर्देश हैं।

२२. यूनियन ऑफ़ इण्डिया बनाम नवीन जिंदल, सिविल अपील नं. २९२० ऑफ़ १९९६ नं. ४५३ ऑफ़ २००४ के साथ [एस एलपी (सी) नं. १५८४९ ऑफ़ १९९४ से निकला हुआ], २३ जनवरी २००४ को तय किया गया, सुप्रीम कोर्ट केसेज़, २, २००४, पृ. ५१०, साथ ही देखें द एम्बलम्स ऐंड नेम्स (प्रिवेंशन ऑफ़ इम्प्रोपर यूज़) एक्ट १९५० [एक्ट नं. १२ ऑफ़ १९५०], मार्च १, १९५०; देखें http://vakilno1.com/bareacts/laws/The-Emblems-And-names-Prevention-of-improper-Use-Act-1950.htm, २७-१०-२०१० को देखा गया।

२३. *भारतीय झण्डा संहिता २००२*, भाग ००II, धारा I, २.१ (अँग्रेज़ी के मूल में ही इन शब्दों पर बल है, यहाँ लेखक द्वारा ज़ोर दिया गया है)।

२४. ग़ौरतलब हो कि दो रंगों के पीछे भारतीय शब्द लगा है लेकिन तीसरे में नहीं। यह रंगों की राजनीति और इतिहास की तरफ़ ले जाता है जिस पर चर्चा करना यहाँ मूल उद्देश्य से भटकना होगा और इस लेख की सीमा का अतिक्रमण भी।

२५. *भारत के राष्ट्रीय झण्डे (सूती खादी) की विशिष्टि* (दूसरा पुनरीक्षण) (संशोधन सं. १ और २ समाविष्ट) (१९८७ में पुन: पुष्ट) यूडीसी ९२९ ९ (५४०): ६७७, २१.०६४, *भारतीय मानक ब्यूरो,* दिल्ली, मार्च, १९९१। दिलचस्प है कि भारतीय मानक ने नेवी ब्लू के मूल्यों को अनदेखा कर दिया। साथ ही जहाँ भारतीय झण्डा संहिता का अँग्रेज़ी संस्करण हमेशा ही इण्डियन सेफ्रॅन (केसरी)

का उपयोग करता है हिन्दी में यह संहिता भारतीय केसरी शब्द का उपयोग करता है। मानो इण्डियन सेफ्रॅन का अर्थ केसरी है लेकिन दूसरी जगह यही केसरी भारतीय हो जाता है। इण्डियन सेफ्रॅन (केसरी) के इतिहास पर विस्तार से चर्चा के लिए देखें, सदन झा (२०१२)।

२६. *भारतीय झण्डा संहिता २००२*, धारा II, २.३।

२७. गवर्नमेंट ऑफ़ इण्डिया (२००५), द प्रिवेंशन ऑफ़ इंसल्ट टु नैशनल ऑनर (अमेंडमेंट) एक्ट २००५ (१९७१), द प्रिवेंशन ऑफ़ इंसल्ट टु नैशनल ऑनर एक्ट, १९७१, (२००५), (दि प्रिवेंशन ऑफ़ इंसल्ट टु नैशनल ऑनर (अमेंडमेंट)) एक्ट २००५ द्वारा संशोधित), देखें http://www.mha.nic.in/pdfs/Prevention_Insults_National_Honour_ Act1971.pdf., २७-१०-२०१७ को देखा गया।

२८. *भारतीय झण्डा संहिता* २००२, भाग II खण्ड I, २.२V, खण्ड VII, ३.३२, ३.३३, ३.३४, ३.३५ और ३.३३५ शर्त (क्लाज़)।

२९. महात्मा गाँधी, (१९६६), 'नेशनल एजुकेशन', *यंग इण्डिया*, ३/६/१९२६, *कलेक्टेड वर्क्स ऑफ़ महात्मा गाँधी*, ३०: ५१९ (मेरा अनुवाद), पब्लिकेशन डिवीज़न, दिल्ली।

३०. महात्मा गाँधी, (१९९६), 'गॉड्स विल', *हरिजन*, २४/४/१९४० *कलेक्टेड वर्क्स ऑफ़ महात्मा गाँधी*, ७८: १६४ (मेरा अनुवाद), पब्लिकेशन डिवीज़न, दिल्ली।

३१. महात्मा गाँधी, (१९६६), 'नेशनल एजुकेशन', *यंग इण्डिया*, ३/६/१९२६, *कलेक्टेड वर्क्स ऑफ़ महात्मा गाँधी*, ३०: ५१९ (मेरा अनुवाद), पब्लिकेशन डिवीज़न, दिल्ली।

३२. 'मोशन रे नेशनल फ़्लैग', *कांस्टीटुएंट एसेम्बली डिबेट्स (प्रोसीडिंग्स)*, IV, २२ जुलाई, १९४७ : ७५९। (वही)

३३. दो ख़ास कारणों से राज्य के दिशा-निर्देश मेरे लिए एक क़िस्म के कर्मकाण्ड हैं। पहले तो इनमें से बहुतेरे निर्देशों का क़ानूनी स्वरूप विवादास्पद है। देखें, सर्वोच्च न्यायालय का पूर्वोक्त फ़ैसला : यूनियन ऑफ़ इण्डिया बनाम नवीन जिंदल, पृ. ५१४। दूसरे, हम यह भी देखते हैं कि बहुतेरे दिशा-निर्देश स्थानीय और प्रशासन के निचले स्तर पर बहुत सख़्ती से लागू किये जाते रहे हैं। यह चलन न्यायिक क्षेत्र में भी दिखायी देता है जहाँ सर्वोच्च न्यायालय से पहले लगभग सभी केसों में फ़ैसला राज्य के पक्ष में जाता रहा है। बीजोय इमानुएल ऐंड अदर्स बनाम स्टेट ऑफ़ केरल के मामले में उच्च न्यायालय एक सर्कुलर (एन.एच.६-४७८३३/६९, १८/२/१९७०) का ज़िक्र करता है और उसे उचित मानते हुए अपने निर्णय का महत्त्वपूर्ण आधार बनाता है। यह सर्कुलर मानक दिशा-निर्देश के रूप में पब्लिक इंस्ट्रक्शंस के निर्देशक द्वारा जारी किया गया था

और जिसे एडवोकेट जनरल ने सन्दर्भ की तरह पेश किया था। यहाँ प्रत्येक स्कूल में सुबह की सभा की अनिवार्यता और इसमें हर छात्र द्वारा राष्ट्रीय गान गाये जाने के बारे में सम्बन्धित निर्देश की बात कही गयी। ग़ौरतलब है कि सर्वोच्च न्यायालय ने इस निर्णय का आधार उलट दिया।

३४. देखें, दीपेश चक्रवर्ती (१९९९), 'नैशन ऐंड इमैजिनेशन', *स्टडीज़ इन हिस्ट्री*, खण्ड १५, अंक २ : १७७-२०७।

३५. इन्द्रजीत हाजरा, (२००१) 'हूज़ फ़्लैग इज़ इट एनीवे ?', द *हिन्दुस्तान टाइम्स*, १८ अप्रैल : २।

३६. *यूनियन ऑफ़ इण्डिया बनाम नवीन जिंदल,* उपरोक्त।

३७. धारा ५१ (ए) के अनुसार भारत के प्रत्येक नागरिक का यह कर्तव्य है कि वह (अ) संविधान का पालन करे और संविधान के आदर्शों और संस्थाओं, राष्ट्रीय ध्वज और राष्ट्रीय गान का सम्मान करे। यह सन्दर्भ भारतीय संविधान के ४२वें संशोधन के बाद १८ दिसम्बर, १९७६ में जोड़ा गया।

३८. हाल के दो दशकों में भारतीय सिनेमा में यह समीकरण बार-बार आया है। ऐसी ही एक ख़ास छवि के लिए देखें रोज़ा का अंश 'इनम मारलम' मणिरत्नम निर्देशित *रोज़ा*, १९९२, एचटीटीपी://डब्ल्यूडब्ल्यूडब्ल्यू.यूट्यूब.कोम/वाच ?वी=केटह्वी१८बीएमपीबीवाई६के (५/३/२००९ को देखा गया)।

३९. देखें, 'फ़्लैग बर्निंग ऐज़ सिम्बॉलिक स्पीच', *हार्वर्ड लॉ रिव्यु*, १०३ (१३७), १९८९ : २५०।

४०. यूएस सुप्रीम कोर्ट रिपोर्ट्स, टेक्सास बनाम जॉनसन (१९८९) ४९१ यूएस ३९७, १०५ एल एड २डी३४२, १०९ एस की टी२५३३, सारांश, पृ. ३४२-४४, हेड नोट्स पृ. ३४५-३७६, *हार्वर्ड लॉ रिव्यू*, उपरोक्त पृ. २४९-३३४३

४१. मर्रे ड्रै द्वारा उल्लिखित, 'फ़्लैग बर्निंग ऐंड द कांस्टीट्यूशन', द *सुप्रीम कोर्ट रिव्यू*, १९९०, पृ. ६९-१०३, यहाँ पृ. ८२।

४२. राजनीति की सीमा क्या हो ? इस मुद्दे पर दीपेश चक्रवर्ती १९५५ में नेहरू के वक्तव्यों का हवाला देते हैं। नेहरू ने तब कहा था कि मैं राजनीति से ऊब गया हूँ। पचास के दशक में नेहरू के लिए राष्ट्र के उद्देश्य अधिक ज़रूरी थे। देश के पुनर्निर्माण में नेहरू इंजीनियरों और वैज्ञानिकों को चाहते थे जो उनके लिए मन्त्रियों से अधिक महत्त्व रखते थे। दीपेश चक्रवर्ती (२००५)

४३. द *टाइम्स ऑफ़ इण्डिया*, दिल्ली, २१ अगस्त, १९९८: १।

एक नयी भाषा का उदय : देवनागरी जगत् में देखना और दिखाना (१८५० से १९२० तक)

एक नयी भाषा का उदय : देवनागरी जगत् में देखना और दिखाना (१८५० से १९२० तक)

> ''देखने और दिखाने की इच्छा निकाल दी जाय तो जनाकीर्ण जगत् और जीर्ण अरण्य बराबर हो जाय।'', *हिन्दी प्रदीप*, जुलाई, १८८३।

भूमिका

उन्नीसवीं सदी का उत्तरार्ध और बीसवीं सदी के आरम्भिक दो दशक भारत में ऐसे अनेक परिवर्तनों के साक्षी रहे जिनके दीर्घकालीन परिणाम हुए। देवनागरी लिपि में प्रकाशित साहित्य की ओर रुख़ करते हुए यह लेख भारतीय सन्दर्भों में *देखने* के इतिहास से जुड़ी कुछ पेचीदगियों से रूबरू होने की कोशिश करेगा।

१८५७ में सत्ता हस्तान्तरण के बाद के दो दशक, भारत में 'अथोरिटी' के नये सिद्धान्तों को लाये जब घटनाओं और कर्मकाण्डों ने 'नये क़िस्म के सांस्कृतिक-सांकेतिक संविधान' रचे, आने वाले समय के लिए राजनीति की नयी भाषा का उदय हुआ। यहाँ से बात शुरू करते हुए यह अध्ययन इस सत्ता की शर्तों, इसके बनने की भाषा और इसके प्रतिरोधों की ओर प्रस्थान करेगा। यही वह काल भी था जब १८५० के दशक से भारतीय भाषाओं के प्रकाशन में जो तेज़ी आयी थी वह भी अपने उफान पर थी। देवनागरी में नयी ज्ञान सम्पदा, पुराने साहित्य को, नये कलेवर और छापेख़ाने की नयी तकनीकी के माध्यम से नया बाज़ार और पाठक मिल रहे थे। नये साहित्य भी रचे जा रहे थे। पत्र-पत्रिका, विज्ञापन और कार्टून

भी आ रहे थे। इस पक्ष पर विद्वानों ने ख़ूब काम भी किया है। लेकिन देवनागरी साहित्य, साहित्य को बेहतरीन ढंग से व्याख्यायित करने वाले इतिहासकारों और साहित्य के विद्वानों ने भी इन्हीं पत्र-पत्रिकाओं में, स्कूल की पोथियों में, शब्द के साथ छपे चित्रों की तरफ़ नज़र नहीं डाली। दूसरी तरफ़, अन्य भाषाओं के सम्बन्ध में ऐसी लेखनी हैं जिन्होंने इस दौर और बाद के समय में भी चित्र संस्कृति की तरफ़ हमारे ज्ञान का इज़ाफ़ा किया है। लेकिन यहाँ देवनागरी साहित्य को मोटे तौर पर कहें तो उपेक्षा का ही शिकार होना पड़ा है। साथ ही, अन्य भारतीय सन्दर्भों में भी शब्द और चित्र को साथ-साथ रखकर व्याख्यायित करने का रिवाज भी नहीं के समान है। इस साहित्य पर ध्यान केन्द्रित रखते हुए और अन्य तरह के साक्ष्यों का संज्ञान भी लेते हुए, मैं यहाँ यह स्थापित करने का प्रयास करूँगा कि उन्नीसवीं सदी के उत्तरार्ध और बीसवीं सदी के आरम्भिक दशकों में नया सांस्कृतिक-सांकेतिक मूल्य, देखने और दिखाने की एक नयी भाषा के इर्द-गिर्द अपना आकार ले रहा था।

१

साहित्य को लिखा जाता रहा है और साहित्य को पढ़ा गया है। कहा गया और सुना गया भी साहित्य ही है। लोक के बीच संगृहीत और समाज के अनगिनत रूपों में अलिखित माध्यम से प्रवाहित मानवीय अनुभव और ज्ञान-पद्धतियाँ अपनी विभिन्न अभिव्यक्तियों यथा लोकगीत, लोकगाथा, लोकोक्ति, मिथक आदि के द्वारा साहित्य के आकाश का ही तो फैलाव हैं। भारत के सन्दर्भ में यह और भी समीचीन हो जाता है जहाँ एक बड़े समय तक ज्ञान की थाती श्रुति परम्परा से ही होकर गुज़रती रही। वेद, पुराण, महाभारत जैसों का लिपिकरण तो बहुत बाद में हुआ। ऐसे में इतिहासकार, इस थाती के श्रुति इतिहास और इनके लिखे स्वरूपों के बीच के सम्बन्धों की जटिलता पर ग़ौर करने के बाद ही अपने निर्णयों की तरफ़ प्रस्थान करते हैं। अनेक अवसरों पर इनमें से कई ग्रन्थों का, उनके सूक्तों का, खुले में पाठ भी किया जाता था। ऐसे पाठों के प्रदर्शनकारी (परफोर्मेटिव) एवं अनेकानेक आयाम भी रहे होंगे। ऐसे पाठों के लिए उच्चारण, अभिव्यक्ति और भंगिमा के अनुशासन का होना स्वाभाविक सा

लगता है। ये नियम इसलिए भी क्योंकि उस साहित्य का धर्म से बहुत नज़दीकी रिश्ता था और सूक्तों के मन्त्रीकरण के कारण भी नियम और कर्मकाण्ड रहे। निरुक्ति के बाहर भी परफोर्मेंस के इन अवयवों का उनके सामाजिक अर्थ उत्पादन के साथ और उनके सामाजिक इतिहास के साथ क्या कोई सम्बन्ध है? चारण साहित्य, जो मध्यकाल के इतिहास के लिए अति महत्त्वपूर्ण है, तो परफोर्मेटिव तरीक़े से सुनाया जाता रहा होगा। तो, ऐसे में क्या उस परफोर्मेंस को कला के इतिहास के चौखटे में बाँध कर उनके शब्दों को साहित्य के इतिहास और कला के इतिहास में विभाजित कर आँकना उचित होगा?

इस्लामी परम्परा में पवित्र कुरान की आयतों का इस्तेमाल पवित्र शब्दों के रूप में स्थापत्य की सुन्दरता और उसको पाक बनाये रखने के लिए किया जाता था। अक्षरों का इस्तेमाल कई तरह से मूर्तियों और मानवीय देह के उपयोग का एक विकल्प भी पैदा करता था क्योंकि इस्लाम में मानवीय चेहरों और मानवीय आकृतियों के चित्रांकन की इज़ाज़त नहीं थी। यह दूसरी बात है कि हिन्दुस्तान में ऐसे प्रतिबन्ध दैवीय शक्ति के चित्रांकन तक सीमित रहे होंगे और मध्यकाल में पाण्डुलिपियों को चित्रों से सजाने के रास्ते में यह बन्धन शायद ही आड़े आया हो। जैन परम्परा में, चित्रित पाण्डुलिपियाँ तो पहले से ही मौजूद रहीं। काग़ज़ के आ जाने से ऐसी चित्रित पाण्डुलिपियों की संख्या में बहुत इज़ाफ़ा हुआ। उन्नीसवीं सदी में प्रिंट तकनीकी के आने के साथ, कलकत्ता के फोर्ट विलियम कॉलेज का, प्रकाशन की एक अहम संस्था के रूप में उदय होने से और फिर मेकाले एवं बेंटिक की नीतियों के फलस्वरूप १८३७ में अँग्रेज़ी द्वारा फारसी का, सरकारी कामकाज की भाषा से स्थानान्तरण ने भाषा और लिपियों के इतिहास में एक नया युग शुरू किया। प्रिंट के दूरगामी परिणाम हुए, जो फोर्ट विलियम कॉलेज और ब्रितानी नीतियों के अपेक्षित परिणामों से कहीं आगे जाता है।[२] उत्तर भारत में इस दौर के प्रिंट संसार, उनका साहित्य और बाज़ार के साथ के नज़दीकी ताल्लुक़ात की बारीकियों को समझने के लिए फ्रांचेस्का ऑर्सीनी का अध्ययन बहुत उपयोगी है। फ्रांचेस्का ऑर्सीनी लिखती हैं कि लिथोग्राफ़ी और कॉपी करने वाले द्विभाषियों की उपस्थिति की बदौलत प्रिंटेड किताबें सहज ही हिन्दी–उर्दू विभाजन रेखा का उल्लंघन कर सकीं, अपने लिए नये ऑडिएंस समुदाय और एक रुचि का निर्माण

कर पायीं।[३] उलिरिक स्टार्क ने इसी दौर (उन्नीसवीं सदी के उत्तरार्ध) के एक प्रमुख संस्थान नवल किशोर प्रेस के ज़रिये प्रिंट, तकनीक और बाज़ार के बीच के संश्लिष्ट सम्बन्ध को व्याख्यायित किया है।[४] इन अध्ययनों ने साहित्य के इतिहास को उत्तर भारतीय सन्दर्भों में नये आयाम प्रदान किये हैं जिससे साहित्य, हिन्दी-उर्दू विवाद, साम्प्रदायिकता और राष्ट्रीयता जैसे अहम लेकिन बासी पड़ चुके चौखटों से बाहर आकर, तकनीकी, बाज़ार, सर्कुलेशन, नये पाठक समुदाय और साहित्य के विभिन्न प्रारूपों के बीच के अन्त:प्रवाह जैसे मुद्दों के क्रीड़ा-स्थल के रूप में भी हमारे सामने आता है, महज़, विचारधारा और राजनीति के अखाड़े तक ही सिमटा हुआ नहीं। लेकिन ऊपर उद्धृत पंक्तियों के सम्बन्ध में यह सवाल आवश्यक हो जाता है कि कहीं फ्रांचेस्का उत्तरवर्ती काल के भाषा विवाद को एक पहले समय में आयात तो नहीं कर रहीं? क्योंकि यह वह दौर था जब अधिकतर पाठक द्विभाषी ही नहीं बहुभाषी हुआ करते थे जिससे द्विभाषी पाठक का आगमन प्रिंट का परिणाम नहीं बल्कि प्रिंट की पूर्वगामी परिघटना बन जाती है। ख़ैर, प्रिंट के आगमन के एक अन्य परिणाम की बात करते हुए 'क़िस्सा' के सम्बन्ध में फ्रांचेस्का ऑर्सीनी लिखती हैं कि "क़िस्सा के व्यापक पैमाने पर छपने की परिघटना को उनके ओरल रिसाइटेशन (सामूहिक श्रुति पाठ) से साइलेंट रीडिंग (एकान्त मौन पाठ) के एकरेखीय परिवर्तन के साक्ष्य की तरह नहीं आँका जाना चाहिए...इनके विजुअल प्रजेंटेशन के लिहाज़ से भी क़िस्सा नयी टाइपोग्राफ़िकल परिपाटियों जैसे पैराग्राफ़, कोटेशन मार्क और पंक्चुएशन (सेजूरा {caesura} से इतर) आदि को नज़रअन्दाज़ किया"।[५]

स्थानीय स्तर पर फारसी कोर्ट और कचहरियों की भाषा के रूप में देवनागरी के बदले वरीय भूमिका में रही। यदि लिपि को किसी भाषा का प्रतिनिधि माना जाय तो इस पूरे मंज़र में प्रतिनिधित्व का सवाल एक राजैतिक रूप इख़्तियार करने लगा था। सवाल जितना हिन्दी और उर्दू का था उतना ही देवनागरी और फारसी का भी। इसी के साथ कोई भाषा अपने प्रतिनिधियों के माध्यम से प्रिंट में कैसे दिखे यह भी ग़ौरतलब हो चला था। फारसी लिपि में लिखे जाने पर मामूली लेखन-दोष किस तरह अर्थ का अनर्थ कर सकने की गुंजाइश पैदा करते थे इसको लेकर चुटीले कटाक्ष किये जाने लगे थे। भारतेन्दु हरिश्चन्द्र ने १८८२ में ब्रिटिश एजुकेशन

कमीशन के द्वारा भेजी गयी एक प्रश्नावली के जवाब में लिखा :

> "The best remedy would be to make... the language of the court the language used by people, and to introduce into the court papers the character [i.e., script] which the majority of the public can read. The character in use in primary schools of these proginces is, with slight exceptions, entirely Hindi, and the character used in the courts and offices is Persian, and therefore the primary Hindi education which a rustic lad gains at his village has no value, reward or attraction attached to it... If Urdu ceases to be the court language, the Mussalmans will not easily secure the numersous offices of Government... of which they have at present a sort of monopoly. By the introduction of the Nagri character they would lose entirely the opportunity of plundering the people by reading one word for another and thereby misconstruing the real sense of the contents... . For example, make a mark like [a three letter word in Persian script], and we have 606 different pronunciations...
>
> May God save us from such letters !!! What wonders cannot be performed through their medium? Black can be changed into white and white into black... The use of Persian letters in offices is not only an injustice to Hindus, but it is cause of annoyance and inconvenience to the majority of the loyal subjects of Her Imperial majesty."(मूल अँग्रेज़ी में ही)[६]

जाहिर सी बात है, यहाँ अनेक तरह के दावे किये जा रहे हैं। सरकारी कामकाज की भाषा और लोगों की भाषा में फ़र्क़ की तरफ़ इशारा किया जा रहा है। स्कूल और शिक्षा के क्षेत्र में प्रचलित भाषा की बात हो रही है। भाषा को सम्प्रदाय से सीधे-सीधे जोड़कर भाषा, धार्मिक समुदाय और वर्चस्व के बीच के सीधे तार की ओर ध्यान दिलाया जा रहा है। लेकिन इन सबके आधार में लिपि का अन्तर है। नागरी और फारसी का अन्तर ही उर्दू और हिन्दी के अन्तर के मूल में स्थापित करने की कोशिश है।[७] विद्वानों और इतिहासकारों ने इस सरल सूत्रीकरण, इस साफ़ विभाजन के बीच की पेचीदगियों की तरफ़ भी ध्यान दिलाया है। जब नागरी में भी हिन्दी और हिन्दुस्तानी की बात होती है और दूसरी तरफ़ उर्दू में भी उन साहित्यकारों ने रचनायें की हैं जिनसे हिन्दी भाषा अपने को जोड़कर गौरवान्वित महसूस करती है।[८] लेकिन जो तीख़ा व्यंग्य भारतेन्दु के द्वारा

चित्र ०१ : आवरण-पृष्ठ, *देवनागर*, वत्सर ३ कुम्भ मीन ५०११, कल्पब्द अंक ११-६२, कलकत्ता से प्रकाशित यह पत्रिका 'एक लिपिविस्तार परिषद्' की मुख्य पत्रिका थी। एकलिपिविस्तार परिषद्, की स्थापना १९०५ में हुई थी जिसके साथ पाण्डेय उमापतिदत्त शर्मा का नाम जुड़ा हुआ है जो सोनबरसा (भागलपुर) हाई स्कूल के हेड मास्टर और बाद में १९०९ में प्रेसिडेंसी कॉलेज के प्रिंसिपल और बंगाल गवर्मेंट में हिन्दी अनुवादक के पद पर भी रह चुके थे।

यहाँ किया जा रहा है वह सीधा-सीधा एक लिपि के देखे जाने को लेकर है, उस लिपि को (देखकर) पढ़ने की दु:सम्भावनाओं को लेकर है।

उत्तरोत्तर नागरी और फारसी का विवाद नागरी और उर्दू के विवाद और फिर हिन्दी और उर्दू के विवाद के रूप में साम्प्रदायिक और भाषायी रंगों के साथ गहराता गया। एक समकालीन अँग्रेज़ अफ़सर लिखते हैं :

> The very sight of the Nagri Character tends to perpetuate the antagonism between Urdu and Hindi, and to give an undue prominence to words of Sanskrit origin, on account of the long standing and almost resistless association existing between the Nagri character and the Sanskrit vocabulary.[9]

लब्बो-लुबाब यह कि जब साहित्य में लिपि, जिसे देखकर ही पढ़ा जा सकता था या फिर सुनकर ग्राह्य किया जा सकता था और साहित्य का प्रदर्शन और चित्र से भी नाता रहा (जैसा कि हमें इस संक्षिप्त सर्वे से अनुमान हो सकता है) तो फिर साहित्य और इसके इतिहास में हम देखने की क्रिया क्यों नहीं शामिल करते ? एक काल-खण्ड—उन्नीसवीं सदी के उत्तरार्ध से लेकर सन् १९२० तक—के समय के बरक्स यह लेख, साहित्य और देखने के बीच देवनागरी जगत् के इसी अनछुए पक्ष की पड़ताल करता है, चन्द सवाल उठाने की ज़हमत करता है।

२

इलाहाबाद से निकलने वाली चर्चित मासिक पत्रिका *हिन्दी प्रदीप* ने अपने जुलाई १८८३ अंक में चार पृष्ठों का एक लम्बा लेख प्रकाशित किया। इस लेख का शीर्षक था : 'देखना-दिखाना'।[१०] हिन्दी प्रदीप का यह आलेख देखने-दिखाने की क्रिया को विकास हेतु मानवीय उद्भावना के केन्द्र में रखता है और देखने-दिखाने तथा तमाशा के बीच के सीधे सम्बन्ध को रेखांकित करता है। यहाँ यह भी ज़िक्र हो कि देखने-दिखाने के तार को जोड़ते हुए यह आलेख हाल में हुए राजकीय दरबार की आलोचना पर जाकर ख़त्म होता है। लेख के अनुसार :

> इसी देखने-दिखाने का दूसरा नाम तमाशा है। सच पूछो तो यह जगत् ही

एक तमाशा है। तमाशा क्या है अरबी शब्द शब्दार्थ देखने की जगह और केवल चक्षु....इन्द्रिय का विषय है...बहुत लोग कहते हैं कि सब वस्तु देखी नहीं जाती किन्तु जो देखने योग्य है वही देखी जाती है। परन्तु आज तक ऐसा कोई ना मिला जो देखने से पहले यह विचार लेता हो कि जो देखने योग्य हो उसी को देखें, ना ही कोई निर्णय कर सकता है कि देखने योग्य क्या है और क्या नहीं। हमें ख़ूब याद है कि जब रानी महारानी के ज्येष्ट पुत्र ने इसी भाग्यहीन भारत को अपने चरण कमलों से कृतार्थ किया था उस समय हर शहर में, उनको देखने को (अस्पष्ट) कैसे भीड़ जुटती थी। लोगों को जो मेहनत पड़ी, जो मुसीबत सहने में आयी जिनके-जिनके एहसान को सहना पड़ा, जो बेइज़्ज़ती हुई, वह हमारे कितने पाठकों को आज तक याद होगा। पर यह हमसे कोई बताये कि प्रिंस के साथ कौन चीज़ देखने लायक थी।

इसी *हिन्दी प्रदीप* ने अपने एक साल पूरे होने पर सन् १८७८ के अगस्त अंक में एक कजली भी प्रकाशित की थी :

टिक्कस लागल रे कस-कस के छोड़ अपना रोजगार।
टिक्कस लागल आये।
बादल पागल सब संसार॥ टिक्कस ला०
नगर-नगर सब गलिन में घुमले छेकल आय दुआर।
डगर-डगर में चिपकल कगजवा देखहु नैन पसार॥ टिक्कस ला०।
कचहरिया में चलल पियदवा करिले आय पुकार।
नौ तारीख़ लौ आपन टिक्कस दाखिल करहुँ निकाल॥ टिक्कस ला०
होय पास चुपके ही दयधालहु नाहि लहू उधार।
गीरौं धरो जो ऐसे न पावौ मेहरी की नथिया उतार। टिक्कस ला०
काल पड़ल वा अन्न न जुरलै मच रही हाहाकार।
एतनी बिपतिया माथे पड़लेहु टिक्कास कै धुधकार॥ टिक्कास ला०
चौनी कजलिया बहु दिन गईले सुख हू कोन अपार
ऐसल फिरंगिया टिकल लागौले बिगड़ गयल सब तार॥
टिक्कस लागल रे कास कास कै छोड़हु अपना रोजगार[११]

इसी के साथ, १८८६ में ही अप्रैल महीने के *हिन्दी प्रदीप* में छपा यह विज्ञापन भी देखा जाय :

Culcutta Art Studio 185 Bowbazar Street

"२०० क़िस्म की उम्दा और ख़ूबसूरत हिन्दू देवी-देवताओं की आधे

दाम में एक साथ ५) की तस्वीर लेने पर तीन तसवीरें देवी-देवताओं की और १ तसवीर लार्ड लेंसडोन और उनकी लेडी साहबा की मुफ़्त में।''

३

ये तीन उदाहरण हैं साहित्य के तीन अलग-अलग रूपों के : एक आलेख है तो दूसरा कजली और तीसरा एक विज्ञापन।[१२] उन्नीसवीं सदी के उत्तरार्ध से लिये गये ये तीन नमूने जहाँ एक ओर अपने समय के साहित्य (देवनागरी प्रिंट साहित्य) के आकाश की तरफ़ इशारा कर रहे हैं वहीं दूसरी ओर पहले दोनों सन्दर्भों में (देखना-दिखाना लेख और कजली में) ब्रिटिश साम्राज्य की नीतियों और साम्राज्य से जुड़ी चेहरों की आलोचना को साफ़ तौर पर पढ़ा जा सकता है। लेकिन इन दोनों ही ऐतिहासिक सन्दर्भों के साथ जो तथ्य मेरे लिए यहाँ ख़ासतौर पर मानीख़ेज़ है वह यह कि ये तीनों एक ऐसे समय को भी समझने में हमारे लिए सहयोगी हो सकते हैं जब भारत में व्यापक पैमाने पर मशीनी तरीक़े से चित्रमय प्रिंट का उत्पादन होने लगा था। सन् १८५० के मध्य या फिर कहें कि १८६० दशक के शुरू से ही भारत में फ़ोटोग्राफ़ी तेज़ी से फैली और साथ ही देखने के इर्द-गिर्द एक विशेष क़िस्म का विमर्श भी आकार लेने लगा। साथ ही यह वह समय था जब देवनागरी के प्रिंट काग़ज़ पर लिथोग्राफ़ी और अन्य तकनीकों से अक्षर के साथ चित्रों को भी छापे जाने का प्रचलन बढ़ा था। हम इन मुद्दों पर विस्तार से वापस आयेंगे।

यदि इन तीन उदाहरणों को *हिन्दी प्रदीप* के अपने सन्दर्भ में आँका जाय तो यह इस मासिक के विषयों की विविधता को भी दर्शाता है—एक ऐसी पत्रिका के रुझानों से हमारा रूबरू होता है जो उत्तरोत्तर हिन्दू सम्प्रदायवादी नज़रिये के क़रीब माना जा सकता है। पर, इन सबके साथ देखने-दिखाने की इस लेख में जो विशिष्टता है, वह है, नैतिक-राजनीतिक भाषा का उपयोग। इस भाषा का इस्तेमाल बहुत इशारतन, देखने लायक और जो देखने लायक नहीं है, के बीच के भेद को दर्शाने के लिए किया गया है। यहाँ प्रिंस को देखने के प्रयासों की निरर्थकता बताते हुए और पूरे प्रकरण को तमाशा करार देते हुए पाठकों को एक तरह से ऐसे तमाशे से बचने की

हिदायत भी दी जा रही है। नैतिक भाषा का प्रयोग करते हुए दिखने से सम्बन्धित दिशा-निर्देश दिये जा रहे हैं। एक अन्य स्तर पर यह लेख साथ ही साथ इस भेद, देखने योग्य और देखने अयोग्य के बीच के इस अन्तर को भी सिरे से नकारता प्रतीत होता है, जब यह लिखता है कि "आज तक ऐसा कोई ना मिला जो देखने से पहले यह विचार लेता हो कि जो देखने योग्य हो, उसी को देखे, ना यही कोई निर्णय कर सकता है कि देखने योग्य क्या है और क्या नहीं"? पर जो बात मेरे लिए सबसे अहम है वह यह कि यह लेख देखने और दिखाने की क्रिया की इस इच्छा को सभ्यताजनित विमर्श के निर्धारक के रूप में स्थापित करने का जतन करता है : "देखने और दिखाने की इच्छा निकाल दी जाय तो जनाकीर्ण जगत् और जीर्ण अरण्य बराबर हो जाय"। देखने के इर्द-गिर्द केन्द्रित यह सौन्दर्यानुभूति हमें आधुनिकता की उस भाषा की ओर ले जाता है जिसकी तरफ़ अनेक विद्वानों ने हमारा ध्यानाकर्षण किया है, जहाँ हमें बताया गया है कि आधुनिकता के दावे मूल रूप से दिखाने और प्रदर्शन (demonstration) के दृश्य व्याकरण से संरचित हुए हैं। देखने-दिखाने के ऊपर दिये गये वक्तव्य, तमाशा, दरबार की आलोचना आदि को इस समय के देखने के इतिहास में प्रवेश करने के ज़रिये के रूप में इस्तेमाल किया जा सकता है।[१३] लेकिन, इससे पहले कि हम इन बारीकियों में जायें, *हिन्दी प्रदीप* का एक संक्षिप्त विवरण, हमारे लिए, आगे बढ़ने में मददगार ही होगा।

हिन्दी प्रदीप एक मासिक पत्रिका थी जो इलाहाबाद से निकला करती थी। इसके संस्थापक सम्पादक-प्रकाशक थे बालकृष्ण भट्ट (१८४४-१८७७) जिन्होंने सितम्बर १८७७ में इस मासिक का प्रकाशन आरम्भ किया। साहित्यिक इतिहासकार मारियोला अफ्रीदी के अनुसार बालकृष्ण भट्ट पहले थे जिन्होंने छात्रों को राजनीति से जोड़ने का प्रयास किया। 'हिन्दी प्रदीप' उन छात्रों की वित्तीय सहायता से स्थापित हुआ था जहाँ भट्ट पढ़ाया करते थे।[१४] बालकृष्ण भट्ट भारतेन्दु के क़रीबी समर्थकों में से थे और भारतेन्दु के प्रति उनकी श्रद्धा और उनका समर्थन *हिन्दी प्रदीप* के पन्नों में ख़ूब झलकता है। यद्यपि साम्प्रदायिक रुझान इन पृष्ठों में बहुत साफ़-साफ़ पता चलता है और जिसका तेज धीरे-धीरे बढ़ता ही गया, फिर भी इस मासिक का पाठक 'हिन्दी प्रदीप' के विषयों की विविधता को सराहे बिना नहीं रह सकता है। आवरण-पृष्ठ इसके फलक को उचित ही

उद्भाषित करता है : इसके अनुसार यह मासिक ''विद्या, नाटक, समाचारावली, इतिहास, परिहास, साहित्य, दर्शन, राजसम्बन्धी इत्यादि विषय में'' प्रकाशित करता था (चित्र : ०२)। हमें इसके राष्ट्र निर्माण का उद्देश्य भी निम्न पदों से ज्ञात होता है :

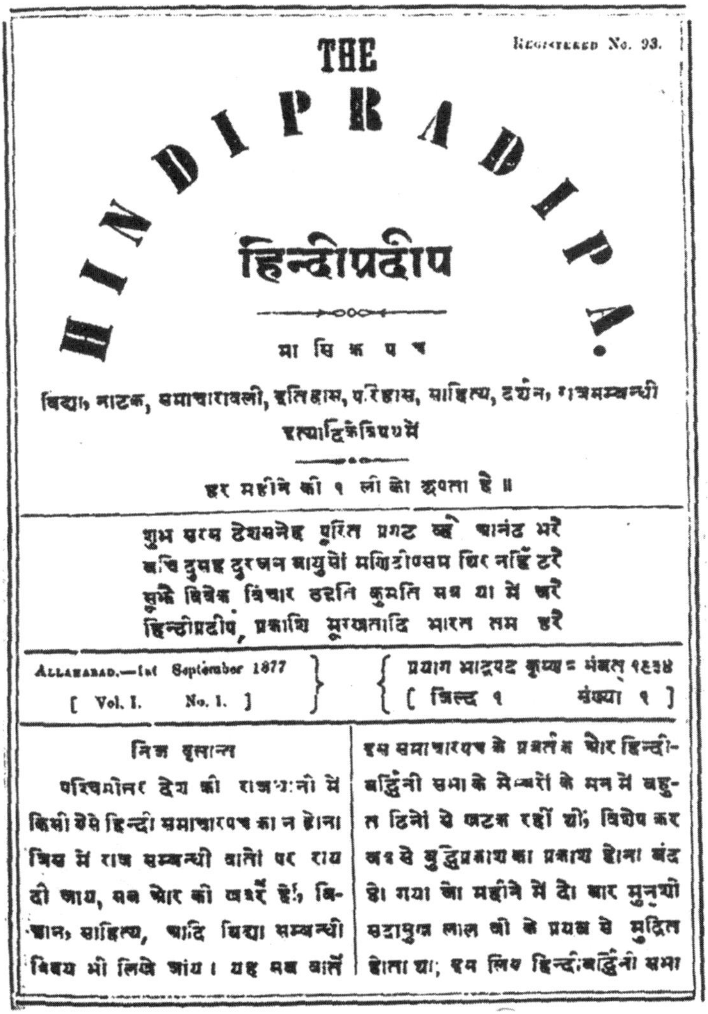
REGISTERED No. 93.

THE HINDI PRADIPA.

हिन्दीप्रदीप

मासिक पत्र

विद्या, नाटक, समाचारावली, इतिहास, परिहास, साहित्य, दर्शन, राजसम्बन्धी इत्यादिकेविषयमें

हर महीने की १ ली को छपता है ॥

शुभ सरस देशसनेह पूरित प्रगट ह्वै आनंद भरै
बचि दुसह दुरजन वायुसों मणिदीपसम थिर नहिं टरै
सूझै विवेक विचार उन्नति कुमति सब या में जरै
हिन्दीप्रदीप प्रकाशि मूरखतादि भारत तम हरै

ALLAHABAD.—1st September 1877 [Vol. I. No. 1.]

प्रयाग भाद्रपद कृष्ण ८ संवत् १९३४ [जिल्द १ संख्या १]

निज वृत्तान्त

पश्चिमोत्तर देश की राजधानी में किसी ऐसे हिन्दी समाचारपत्र का न होना जिस में राज सम्बन्धी बातों पर राय दी जाय, सब ओर की खबरें हों, विज्ञान, साहित्य, आदि विद्या सम्बन्धी विषय भी लिखे जांय। यह सब बातें इस समाचारपत्र के प्रवर्तक और हिन्दीवर्द्धिनी सभा के मेम्बरों के मन में बहुत दिनों से खटक रही थीं; विशेष कर जब से बुद्धिप्रकाश का प्रकाश होना बंद हो गया जो महीने में दो बार मुन्शी सदासुख लाल जी के प्रयत्न से मुद्रित होता था; इस लिए हिन्दीवर्द्धिनी सभा

चित्र ०२ : आवरण पृष्ठ, *हिन्दी प्रदीप*, सितम्बर, १८७७

शुभ सरस देशसनेह पूरित प्रकट है आनन्द भरै।
बचि दुसह दुर्जन वायु मो मणिदीपसमथिर नहिं टरै॥
सूझै विवेक विचार उन्नति कुमति सब या में जरै।
हिन्दी प्रदीप प्रकाशि मुरखतादि भारत ताम हरै॥

यहाँ भी दृश्य की भाषा, प्रकाश और अन्धकार (तम) के विरोधाभास के साथ आती है तो 'आनन्द', 'विवेक विचार' के साथ जुड़ा हुआ है। कुल मिलाकर एक ऐसी दशा का उल्लेख हो रहा है जहाँ देश दयनीय अवस्था में निरीह भाव से है जिसका उद्धार होना ज़रूरी लग रहा है। यह इस समय कोई नयी बात तो थी नहीं। ऊपर जिस कजली का ज़िक्र मैंने किया है वह भी सीधे-सीधे इसी अवस्था की तरफ़ इशारा कर रही है। लेकिन साथ ही कजली यह भी तो कह रही है कि

नगर नगर सब गलिन में घुमले छेकल आय दुआर।
डगर डगर में पिचकल कगजवा देखहु नैन पसार॥ टिक्कस ला०

किस तरह का दृश्य, किस तरह के शहर की दीवार यहाँ है और यह हमसे किस तरह की व्याख्या, किस इतिहास की माँग करती है? ख़ैर, जो बहुत साफ़ है यहाँ, वह है अँग्रेज़ी सरकार की कड़े शब्दों में आलोचना, धिक्कार का भाव लिये हुए। एक लेख का शीर्षक है :

अँग्रेज़ों ने हिन्दुस्तान कैसे फतह किया और कैसे इसका शासन करते हैं।[१५]

'हिन्दी प्रदीप' के बहुतेरे लेखों, नाटकों, व्यंग्यों और कविताओं में भारत के साथ एक देवी का भाव जुड़ा साफ़ ही दिखता है जिसकी वृहद पुनरावृत्ति आगे आने वाले समय में हम पाते हैं और जिसके सम्बन्ध में इतिहासकारों ने हाल के दशक में बहुत कुछ लिखा भी है।[१६]

'हिन्दी प्रदीप' में श्रीधर पाठक का लम्बा काव्य, 'भारतश्री (प्रवाशिनी)' और राधाचरण गोस्वामी का अनुवाद 'भारतवर्ष में यवन लोग' भारत के इस नारी देह के विस्तृत वर्णन के लिए विशेष तौर पर उल्लेखनीय हैं।[१७] ख़ैर, यहाँ इस लेख में मैं राष्ट्र के इस नारी देह की बात नहीं करते हुए देखने-दिखाने के वृत्तों पर ही ध्यानस्थ रहने की कोशिश करूँगा।

४

उन्नीसवीं सदी का उत्तरार्ध भारत के इतिहास-लेखन में राष्ट्रवाद और उपनिवेशवाद के लिए एक महत्त्वपूर्ण दौर रहा है। राजनीतिक क्षेत्र में यह समय कई ऐसी घटनाओं का साक्षी रहा है जिसने आने वाले समय को परिभाषित किया। १८५७ की क्रान्ति, १८५८ में ईस्ट इण्डिया कम्पनी से क्राउन में सत्ता का हस्तांतरण हुआ। साथ ही सत्ता का एक सिद्धान्त सूत्रबद्ध हुआ जो भारतीय समाज के समूहों के प्रॉपर आर्डरिंग और उनका ब्रिटिश शासकों के साथ के सम्बन्धों को तय करने के विचारों और अवधारणाओं के ऊपर टिका था। इस तरह १८५७, १८५८, १८७६, १८७७ जैसी घटनाओं के क्रम ने एक 'सांस्कृतिक सांकेतिक संविधान' का सूत्रीकरण किया या दूसरे शब्दों में कहें तो आने वाले समय के लिए एक तरह की राजनैतिक भाषा गढ़ी।[१८] यद्यपि बर्नार्ड कोहेन ने अपना पूरा ध्यान ब्रिटिश द्वारा इस अथॉरिटी की संरचना और उसके रिप्रेजेंटेशन पर लगाया लेकिन वे यह भी सुझाते हैं कि जब भारतीय अपने राष्ट्रीय आन्दोलन के शुरुआती वर्षों में राजनीतिक अभिव्यक्ति का विकास कर रहे थे और इसके लिए अभिव्यक्ति के लहजे गढ़ रहे थे तो उन्होंने उसे ब्रिटिश शासकों के तर्ज पर ही ऐसा किया। कोहेन के अनुसार यह नाता १९२० में महात्मा गाँधी के आने के बाद ही टूटा।

यद्यपि, इस लेख में मेरा प्रयोजन कोहेन के विचारों का खण्डन-मण्डन करना नहीं है। उन्होंने एक ख़ास सन्दर्भ में इस सांस्कृतिक-सांकेतिक सूत्र की बात कही है जिसे उस सन्दर्भ से बाहर ले जाकर इस्तेमाल करना और फिर उनकी आलोचना करना उचित नहीं होगा। मैं उनसे अन्तर्दृष्टि लेते हुए उसी ऐतिहासिक काल-खण्ड के फ्रेम को कुछ नये साक्ष्यों, भिन्न विषयों को नये सवालों और नये नज़रिये से आँकने का प्रयास करूँगा।

लेकिन आगे बढ़ने से पहले, कुछ स्पष्टीकरण अनिवार्य हो जाता है। पहला, यहाँ उन्नीसवीं सदी के उत्तरार्ध से लेकर १९२० तक के एक बहुत बड़े काल को चुना गया है। इसका अर्थ यह कतई नहीं कि इस काल-खण्ड को एकीकृत तरीक़े से देखा जा सकता है, जब राजनैतिक, सामाजिक रूप से इसे एक ऐतिहासिक काल की संज्ञा से नवाजा जा सके। राजनैतिक धरातल पर यदि देखा जाय तो १८५८ (जब सत्ता ईस्ट इण्डिया कम्पनी

से हटकर साम्राज्ञी के हाथों में आ गयी थी) से १८८५ (काँग्रेस की स्थापना) को भारत के इतिहासकार, किसी समय, एक काल-खण्ड के रूप में देखते थे। इसी तरह १८८५ से १९०५-०६ (बंगाल विभाजन और स्वदेशी आन्दोलन) के बीच को ख़ास तरह से व्याख्यायित किया जाता रहा। स्वदेशी आन्दोलन से १९२० तक आते-आते महात्मा गाँधी द्वारा कांग्रेस के पुनर्गठन और राष्ट्रीय आन्दोलन को जन-आन्दोलन में परिवर्तित करने के बीच के समय को भी एक राजनैतिक चरण के रूप में सुविधानुसार राजनैतिक इतिहासकार आँकते रहे हैं।

इस राजनैतिक चश्मे को हटाकर यदि साहित्य, प्रिंट और फ़ोटोग्राफ़ी जैसे क्षेत्रों की बात करें (जिनसे हम यहाँ इस अध्ययन में रूबरू हैं) तो यह कालक्रम और भी बेमानी लगता है। १८५० के बाद भारत में इन तीनों ही क्षेत्रों में बहुत तेज़ी से गतिविधियाँ मिलती हैं और आने वाले हर एक दशक में हमें परिस्थितियाँ बदलती दिखायी देने लगती हैं। ऐसे में यह सवाल सहज ही उठता है कि हम क्योंकर इस बड़े काल-खण्ड को अपने अध्ययन के लिए चुन रहे हैं? प्रति उत्तर में कहा जा सकता है कि यहाँ काल-क्रम की दृष्टि से एक मेक्रो-इतिहास का नज़रिया चुना गया है।

इतिहास के अधिक प्रचलित नज़रिये माइक्रो-इतिहास की तुलना में यहाँ उद्देश्य भिन्न है। यह लेख उस समय की एकीकृत व्याख्या करने से बचते हुए, कुछ सवाल उठाता है और देखने की इतिहास को तिथि क्रम-बद्ध व्याख्यायित करने की अपेक्षा इकट्ठी की गयी सामग्री के बरक्स आँकने का जिम्मा उठाता है। यहाँ इस विशाल काल-खण्ड में समय और साक्ष्यों के सभी तार एक-दूसरे से जुड़े हुए नहीं हैं। यह न तो सम्भव है और न ही इच्छित।

दूसरा स्पष्टीकरण शीर्षक में इस्तेमाल किये गये शब्द 'देवनागरी जगत्' के सम्बन्ध में है। मैंने यहाँ हिन्दी या हिन्दुस्तानी साहित्य के स्थान पर (जो भाषायी धरातल की ओर ले जाता है और जिस भाषायी परिप्रेक्ष्य से इस समय के साहित्य के इतिहासकार देखने के आदी हैं) एक लिपिगत नज़रिया चुना है तथा देवनागरी जगत् की बात की है। ऐसा करने के पीछे मेरी मंशा हिन्दी-उर्दू के उस विवाद से बच निकलने की कतई नहीं है जिसने उन्नीसवीं सदी के उत्तरार्ध के मानिन्द इतिहासकारों का ध्यान खींचा है।[११] इसके ठीक विपरीत मेरा यह मानना है कि लिपिगत दृष्टिकोण

साक्ष्यों के अन्दाज़ से भाषा की तुलना में अधिक उपयुक्त लगता है। जैसा कि मैंने ऊपर भी ज़िक्र किया है और अन्य विद्वानों ने भी दिखाया है कि ज़ुबान के स्तर पर भाषायी वार्तालाप कुछ इस कदर घुला-मिला हुआ था कि हिन्दी, हिन्दवी, उर्दू और हिन्दुस्तानी को पृथक-पृथक कर परिभाषित करना उस समय के लिए बेमानी होगा। यह सही है कि नागरी आन्दोलन ने इस पृथकीकरण में अहम भूमिका अदा की। हिन्दी तथा उर्दू को अलग-अलग भाषा के रूप में संयोजित तरीक़े से वकालत की और सांस्थानिक रूप में परिभाषित करने की मुहिम में यह आन्दोलन बहुत हद तक सफल भी रही। लेकिन, क्या इतिहास अपने साक्ष्यों के बरक्स आन्दोलन का, उसमें जुड़ी संस्थाओं वाला नज़रिया ही अपनाये, या फिर, उसी फ्रेम में बँधा रहे और इस सवाल के इर्द-गिर्द चक्कर काटता रहे कि क्या हिन्दी-उर्दू दो भाषाएँ थीं या फिर वे एक ही थाती की अभिव्यक्ति थी जिनके सम्बन्ध ऐतिहासिक रूप में परिवर्तनशील रहे हैं? जब ज़ुबान के स्तर पर अलगाव करना मुश्किल था तो क्या यह उचित होगा कि हम परवर्ती सामाजिक, भाषायी और राजनैतिक सवालों के आईने, ऐतिहासिक साक्ष्यों को परखने के लिए आयात करें? यदि व्यावहारिक तकाजे से बात करें, तो पाते हैं कि जहाँ एक ओर ज़ुबान एक-दूसरे से घुली-मिली थी, लिपियाँ अपने स्वरूप के कारण स्वत: ही भिन्न-भिन्न रही हैं। यहाँ देवनागरी के साक्ष्य अन्य लिपियों की तुलना में स्वत: ही परिभाषित हैं। यह कहा जा सकता है कि देवनागरी का आर्काइव स्वत: ही परिभाषित है।[२०] लेकिन इसका यह मतलब नहीं निकाला जाना चाहिए कि यह आर्काइव असंपृक्त (isolated) है या फिर देवनागरी लिपि उस लिपि के साथ संवाद नहीं कर रही थी जिसे उर्दू, फारसी, अरबी या पंजाबी के रूप में हम जानते आये हैं। ऐसे अनेक साक्ष्य प्रस्तुत किये जा सकते हैं जिनमें दोनों लिपियों को हम पाते हैं। और यह परम्परा बहुत हाल तक कायम भी रही है (कम से कम जन-संस्कृति के एक अहम क्षेत्र, हिन्दी सिनेमा के पोस्टर पर तो ऐसा हाल तक देखने में मिलता ही है)। यदि चर्चागत काल की बात करें तो क़िस्सा की एक किताब 'शुक बहत्तरी' का आवरण-पृष्ठ ऐसी ही गवाही देता है (चित्र ०३) पर, क्या आर्काइव की आभासीय सहज उपलब्धता ही इतिहासकार के लिए विषय के चुनाव और उसके दृष्टिकोण के निर्धारक कारण बनें? व्यावहारिकता क्योंकर ज्ञान की निर्मितियों का आधार तय करें? इस प्रति-प्रश्न का कोई एक ठोस उत्तर देना यहाँ

चित्र ०३ : आवरण–पृष्ठ, *शुक बहत्तरी,* नागरी और परसी दोनों लिपियाँ दिखायी दे रही हैं लेकिन यहाँ नागरी की प्रमुखता सहज ही प्रतीत हो रही है। मुरारीलाल देहली में छपी संवत १८३१आषाढ़ सुदी (प्राय: १८७४)।

मुश्किल भी है और शायद इस लेख के लिए विषयान्तर भी हो। एक आसान उत्तर, इस लेख के सन्दर्भ में यह है कि चूँकि इस लेख का मूल प्रश्न देखना और दिखाना है तो यह लाज़िमी हो जाता है कि साक्ष्य का आधार भी वही हो। भाषा जिस तरह दिखती है और पाठकों के सामने जिस रूप में परोसी जाती है उस इस धरातल पर लिपि अहम हो जाती है। ज़मीनी स्तर से बात करें तो लिपि के द्वारा ही हम किसी ज़ुबान को छपे प्रारूपों में पढ़ते हैं, देखते हैं। आँखों पर हो रहे लिपियों के दावे को स्वांग का रूप भी दिया गया। जब बेग़म उर्दू और रानी देवनागरी के बीच के नोक-झोंक में गहरी साम्प्रदायिक राजनीति को अनूठे दृश्यगत तरीक़े से प्रस्तुत किया गया। रानी देवनागरी बनाम बेग़म उर्दू, पण्डित गौरी दत्ता मेरठ के, इस स्वांग को 'सरस्वती' (१९१०) ने भी चित्रांकित कर प्रकाशित किया। यहाँ संवाद के ज़रिये हिन्दी स्वयं को उर्दू की माता के रूप में प्रस्तुत करती है ("मेरी तो माता की आत्मा ठहरी : मैं तो आसीस ही दूँगी")[२१] यह उदाहरण हमें भाषाओं की देह्मय प्रस्तुति की ओर भी ले जाता है जिसके विषय में तमिल के सन्दर्भ में सुमथ रामास्वामी ने विस्तार से लिखा है।[२२]

५

जैसा कि ऊपर के *शुक बहत्तरी* के आवरण-पृष्ठ और पहले उद्धृत फ्रांचेस्का ओर्सीनी के वक्तव्यों से जाहिर होता है कि इस दौर में लिपियों का मिलाप या किसी किताब में आवागमन बहुत अनोखा नहीं था। कहने का मतलब यह कि देवनागरी और उर्दू लिपियाँ साथ-साथ किसी प्रिंट साहित्य में देखी जा सकती थीं। साहित्य के प्रारूपों का एक से दूसरे में प्रवाह भी बहुत था। और एक विधा दूसरे को प्रभावित भी कर रही थी। जैसे भजन, लावनी और शायरी की दुनिया एक-दूसरे से किस तरह संवाद कर रही थी इसका अच्छा उदाहरण मशहूर नाटककार राधेश्याम कथावाचक (जन्म १८९०, बरेली) के नीचे दिये गये अनुभव से किया जा सकता है :

> मेरी शरीर की अवस्था उन दिनों लगभग आठ वर्ष की थी। हिन्दी मतलब लायक पढ़ ही चुका था, पढ़ी तो उतनी ही उर्दू भी थी। पिताजी

> कभी-कभी 'भजन' आदि बनाने की कविता भी किया करते थे। 'लावनी गाने वालों' को शायरी का चस्का होता ही है। मेरी तबियत भी उधर रुजू हुई। सबसे पहला गीत मैंने 'दही वाली का तौर दिखाना' के वजन पर बनाया-'करो कृपा गुरु महाराज'...।
>
> 'न्यू अल्फ्रेड' के गाने बरेली के सभी गायक गाया करते थे। मैंने उनसे सुन-सुनकर वे सब तर्जें याद कर लीं। कम्पनी अपने नाटकों के 'गाने' छपवाकर बेचा करती थी। उसकी किताबें भी मैंने इधर-उधर से लेकर इकट्ठी कर लीं। 'नाटक' के गानों की तर्जों पर उपदेशप्रद या श्रीराम, श्रीकृष्ण-सम्बन्धी बोल बनाकर गाने का मेरा शौक़ तब बढ़ा और बढ़ता ही गया। वैसे गाने 'श्रीराधेश्याम-विलास' और 'श्रीराधेश्याम कीर्तन' नामावली मेरी पुस्तकों के पाठक देख और पढ़ सकते हैं। मेरी रामायण (राधेश्याम रामायण) में भी ऐसे गानों की कमी नहीं है। आगे चलकर तो मैं ख़ुद ही 'तर्जें' बनाने लगा—जिन्हें लिखने की यह जगह नहीं।[२३]

कथावाचक आगे एक और दिलचस्प उदाहरण देते हैं जब वे अपने आनन्द भवन से जुड़े अनुभव लिखते हैं जहाँ उनके अनुसार विजयलक्ष्मी पण्डित को उनके गाने बहुत पसन्द थे।

> उन्हें मेरा एक गाना बहुत पसन्द था—अपार तेरी माया, माया है तेरी अपार (नाटक की तर्ज पर बना हुआ—'निसार तेरे नखरे, नाजो अदा पर निसार')।[२४]

साहित्य, लिपियों के अलावा दृश्य जगत् में भी विभिन्न रजिस्टरों रूपकों, विषयों और सरोकारों के बीच ख़ूब संवाद थे जिन्हें क्रिस्टोफर पिन्नी ने 'इंटर ओक्युलरीटी (inter-ocularity) या विजुअल ट्रैफिक कहा है और एक अन्य सन्दर्भ में जो प्रतिबिम्बों के प्रवाह की गूढ़ संरचना ('deeper structure of representational flows') तथा 'विजुअल अर्थव्यवसथा' की बात करते हैं।[२५] हाल के दशक में अनेक विद्वानों ने मोहक चित्रमय जगत् की ओर हमारा ध्यान दिलाया है। इससे अरसे से चली आ रही अक्षर केन्द्रित इतिहास-लेखन में नयी ताज़गी भी आयी है और भारत में इतिहास-लेखन को लिखित और श्रुत के अतिरिक्त एक और सहोदर, चित्र आर्काइव का समृद्ध और सम्भावनाओं से परिपूर्ण भण्डार भी सामने आया है। लेकिन, यह इतिहास-लेखन दूसरी तरफ़ अक्षर को सिरे से नज़रअन्दाज़ भी करता है—यहाँ चित्र और अक्षर की भाषा के बीच का संवाद ग़ायब

है। ऐसे में यह सवाल लाज़िमी हो जाता है कि क्या इस नये वैकल्पिक आर्काइव की सत्ता अपने में सम्पूर्ण मानी जाय? क्या चित्रमय जगत् सम्प्रेषण के अन्य स्थापित तरीक़ों जैसे लिखित साहित्य से असम्पृक्त होकर व्यवहार कर रहे थे? कहीं हम एक वैकल्पिक आर्काइव को गढ़ने के जोश में अक्षर देह की स्थापित थाती को इतिहास-लेखन के क्रम में कम तरजीह तो नहीं देने लग गये? सवाल यह भी कि इस चित्रमय जगत् में वर्नाकुलर साहित्य की क्या और किस तरह की हिस्सेदारी है? क्या एक (चित्रमय जगत्) को हम दूसरे के (अक्षर के देह) बग़ैर भी इतिहास में आँक सकते हैं? इन दोनों के बीच के सम्बन्ध की जटिलता को कुछ हद तक व्याख्यायित करना ही इस लेख का उद्देश्य है। इस जटिलता के एक छोटे अंश से वाकिफ कराने के लिए उस लेख का हवाला दिया जा सकता है जो 'चित्र दर्शन' शीर्षक से 'हिन्दी प्रदीप' में प्रकाशित हुआ था। लेख भारतेन्दु हरिश्चन्द्र की प्रशंसा में लिखा गया था तो जाहिर सी बात है कि 'हिन्दी प्रदीप' के सम्पादक बालकृष्ण भट्ट, जो ख़ुद भी हरिश्चन्द्र के मुरीद थे, इसे ज़रूर ही छापते। यह लेख चित्रों के एक एल्बम को देखने के क्रम में आती बेचैनी से शुरू होती है। इसी क्रम में लेखक एक अद्‌भुत पोर्ट्रेट से रूबरू होता है। बाद में उसके स्वप्न में साक्षात् देवी सरस्वती का आगमन होता है जो बताती हैं कि वह चित्र किसी और का नहीं बल्कि भारतेन्दु हरिश्चन्द्र का ही है।[२६]

यहाँ चित्र भी हैं, चित्रों के संग्रह के सर्कुलेशन की बात भी है। लेकिन साथ ही सपना, सपने में सरस्वती का आगमन और स्वयं सरस्वती द्वारा चित्र की पहचान है जिससे चित्र का अर्थ, उसकी इण्डेक्सलिटी किसी अन्य रेफरेंस से न होकर एक दैवी इंटरवेंशन से तय हो रही है। और यह सब हमें अक्षर जनित साहित्य के द्वारा परोसा जा रहा है। यदि एक वाक्य में कहें तो यहाँ चित्र भी है और चित्र के परे वह सपनों का संसार भी है जहाँ दृश्यमय जगत् के तार बुने जा रहे हैं। चित्रमय (pictorial) और दृश्यमय (visual) के बीच का यह अन्तर मानीख़ेज़ हो सकता है। यहाँ चित्रमय एक क़िस्म की साकार बिम्बजनित अभिव्यक्ति (representational register) की ओर हमें ले जाते हैं वहीं सपना और सरस्वती का आगमन एक अनुभव है। इन दोनों के बीच इस सम्बन्ध को कैसे आँका जाय?

यहाँ इस लेख में, मैं अक्षर, चित्र और दृश्य के बीच के सम्बन्धों की

जटिलता से जुड़े दो सवाल उठाने का प्रयास करूँगा जो इस काल के कला के इतिहास और चित्रगत तकनीकी एवं चित्र संस्कृति से जुड़े लेखन में छूट सा गया है : पहला, देवनागरी जगत् में चित्रों के साथ क्या हो रहा है? और दूसरा, देवनागरी के साहित्य में या फिर व्यापक स्तर पर भी पूरे विमर्श में चित्र और अक्षर के बीच क्या सम्बन्ध रहा है?[२७] प्रस्तुत लेख में मैं इन सवालों को तीन स्तरों पर आँकने का प्रयास करूँगा : (अ.)

चित्र ०४ : *तिथिपत्रिका लाहौर*, ई. १८६८ (संवत १९२५) छापेख़ाने मित्रविलास लाहौर में पण्डित मुकुन्दराम मलिक के अधिकार से कृत प्रसुदं मिश्र की यन्त्री में छपी।

देवनागरी जगत् में चित्र (ब.) चित्र और देखने से जुड़ा हुआ लिखा हुआ साहित्य और (स.) देखने का व्यापक विमर्श क्या है : कैसे देखने को जानने या ज्ञान के विमर्श से जोड़कर विद्वानों ने विश्लेषित किया है और इस विमर्श का आधुनिकता से क्या नाता रहा है। यह प्रश्न हमें भारतीय परिस्थितियों में देखने के एक अन्य पक्ष की तरफ़ ले जायेगा जहाँ धर्म, विश्वास और सांस्कृतिक ऐतिहासिक विशिष्टताएँ हमें देखने की विविधता-बहुलता (heterogeneity) की तरफ़ ले जाती हैं।

६

जैसाकि मैंने ऊपर भी इंगित किया, उन्नीसवीं सदी का उत्तरार्ध प्रिंट

साहित्य के क्षेत्र में एक क्रान्तिकारी फैलाव के साथ आया। न केवल बड़े पैमाने पर किताबों की प्रतियाँ निकाली जाने लगीं बल्कि छपने वाली किताबें भिन्न और बहुतेरे विषयों को भी सम्बोधित कर रही थीं। इस साहित्य में ढोला मारू, बैताल पचीसी, आल्हा-ऊदल से लेकर स्कूल में पढ़ने के लिए विभिन्न विषयों यथा भूगोल, इतिहास, गणित, खगोल, कृषि विज्ञान आदि की पुस्तकें, कृषि ज्ञान से जुड़ी (जैसे मौलवी निज़ामुद्दीन की उर्दू *किमियाजिराअत* से सुगम हिन्दी भाषा में उल्था किया *कृषि कर्म सुधारना,* नागपुर, १८७४, पण्डित वंशीधर द्वारा *पन्दनामह काश्त्कारान* से तर्ज़ुमा किया हुआ *किसनोपदेश* जो गवर्नमेंट के छापेख़ाने, इलाहाबाद से १८७० में छपा था और जिसका तीसरा संस्करण भी ५००० पुस्तकों का निकला था आदि-आदि), खेत नाप, लोकोक्तियों के ऊपर, औषधियों और स्वास्थ्य से सम्बन्धित विषयों आदि का विशाल फैलाव समाहित था। इस साहित्य का सरसरी तौर पर अध्ययन करने से यह लगता है कि स्कूल की शिक्षा के लिहाज़ से छपी किताबें जैसे भूगोल और इतिहास आदि के संस्करण और प्रतियाँ अन्य किसी पुस्तकों की तुलना में बहुत अधिक हुआ करती थीं (*'जगत् भूगोल'* का १८६५ में पाँचवाँ संस्करण २००० प्रतियों का निकला था, बालकृष्ण खण्डेकर की *भूगोल विधा* १८६० में १०००० प्रतियों की और *हिन्दुस्तान के मध्यप्रदेश का भूगोल* जिसे नरसिंहपुर ज़िले की पाठशालाओं के इंस्पेक्टर मुंशी डोरी लाल ने कई अँग्रेज़ी पुस्तकों का सार लेकर फिर से बनाया, बम्बई एजुकेशन सोसाइटी प्रेस से १०००० प्रतियों में १८६६ में मुद्रित हुआ।)

क़िस्से की किताबों में चित्रों का प्रयोग दूसरे प्रेस से छपे उसी क़िस्से की तुलना में दर्शकों को आकर्षित करने के लिए किया जाता रहा होगा। (चित्र ०५)

साथ-ही-साथ इन क़िस्सों में भीतर के पन्नों पर भी कहानी के किसी रोचक दृश्य को चित्रांकित कर एक तरह से सचित्र उदाहरण दिया जाता था। गुणवत्ता की दृष्टि से ये चित्र अकसर ही पुराने मिनिएचर शैली का बेरंग और निम्न स्तरीय मशीनी उत्पाद लगते हैं। (चि ०६ एवं ०७)

कमोबेश यही उद्देश्य शिक्षा की किताबें या ज्योतिष भी कर रही थीं— लिखे अक्षरों को सरलता से, सुलभता से समझाने का काम। (चित्र ०८ एवं ०९)

चित्र ०५ : आवरण *बैताल पच्चीसी मअतसवीर,* अन्य संस्करण से भिन्नता के लिए और पाठकों को आकर्षित करने के लिए प्रचलित क़िस्सों के आवरण पर ही यह झलकाया जाता था कि भीतर के पन्नों पर तस्वीर के दर्शन भी होंगे। भाई लाला उमराओसिंह सौदागर कुतुब दहली बाज़ार दरीबा छापेख़ाने ज्ञान प्रेस में बंदहशीगो पाल के एहत्मासे छापी गयी सं १८७३ ई. (१८७३)।

चित्र ०६ एवं ०७ : कहानी के किसी अंश को चित्रों के माध्यम से दिखाने का प्रयास। *आल्हखण्ड*, मनवै कंप फतैगढ़ में मुन्शी राम स्वरूप के प्रबन्ध से छपा, १८८१।

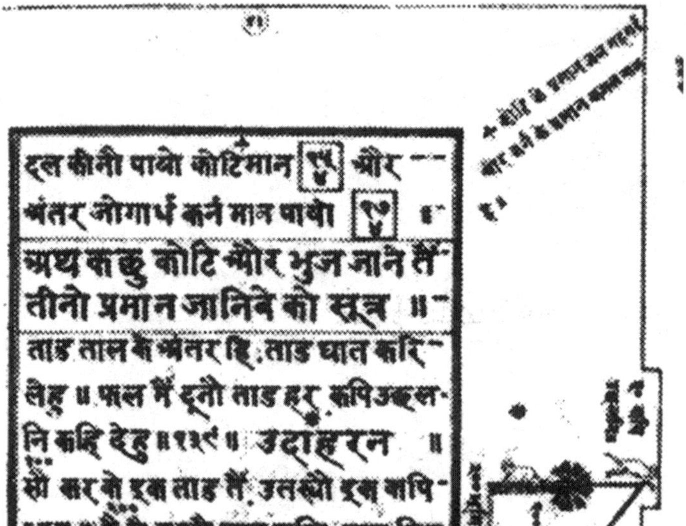

दल कीनी पायो कोटिमान और
अंतर ओगार्ध कर्न मान पायो ॥
अथ कछु कोटि और भुज जाने तैं
तीनो प्रमान जानिबे को सूत्र ॥
ताड़ ताल के अंतर हि. ताड़ घात करि
लेहु ॥ फल मैं दूनो ताड़ हर. कपिउछल-
नि कहि देहु ॥१६९॥ उदाहरन ॥
सौ कर को इक ताड़ तैं. उतरयो इक कपि
धाइ ॥ द्वै से करयै ताल ससि. अस हित
पहुंच्यो जाइ ॥१७०॥ तरु पर ताको बान-
री. पहिलैं उडी अकास ॥ पुनि श्रुति पथ
सम चाल है. पहुंची निज पति पास ॥
१७१॥ ताकी उछलनि मोहि कहु. शेष
कोटि को सोइ ॥ करन मान पुनि बेग कहु.
जिहि मिलि सम गति होइ ॥१७२॥न्यास
ताड़ रु ताल को अंतर २०० ताड़ मैं घात
१०००० दूने ताड़ २०० को भाग दीये पाई

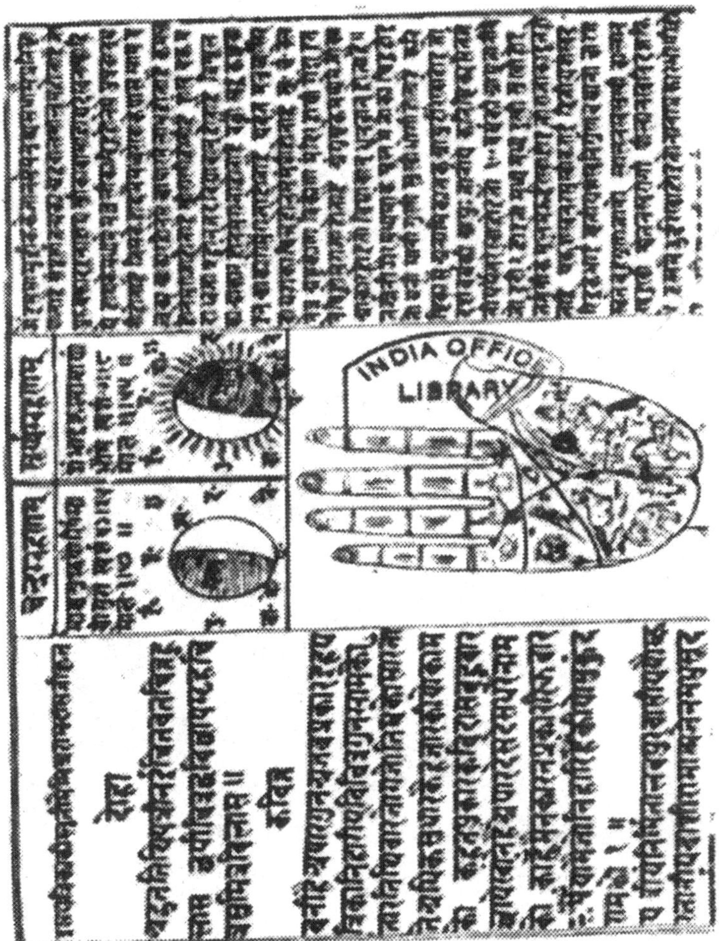

चित्र ०८ एवं ०९ : लीलावती, राजा डालचंद की आज्ञानुसार भाषा हुई उनके प्रपौत्र बाबू शिवप्रसाद की आज्ञानुसार छापी गयी यंत्रालय सुलतान हिन्द में पण्डित जोखूराम ने छापी बनारस सन् १८५८। साथ में 'तिथि पत्रिका' (पहले उल्लिखित) का एक पृष्ठ।

ग़ैर सरकारी छापेख़ाने की तुलना में गवर्नमेंट प्रेस के प्रिंट की गुणवत्ता और चित्रों की कलात्मक प्रस्तुति भी सुरुचिपूर्ण प्रतीत होती है। यहाँ यह भी याद दिलाना ज़रूरी है कि प्रिंट तकनीकी में बहुत तेज़ी से बदलाव आ रहे थे। इसलिए १८६० और १८७० के दशक में छपे साहित्य के चित्र १८८० के और १८९० के चित्रों के मुक़ाबले एक नज़र में भद्दे भी दिखायी देते हैं। यद्यपि इन परवर्ती दशकों में भी देवनागरी जगत् में शायद ऐसी कोई भी पत्र-पत्रिका नहीं थी जो अपने सौन्दर्य-बोध में *'हिन्दी पंच'* (संस्थापक-सम्पादक बरजोरजी नौरोजी, बम्बई १८८३ से शुरू (चित्र १०) या फिर कलकत्ता से प्रकाशित *'बसंतक'* की समकक्षी मानी जा सके।[२८] चित्रों के प्रिंटिंग और कलात्मकता में उत्कृष्टता देवनागरी जगत् में बीसवीं सदी में ही *'सरस्वती'* (१९०० में इलाहाबाद से श्याम सुन्दर दास के सम्पादन में

चित्र १० : मशहूर द *पंच और लन्दन सारीवारी* (*The Punch or London Charivari*) की तर्ज पर भारत में अलग-अलग जगहों से पाँच क़िस्म के *पंच* प्रकाशित हुए। *हिन्दी पंच* एक पाक्षिक हुआ करती थी और बाद में इसके वार्षिक अंक भी आने लगे। इसमें प्रकाशित भारतीय राष्ट्रीय काँग्रेस से जुड़ा कार्टूनों का भी संग्रहणीय अंक निकला था। ऊपर लिया गया कार्टून इसी संग्रह से है।

चित्र ११ : ''सन्ध्या तारा'', इन्दु, १९११

चित्र ११ एवं १२ : ''संध्या तारा'', इन्दु, अम्बिका प्रसाद गुप्त, सम्पादित, मासिक, खण्ड २ (३, ४ एवं ५) बनारस, १० जून, १९११, ''चित्रा का चित्र लेखन'', *श्री कमला,* खण्ड १ (५) १९१३। श्री कमला का सौन्दर्य-बोध बहुत कुछ मॉडर्न रिव्यू से मिलता जुलता है।

शुरू जिसमें १९०३ से सम्पादन का भार महावीर प्रसाद द्विवेदी के जिम्मे आ गया) के बाद ही मिलता है। इस सन्दर्भ में अम्बिका प्रसाद मिश्र के सम्पादकत्व में निकलने वाली 'इन्दु' और बिहार एंजल प्रेस, भागलपुर से निकले वाली 'श्री कमला' के चित्र प्रशंसनीय हैं। चित्रों की यह यात्रा जारी रह सकती है और इसके बदलते आयामों पर भी बहुत कुछ लिखा जा सकता है ख़ासकर श्वेत-श्याम से रंगीन के संक्रमण और छपाई की तकनीकी को लेकर भी चर्चा की जा सकती है लेकिन इस आलेख की सीमा इसकी इज़ाज़त नहीं देती है। अत: इस सिलसिले को विराम देते हुए हम अपने विषय के दूसरे बिन्दु अर्थात् देवनागरी जगत् में उस साहित्य की

ओर उन्मुख होंगे जो चित्रमय तो नहीं है लेकिन जो चित्रों के सम्बन्ध में है, जिससे चित्रों की अर्थव्यवस्था का सीधा-सीधा नाता है।

७

इस मुद्दे पर हमने पहले दिये गये एक उद्धरण (भारतेन्दु के पोर्टेट के सन्दर्भ में) में देखा कि किस तरह चित्रों के अलबम बँट रहे थे जिनके पन्नों से तस्वीरें निकल कर सपनों का हिस्सा बन रही थीं, जहाँ स्वयं सरस्वती पोर्टेट के चेहरे की पहचान के लिए आयी। जाहिर सी बात है कि चित्रों का एक उत्पाद (कमॉडिटी) के रूप में सर्कुलेशन १८९० के दशक आते-आते (जब हमें ऊपर दिये गये उद्धरण का लेख मिलता है) कोई नयी बात तो नहीं थी। १८३९ में यूरोप में डोग्यरटाइप क़ैमरे के आने के बाद (जिसे आधुनिक फ़ोटोग्राफ़ी की शुरुआत भी मानी जाती है), भारत में भी इसके प्रचार-प्रसार में कोई वक़्त नहीं लगा। १८३९ के दिसम्बर तक 'बॉम्बे टाइम्स' इस विषय पर नये लेख प्रकाशित कर रहा था और जनवरी १८४० में कलकत्ता की फर्म ठेकर, स्पिंक एण्ड कम्पनी डोग्यरटाइप क़ैमरे को बेचने का प्रचार भी कर रही थी।[२९] अनेक फ़ोटोग्राफ़ी सोसायटीज बनीं और १८५० के दशक के मध्य हम भारत में फ़ोटोग्राफ़ी का एक व्यस्त माहौल पाते हैं।

क्योंकि देवनागरी जगत् को यहाँ एक भौगोलिक क्षेत्र विशेष के रूप में इस्तेमाल नहीं किया जा रहा इसलिए, यहाँ मेरा सरोकार यह दिखाना नहीं है कि कहाँ-कहाँ स्टूडियो थे, कौन से लोग फ़ोटोग्राफ़ी कर रहे थे और किस तरह के विषयों को क़ैमरे की आँख से देखा जा रहा था। हमारे लिए यहाँ मानीख़ेज़ यह है कि हम इस तकनीक को लेकर, इसके उत्पाद को लेकर और इसके ज्ञान को लेकर देवनागरी जगत् में भी एक उत्साह का मंज़र देखते हैं। और, सबसे महत्त्व की बात यह कि फ़ोटोग्राफ़ी सिर्फ़ बड़े शहरों का शगल भर नहीं रह गया था। निम्नलिखित विज्ञापन, इसी उत्साह, ऐसे ही विस्तार से हमारा परिचय करवाता है।

> श्रीबालदेव चित्र रत्नाकर अर्थात् फ़ोटोग्राफ़ी की विचित्र पुस्तक (प्रथम और द्वितीय भाग) जिसको पण्डित बलदेव प्रसाद शर्मा (तुलसीराम

शर्मा आत्मज) स्थान घवाकर तहसील मऊ ज़िला झाँसी निवासी ने निज परीक्षित चित्रकारी सम्बन्धी बातें चुनकर स्वदेशीय सज्जनों के हितार्थ प्रकाशित कीं। इसमें वह बातें बतायी गयी हैं जो हर एक फ़ोटोग्राफ़र को कठिन परिश्रम उठाने पर भी गुरुओं से पता नहीं चलतीं।

जिस पुस्तक पर ग्रन्थकर्ता की मुहर न होगी वह चोरी की समझी जावैगी, पता देने से इनाम १०/- रुपये मैडिकल प्रेस नाहर की पटरी, कानपुर में छपी।

प्रथम बार १०००, (सम्वत १९५५), १८९८ मूल्य II) इस पुस्तक की रजिस्टरी कराई गयी है किसी को छापने का अधिकार नहीं।

इत्तिला

हे प्रिय पाठकों आपको विदित होगा कि हमारे यहाँ काम फ़ोटोग्राफ़ी (चित्रकारी) का होता है। जिन सज्जनों को अपनी तसवीर उतरवानी हो उतरवा सकते हैं और जो सज्जन अपने मकान पर बुलाना चाहें वह अपने मकान पर बुलाकर तस्वीर (चित्र) उतरवा सकते हैं इसके सिवाय गृहस्थ पर्दानशीं स्त्रियों की भी तसवीर उतारी जाती है। जिन सज्जनों की इच्छा हो, वो आज्ञा प्रदान करें।

हमारे यहाँ छोटी तसवीर से बड़ी तसवीर का भी काम होता है जिसको अँग्रेज़ी में इनलार्जमेंट बोलते हैं। पता : बलदेवप्रसाद शर्मा फोटूग्राफर मऊ ज़िला झाँसी।

नोट २४ सफा में सोल्युशन नम्बर २ में ब्रोमाइड आफ़ पोटाशियम २० ग्रेन और मिला दो।

४ भागों में मेरे तजरबे में ठीक-ठीक आयी है, वे ही चार भागों में सविस्तार वर्णन की है।

१. नैगेटिव अर्थात् काँच तैयार करना

२. पॉजिटिव

३. रिटच करने की प्रक्रिया अर्थात् हाथ से क़लम द्वारा तसवीर को जहाँ-तहाँ यथा योग्य स्वच्छ करना और इनलार्जमेंट अर्थात् छोटी तसवीर को बड़ा करना और चतुर्थ में औज़ारों के बनाने की क्रिया आदि का वर्णन होगा।[३०]

फ़ोटो का एक कमोडिटी के रूप में सर्कुलेशन और इसके इर्द-गिर्द साँस

श्री रामचरितमानस

अर्थात्

श्री तुलसी कृत रामायण ।

यह ग्रन्थ बड़े परिश्रम और यत्न से श्रीतुलसीदास जी की लिखी हुई ख़ास प्रति से शोध कर ज्यों की त्यों छापा गया है। इस भय से कि कदाचित् कोई इसे असम्भव समझे, गोसाईं जी के हाथ की लिखी हुई प्रति के १० पृष्ठ का फ़ोटोग्राफ़ भी पुस्तक में लगा दिया है, और उस की दृढ़ पुष्टि के लिये गोसाईं जी के हाथ के लिखे हुए पंचनामा का फ़ोटोग्राफ़ भी उसी के संग है, जिस में लोगों को यह भी न कहना पड़े कि गोसाईं जी के हाथ के लिखे हुए का प्रमाण ही क्या है ? और लोगों की भांति मैं नहीं चाहता कि इश्तिहार में नीचे से ऊपर तक प्रशंसा ही भर दूं, क्योंकि जो इस के गुणग्राहक हैं उन के लिये इतना ही बहुत है। इस ग्रन्थ में तुलसीदास जी का जीवनचरित्र भी दिया गया है और अक्षर बड़ा व काग़ज़ अच्छा है। विद्यानुरागी परम गुणवान् श्रीमान् आनरेबुल राय दुर्गाप्रसाद साहिब बहादुर की गुणग्राहकता से यह ग्रन्थ १८ नवम्बर १८८८ को गोरखपुर की प्रदर्शिनी में भी रक्खा गया था और लोगों ने आश्चर्य दृष्टि से देखा। तीन सौ वर्ष पर यह अलभ्य पदार्थ हाथ लगा है, जिन को रामरस के अपूर्व स्वाद लेना हो वे न चूकें और नीचे लिखे हुए पते से मंगा लेवें। नहीं तो अवसर निकल जाने पर पछताना होगा।

मूल्य फ़ोटो सहित रामायण का ६ रुपया
मूल्य बिना फ़ोटो की रामायण का ४ रुपया
डाक महसूल १॥)

"खड्गविलास" प्रेस
बांकीपुर } साहबप्रसाद सिंह ।

चित्र १३ : श्री रामचरित मानस के विज्ञापन का एक पृष्ठ। यहाँ फ़ोटोग्राफ़ को एक ऐतिहासिक साक्ष्य के रूप में साहित्य की प्रमाणिकता को सिद्ध करने के लिए किया गया है। यह विज्ञापन सन्त तुलसीदास के हाथ की लिखी हुई प्रति के १० पृष्ठों के फ़ोटोग्राफ़ की बात करता है और साथ ही गोसाईंजी के हाथ के लिखे हुए पंचनामा के फ़ोटोग्राफ़ की दुहाई भी देता है। फ़ोटोग्राफ़, पंचनामा और प्रमाण के बीच का तार जिस विश्वास से एक धार्मिक किताब के विज्ञापन में केन्द्रीय भूमिका का निर्वाह कर रहा है वह काबिले ग़ौर है। यह विज्ञापन *द्विजपत्रिका,* खण्ड १, संख्या २, ३, ४ में छपा, खड़गविलास प्रेस, बांकीपुर, १८९०।

लेती अर्थव्यवस्था का अन्दाज़ *हिन्दी प्रदीप* के लेखों से भी चलता है जहाँ हमें "तसवीरों के कलईदार चौखटे साफ़ करने की रीति", और "चौखटे पर फिर से कलई करने की रीति" की जानकारी सिखायी जा रही थी।[३१] बहुत समय नहीं लगा जब इस फ़ोटोग्राफ़ को उसके एक अहम जिम्मेदारी (एक इण्डेक्स के सामान कार्य करने के फ़ोटो के मूल धर्म को धार्मिक प्रतीकों, किताबों और विश्वासों को ऐतिहासिक सिद्ध करने) के निर्वहन के लिए नियुक्त कर दिया गया। (चित्र १३)[३२]

चित्र और धर्म का यह सम्बन्ध फ़ोटोग्राफ़ी के आने से एक ख़ास तरह के अर्थ और तेवर में ज़रूर आ रहा था, पर कोई नयी बात न थी। धार्मिक विश्वास के आईने में चित्र और प्रिंट संस्कृति के व्यवहार को इस लेख के शुरू में दिये गये उस विज्ञापन के औपनिवेशिक धरातल का भी अहसास होता है जिसमें हम पाते हैं कि

> २०० किसिम की उम्दा और ख़ूबसूरत हिन्दी देवी-देवताओं की आधे दाम में एक साथ ५ रुपये की तसवीर लेने पर तीन तसवीरें देवी-देवताओं की और १ तसवीर लार्ड लेंसडोन और उनकी लेडी साहब की मुफ़्त में।[३३]

श्री कमला का एक विज्ञापन धर्म संस्कृति, बाज़ार और दृश्य संस्कृति के सम्बन्धों को एक भिन्न धरातल पर ले जाता है जहाँ कोई फ़ोटो या चित्र तो नहीं है लेकिन एक वस्तु—एक करामाती अँगूठी देवीय दर्शन करवाने का वादा करता है :

> देखिए! मथुरा जी की अपूर्व कारीगरी देव दर्शनी अँगूठी। इस अँगूठी को प्रायः सभी मनुष्य जानते हैं। यह अँगूठी सोने की अँगूठी मुआफिक मालूम होती है। इस अँगूठी को एक बार ज़रूर मँगाना चाहिए क्योंकि इस अँगूठी में राधाकृष्ण, राम, लक्ष्मण, सीताजी, भरत, शत्रुघ्न, वसिष्ठ जी, केदारनाथ, सेत्बंदरामेस्वर, शिवजी, पार्वतीजी, चिरलीला, नागलीला, चारों धाम की और अन्य देवताओं के घर बैठे दर्शन हो जाते हैं (मुसलमानों के पाक स्थान मक्का मदीना की भी मौजूद है) नम्बर ०१ अँगूठी पीतल की पोलिस्दार फी अँगूठी=) आने एक दर्जन १।) (न० २ जर्मन सिलवर की फी अँगूठी एक दर्जन १।।) (न० ३) जिसके ऊपर नग जड़ा है नीची तसवीर भी लगी है मूल्य फी अँगूठी १=) एक दर्जन ४) (न० ४) असली चांदी की अँगूठी १।।) एक दर्जन १५) रुपया।[३४]

१९२० के दशक में हम इस तरह की करामाती अँगूठी के विज्ञापन में

देवी-देवताओं की सूची में महात्मा गाँधी का नाम भी पाते हैं, जिसकी विवेचना यहाँ विषयान्तर के कारण मुल्तवी की जा रही है। हमारे लिए मानीख़ेज़ सवाल है कि इस धार्मिकता, इस करामती अँगूठी के वादों को तुलसी के रामायण के नये संस्करण में प्रकाशन के द्वारा तुलसी के पंचनामे के फ़ोटोग्राफ़ का और उससे बनते साक्ष्य के क्या मायने निकालें? ये तार किस ओर हमें ले जा रहे हैं? जब हम करामाती अँगूठी और उसके चमत्कार की बात करते हैं तो क्या यहाँ दर्शन देने वाली यह अँगूठी और दर्शन की पूरी प्रक्रिया किसी प्रकार की सामर्थ्य, किसी एजेंसी में तो तब्दील नहीं हो रही है? क्या यहाँ अँगूठी, जो एक कमोडिटी है उसको महज़ फेटिश में तब्दील होते देख हम सन्तुष्ट हो जायें जिसके बारे में कार्ल मार्क्स भी ऊहापोह में रहे। यदि यह चित्रमय (तुलसी रामायण के सन्दर्भ में) और दृश्यगत (दर्शन : करामाती अँगूठी के उदाहरण में) का एजेंसी के रूप में कायान्तरण है तो इसका हमारे दृश्य इतिहास को देखने का क्या नया नज़रिया मिल सकता है?

संद्रिया फ्रिएतेग ने एक अहम आलेख में तस्वीर और एजेंसी के बीच के रिश्तों की विवेचना की है और उन्होंने निष्कर्षतः माना है कि बीसवीं सदी के भारत में देखने की क्रिया, जानने की क्रिया है ('act of seeing became act of knowing')।[३५] पर देखने और ज्ञान के सम्बन्ध से, जो आधुनिकता के मूल में भी रहा है, हम अँगूठी की करामात को कैसे व्याख्यायित कर सकेंगे? मैं ऊपर कहे गये को दुहराते हुए जोड़ दूँगा कि अँगूठी तो देवताओं के दर्शन कराने के वायदे कर रही है और दर्शन की अवस्था (बतौर दीपेश चक्रवर्ती) चेतन मन की अन्तःक्रिया न होकर ज्ञान का एक रूप नहीं हो सकती।[३६] दूसरी ओर करामाती अँगूठी के उदाहरण में साक्ष्य और ऐतिहासिकता की राह पकड़ी गयी है। एक विश्वास को, धार्मिकता को, ज्ञान के माध्यम से पुख़्ता करने की पहल है। मानो ऊपर के विज्ञापन में 'पंचनामे' की फ़ोटो 'तुलसी रामायण' की तथाकथित प्रति को अधिक पवित्रता प्रदान कर रही हो।

यदि हम चित्रमय (pictorial) को एक रिप्रेजेंटेशनल रजिस्टर के रूप में देखें (जो कि कोई भी फ़ोटोग्राफ़ या पोस्टर होता है जिसका किसी तकनीकी के द्वारा बड़े पैमाने पर किसी यन्त्र की मदद से उत्पादन हो सकता है और जिससे एक बाज़ार का भी निर्माण होता है या फिर जो एक

कमोडिटी के रूप में सर्कुलेट होता है) तो ऐसे में हमें दृश्यगत (visual) को एक अनुभव का दर्जा देना होगा जैसे कि देवी-देवताओं के दर्शन होना। एक ऐसा अनुभव जो देखने वाले से जुदा नहीं हो सकता है, जिसका वर्णन तो किया जा सकता है, लेकिन जिसको किसी दूसरे को दिया नहीं जा सकता है। जिसका लेन-देन नहीं हो सकता। जिसे कंट्रोल या अनुशासित नहीं किया जा सकता। जिसके साक्ष्य या साक्षी नहीं हो सकते।

दर्शन या एक विशेष प्रकार का धार्मिक दृश्यगत अनुभव आधुनिकता के विमर्श का एक शक्तिशाली पर्याय है। आधुनिक विज्ञान, ज्ञान के लिए आँख से देखे गये को तरजीह देता है, सबसे प्रामाणिक मानता है। पर दर्शन में हमारी दृष्टि महज़ आँखों तक केन्द्रित नहीं है। हम आँखें मूँदकर भी दर्शन की अवस्था में हो सकते हैं। अधिकतर उदाहरणों में तो बन्द आँखों से ही भक्त को भगवान के दर्शन होते हैं।

पर, दर्शन की अपनी सीमायें भी हैं। यदि संकल्पना के लिहाज़ से बात करें तो यह एक ख़ास समुदाय और उसके धार्मिक विश्वासों से संरचित है। ग़ैर-हिन्दू समुदायों, ऐसे धार्मिक समुदाय जो बिम्ब केन्द्रित नहीं हैं, जैसे इस्लाम को मानने वाले समाज में, यदि हम दर्शन के अनुभव के आधार पर दलील दें तो वह बेमानी होगा। वहाँ अलग क़िस्म का विजन (vision) हो सकता है, रहस्यमय दृष्टि हो सकती है क्योंकि रहस्यवाद तो हरेक धर्म और सम्प्रदाय में मौजूद रहता ही है लेकिन वहाँ दर्शन नहीं हो सकता। ऐसा मेरा मत है। तो ऐसे में दर्शन आधुनिकताजन्य चित्र संस्कृति और उसके इतिहास को परखने के लिए आलोचनात्मक नज़रिया तो देता है, एक अन्तःदृष्टि प्रदान करता है, भारतीय सन्दर्भ में देखने की विविधता की ओर ले जाता है, लेकिन अपने आप में यह समाजशास्त्रीय धरातल पर एक अलगाव वाली (exlusionary) केटेगरी बनकर रह जाता है। यह सोचना स्वाभाविक ही है कि दर्शन के इतर भी क्या हम देखने के, दृश्यगत अनुभवों को दैनिक चर्या की ज़मीन पर टटोल सकते हैं? आख़िर हम अपनी ज़िन्दगी हमेशा देवी-देवताओं के दर्शन करते हुए तो बिताते नहीं। तो फिर, दैनिक जीवन में दृश्यगत को देखने-दिखाने के अनुभव की क्या बिसात है? सवाल यह भी कि इस देखने के अनुभव को किस तरह संरचित, संयोजित किया जा रहा है? भूगोल के पठन-पाठन में एक ऐसे ही अनुभव के नियोजन की चर्चा है :

भूगोल पढ़ाने के तरीक़े

"इस पुस्तक में अनेक देशों का वर्णन है। विद्यार्थी इस पुस्तक को तोते की तरह कंठस्थ न करें। शिक्षक योग्य सबक चुनकर लड़कों के साथ पढ़ेगा, और जिस समय विद्यार्थी शिक्षक के साथ पढ़ेंगे, उस समय उस देश का नक़्शा सन्मुख रखा जायेगा, जिस देश का ब्यौरा वे पढ़ेंगे। और सब स्थान व भाग केन्द्र वा देशांश वा अक्षांश जिनका वर्णन होगा, नक़्शा पर दिखलाए जायेंगे। जो सबक इस रीति से लड़के लोग शिक्षक के साथ पढ़ेंगे, उसी सबक को वे अपने घर में सीखेंगे, और जब वे दूसरे दिन शाला आवेंगे, तो शिक्षक उनके सन्मुख नक़्शा रखकर पूछेगा, और जो-जो उत्तम बातें शिक्षक तजुर्बा वा पढ़ने से जानता है, वह विद्यार्थियों से कहेगा। प्रगट हो कि यह पुस्तक केवल एक ढाँचा है, और चाहिए कि शिक्षक उसमें मांस और जीव डाले।

जिस समय विद्यार्थी इस पुस्तक का भाग पढ़ेंगे जिसमें तारामण्डल का वर्णन है, उस समय उचित है कि शिक्षक अपने विद्यार्थियों को संध्या के समय बुलावें और प्रसिद्ध गृह, उपग्रह और तारे दिखलावें, तब लड़के लोग कुछ-कुछ समझेंगे कि यह सृष्टि अपार है, और वे इस पृथ्वी के और अपने देश के और अपने हाल के बारे में नम्रता के साथ सोच-विचार करेंगे, कि हमारे लोगों के प्राण इन अनगणित संसारों में अवश्य लुप्त हो जायेंगे, यदि एक ईश्वर न होता जो छोटी वा बड़ी वस्तुओं को पहचानता और बचाता है। यह ईश्वर सब स्थानों में विद्यमान है, और बिना उसकी आज्ञा के वृक्ष का एक पत्ता भी नहीं गिरता। यह पुस्तक छत्तीसगढ़ के निवासियों को बहुत लाभदायक होगी। कारण वहाँ के लोग समझते हैं, कि यह पृथ्वी ऐसी छोटी और निकम्मी वस्तु है, कि कोई बुढ़िया वाहियात वस्तु लेकर संसार के प्रबन्ध में दख़ल दे सकती है और महामारी को ला सकती है और उन मनुष्यों को दुःख दे सकती, जिन लोगों पर उसकी शत्रुता है"।[३७]

यहाँ नक़्शे (जो एक चित्रमय ज्ञान है) को किस प्रकार देखना चाहिए, किस तरह से उपयोग करना चाहिए यह शिक्षा दी जा रही है। लेकिन फिर जब हम तारामण्डल की तरफ़ उन्मुख होते हैं तो वहाँ अनुभूति, ऑब्जर्वेशन (observation) की अहमियत गिनाई जा रही है। सृष्टि की विशालता और ईश्वर के अस्तित्व का ज्ञान दिया जा रहा है। और, पुनः तीसरे हिस्से में, अन्धविश्वास को ख़ारिज किया जा रहा है। यहाँ नक़्शा और आसपास के

बाह्य जगत् दोनों के ऑब्जर्वेशन का एक मिश्रित मॉडल है जिससे अन्धविश्वास और कूप-मण्डूकता ('छत्तीसगढ़ के...लोग समझते हैं, कि यह पृथ्वी ऐसी छोटी और निकम्मी वस्तु है...बुढ़िया...संसार के प्रबन्ध में दख़ल') हटेगी लेकिन ईश्वर का अस्तित्व मिटाने के मूल्य पर नहीं। यहाँ ज्ञान भी है और भक्ति भी है।

इन दिये गये उदाहरणों से बहुत भिन्न ऐसी भी सामग्रियाँ हैं जहाँ देखने को बिलकुल अलग तरह से नियोजित करने का प्रयास हो रहा था। जैसे एंड्रू बेल की किताब जो पाठशाला के बैठवाने की रीति को सम्बोधित करती है।[३८] कुछ इस तरह के उद्देश्य (शिक्षा देने की रीति से जुड़े) से लखनऊ के एक हेडमास्टर बाबू रामचन्द्र सेन की किताब *हिदायतनामा* (मुंशी नवलकिशोर प्रेस, १८७१) में यह सुझाया गया है कि 'सम्पूर्ण शाला में ऐसी दृष्टि करें कि सब बालक अपने ही ऊपर समझें''।[३९] यहाँ अनुशासन और ऑर्डर की अपेक्षा है जो दृश्यगत है। बाद वाला उदाहरण तो मिशेल फूको द्वारा चर्चित मशहूर पैनोप्टीकन की याद दिलाता है। पाठशाला के बाहर नैतिक स्तर पर भी चित्र, देह को और दैनिक चर्या को सम्बोधित करते मिलते हैं जैसा कि चित्र १४ से ज्ञात होता है। यहाँ दैनिक अनुभव को अनुशासित करने का यत्न है। यहाँ एक सुसभ्य और आदर्श बालक के पूरे दिन को अनुशासित करने का यत्न किया गया है और वह भी एक खेल की तरह से जिसमें दैनिक चर्या को चित्र से पहचान करना है और इनाम का हक़दार बनना है। यह न केवल पाठकों को चित्र से जोड़ने की नीति है बल्कि एक तरह से एक इण्टरेक्टिव स्पेस भी मुहैया करा रहा है जो सम्पादक के नाम ख़त से बहुत अलग है। ध्यान देने पर इस चित्र के देह और उसके परिवेश को निर्मित करने वाले अनेक सामाजिक चिह्न (मार्कर) भी हमारे सामने आ ही जाते हैं जिन पर यहाँ विस्तार से चर्चा करना सम्भव नहीं है। लेकिन यह ज़िक्र कर देना अनुचित नहीं होगा कि यह देह एक पुरुष बालक की है जो मध्यवर्गीय और शहरी परिवेश की तरफ़ ही इशारा करता है। बच्चे की देह के सामान ही बालिकाओं और महिलाओं की देह पर चित्र के माध्यम से होती दावेदारियाँ कुछ कम नहीं रहीं। (चित्र)

यहाँ 'माताजी' और 'मेम साहब' के विपरीत रूपकोण के माध्यम से देह पर, उसको देखने के नज़रिये पर, उस देह पर उपभोग किये जाने वाली

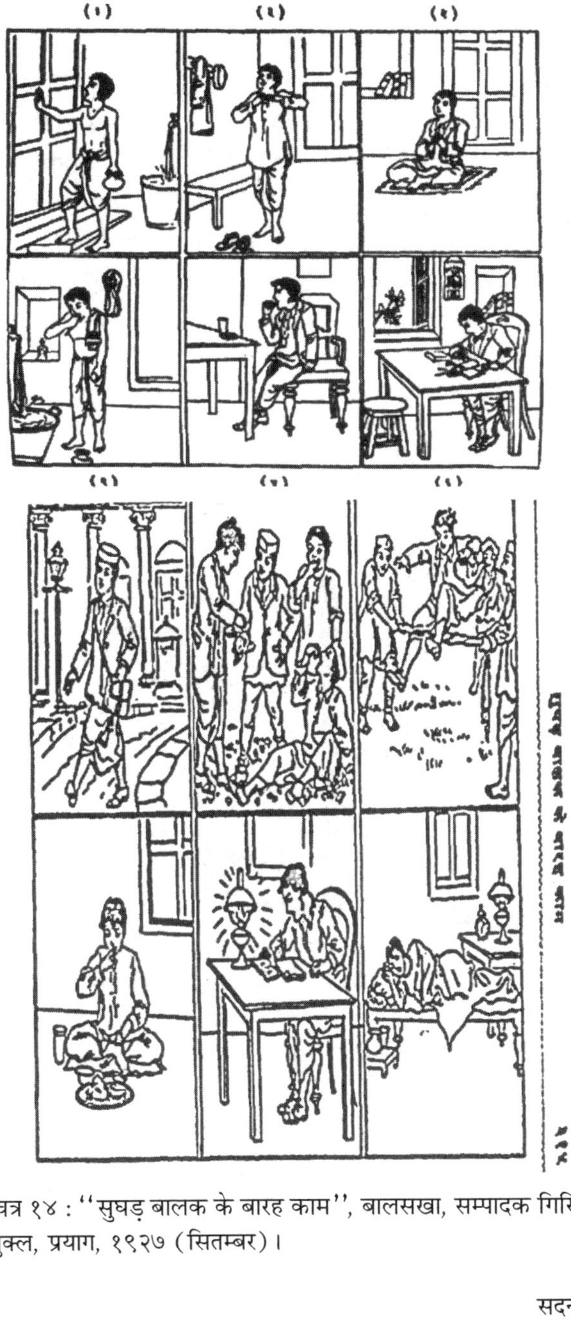

चित्र १४ : ''सुघड़ बालक के बारह काम'', बालसखा, सम्पादक गिरिजा दत्त शुक्ल, प्रयाग, १९२७ (सितम्बर)।

वस्तुओं और होने वाले ख़र्चे की इबारत लिखी गयी है। इस इबारत में फ़िज़ूलख़र्ची से बचने की ताकीद की जा रही है और, रिस्टवाच, फाउन्टेन पेन फ़िज़ूलख़र्ची की सूची में शामिल है। चित्र की ओर देखने वाले नज़रिये की अपेक्षाएँ किस राजनीति के पाले में हैं यह अनुमान लगाना बहुत मुश्किल नहीं है। देह को केन्द्र में रखकर निर्मित हो रहे स्टीरिओटाइप्स और पदानुक्रम (hierarchies) इस चित्र को देखने की हमारी नज़र, चित्रित देह और इच्छित अभिव्यक्ति के माध्यम (फाउंटेन पेन) तीनों को अपने जाल में समेटे हुए है। लेकिन, इस देह पर इतिहास की आँखों द्वारा किये जा रहे दावों पर फिर कभी।

चित्र १५ : माताजी और मेमसाहब की तुलना, *कार्टून बुकलेट कण्टेनिंग ५० इण्टरेस्टिंग कार्टून्स ऑन स्वदेशी*, इलाहाबाद स्वदेशी लीग, इलाहाबाद, १०३८। यह उदाहरण इस अध्ययन की समय सीमा के परवर्ती होने के बाद भी यहाँ शामिल किया गया है।

पाद-टिप्पणी

२. चले आ रहे श्रुति साहित्य के सम्बन्ध में प्रिंट के आने से हुए बदलाव के लिए देखें स्टुअर्ट ब्लैकबर्न और वसुधा डालमिया सं. *इण्डियाज लिटरेरी हिस्ट्री : एसेज ऑन द नाइनटीथ सेंचुरी*, परमानेंट ब्लैक, दिल्ली, २००४।

३. फ्रांचेस्का ऑर्सीनी, *प्रिंट एण्ड प्लेजर : पापुलर लिटरेचर एण्ड इंटरटेनिंग फिक्संस इन कोलोनियल नार्थ इण्डिया*, रानीखेत, परमानेंट ब्लैक, २००९, पृष्ठ ३।

४. देखें *उलिरिक स्टार्क, एन इम्पायर ऑफ़ बुक्स द नवल किशोर प्रेस एण्ड द डीफ्युजन ऑफ़ द प्रिंटेड वर्ल्ड इन कोलोनिअल इण्डिया*, रानीखेत, परमानेंट ब्लैक, २००७।

५. फ्रांचेस्का ऑर्सीनी, *प्रिंट एण्ड प्लेजर*, पृष्ठ १०९-११०, फ्रांचेस्का, ऑर्सीनी आगे लिखती हैं, "Visually lithographed booklets reproduced the hand of calligraphers and, in Urdu books, the look of earlier manuscript books. Hindi lithographed bookss introduced new conventions, such as paragraphs and indenting, and their copyists'hands strained to reproduced the standard the standard look of type fonts. In terms of poetics tastes and narrative repertoire song books and qissas were strikingly electric, partly because they continued performers' traditions, but also because they were printed in both scripts, thereby creating a common pool of forms and motifs. As a result, songs and tales evolved towards even greater eclecticism, and included a range of linguistic dialects and written registers within the same song or tale. These genres met with great favour among neo-literate groups and circulated well in towns and in the countryside through booksellers' stalls at fairs (Francesca Orsini, Print and Pleasure : Popular Literature and Entertaining Fictions in Colonial North India, Ranikhet: Permanent Black, pp. 160-161)"

६. साभार हरीश त्रिवेदी, ''द प्रोग्रेस ऑफ़ हिन्दी, पार्ट २ : हिन्दी एण्ड द नेशन'', शेल्डन पोल्लोक सं. *लिटरेरी कल्चर्स इन हिस्ट्री रिकंस्ट्रकसंस फ्रॉम इण्डिया*, दिल्ली, ऑक्सफोर्ड यूनिवर्सिटी प्रेस, २००४, पृष्ठ ९५८-१०२२, यहाँ पृष्ठ ९६४।

७. *लिपि के स्तर* पर बात करते हुए यह ध्यान रखना अनिवार्य है कि *प्रायः* ही उर्दू, फ़ारसी और अरबी लिपि को समानार्थी भाव से प्रयोग किया जाता रहा है। जुबान के स्तर और शब्दों तथा व्याकरण के लिहाज़ से और ऐतिहासिक विकासक्रम के मद्देनज़र भी इनमें आपस में अनेक फ़र्क़ हैं। हिन्दी-उर्दू भाषायी विवाद के ऊपर लिखने वाले अधिकतर विद्वानों ने जुबान के मद्देनज़र ही विषय को आँका है। भारतेन्दु हरिश्चन्द्र ने जिस 'उर्दू बेग़म' की मृत्यु का कटाक्ष किया है उसकी मैयत में अरबी, फारसी, पश्तो और पंजाबी को शामिल किया क्योंकि वे सब

एक विदेशी लिपि को साझा करते थे। साभार शमशुर्र रहमान फारुकी, ''ए लॉन्ग हिस्ट्री ऑफ़ उर्दू लिटरेरी कल्चर, पार्ट १ : नेमिंग एण्ड प्लेसिंग अ लिटरेरी कल्चर'', शेल्डन पोल्लोक सं. *लिटरेरी कल्चर्स इन हिस्ट्री: रिकंस्ट्रकशंस फ्रॉम इण्डिया,* दिल्ली, ऑक्सफोर्ड यूनिवर्सिटी प्रेस, २००४, पृष्ठ ८०५-८६३, यहाँ पृष्ठ ८१४।

८. देखें शमशुर्र रहमान फारुकी, ''ए लॉन्ग हिस्ट्री ऑफ़ उर्दू...'', ऊपर उल्लिखित। विषयगत कालखण्ड से एक उदाहरण सज्जाद सम्बुल नामक नाटक के विज्ञापन से भी समझा जा सकता है : ''यह नये ढंग का क़िस्सा नागरी हर्फ़ और उर्दू बोलचाल में छपा है। इसमें जगह-जगह बंगाली, अँग्रेज़ी और देहाती लोगों की गँवारी बोलचाल भी है। बहुतेरी जगहों में ऐसा लिखा गया है कि जिसके पढ़ने से पढ़ने वाला कैसा भी उदास क्यों न हो ज़रूर ही हँस पड़ेगा, और बाज जगहों में ऐसे बयाँ हैं कि उनके पढ़ने में संगदिल की आँखें भी डबडबा आती हैं— मजाल नहीं कि वे दो बूँद अश्रु टपकाए आगे बढ़ जायें, दाम सिर्फ़ एक रुपया, डाक महसूल दो आने। मनेजर ''बिहार बन्धु'' छापाख़ाना। बाँकीपूर''। *हिन्दी प्रदीप,* अप्रैल १८८०, पृष्ठ २१।

९. जे.सी. नेसफील्ड, १८७० के दशक के मध्य में अवध में डायरेक्टर ऑफ़ पब्लिक इंस्ट्रक्शन का कथन, क्रिस्टोफर आर. किंग, *वन लैंगुएज, टू स्क्रिप्ट्स : द हिन्दी मूवमेंट इन नाइन्टीथ सेंचुरी नार्थ इण्डिया,* बम्बई : ऑक्सफोर्ड यूनिवर्सिटी प्रेस, १९९४, पृ. १०७ से उद्धृत।

१०. ''देखना-दिखाना'', *हिन्दी प्रदीप,* सम्पादक-प्रकाशक : बालकृष्ण भट्ट, १ जुलाई, १८८३, पृ. ४-७। लगभग २४ पृष्ठों के इस मासिक में चार पेज इस लेख के लिए समर्पित करना निश्चित तौर पर ध्यान आकर्षित करता है। लगे हाथ यह ज़िक्र कर देना भी लाज़िमी होगा कि इस समय तक आते-आते हिन्दी प्रदीप की हालत खस्ता हो चुकी थी जिसे इस मासिकी का बारीकी से अध्ययन करने वाला कोई भी पाठक आसानी से भाँप सकता है। आलेखों की विविधता में ह्रास आ चुका था और विषयों की गुणवत्ता पर अब बट्टा लग गया था।

११. *हिन्दी प्रदीप,* अगस्त १८७८, पृष्ठ ८।

१२. विज्ञापन को साहित्य की विधा के रूप में स्वीकार किया भी जाय या नहीं इस बात पर साहित्यविदों के मध्य गहरा मतभेद हो सकता है। यदि मेरा अनुमान ग़लत नहीं है तो बहुत हाल के दशकों में ही विज्ञापन को पत्रकारिता की दुनिया में भी एक अभिन्न अंग के रूप में देखा गया है। वरना तो यह ख़रीदने-बेचने के ही बरक्स और ज्ञान-विज्ञान से जुदा रख कर देखा जाता रहा। पर यहाँ यह भी ताकीद करना ज़रूरी है कि ऐसा मैं महज़ अनुमान से ही कह रहा हूँ। हिन्दी जगत् में विज्ञापन और उसके प्रति नज़रिये का एक माकूल इतिहास अभी लिखा जाना है। कम से कम मैं ऐसे किसी आलिख या किताब से परिचित नहीं हूँ, वैसे इसे मेरी कमसमझी भी मान सकते हैं।

१३. यह इसलिए भी ज़रूरी हो जाता है क्योंकि हिन्दी प्रदीप ने ख़ुद अपने पहले के अंकों में इम्पीरियल दरबार के प्रति एक अलग नज़रिया अपनाया था। इसने लिखा था कि दरबार पूरे देश भर के सम्पादकों के मिलने का एक अवसर था और इसीलिए यह एक 'अच्छा अवसर' माना गया। इसने पूरे 'भरत खण्ड' की एकता का निर्माण किया। रिपोर्ट ने यह भी लिखा कि इन्हीं समाचार पत्रों के कारण ही लोग 'मुल्क की भलाई', 'देश की भलाई', 'देश हित', 'देश शुभ चिन्तक' आदि शब्दों से परिचित हो सके। लोग महज़ इन से शब्दों से ही परिचित नहीं हुए वरन इसके पीछे छुपी भावनाओं से भी अवगत हुए और इन विचारों और इन उद्देश्यों को अपनायें। 'एक ऐसे समाज का उत्सुक', 'प्रेरित', हिन्दी प्रदीप, दिसम्बर, १८७७, पृष्ठ ११-१२, साथ ही कई कवित्त, दोहे, सवैये और लेख आदि भी छपे जो दरबार की निन्दा करते मिलते हैं। १८७७ के इम्पीरियल दरबार और इस समय के अन्य चकाचौंध से भरे राजनीतिक आयोजनों जैसे '१८७६ के रॉयल टायटल्स एक्ट' का बर्नार्ड कोहन ने बख़ूबी अध्ययन किया है जो अनेक अन्तर्दृष्टि से परिपूर्ण है। ये लिखते हैं कि इन आयोजनों को जब प्लान किया गया और इनके होने के ठीक बाद भारतीय भाषा और अँग्रेज़ी दोनों प्रेसों में इसको बहुत आलोचनाओं का सामना करना पड़ा। कइयों ने इसे कई मायनों में बे-अँग्रेज़ी (un-English) और लिट्टन तथा डिसरेय्ली के दिमाग़ का फितूर (wild imagination) माना। बर्नार्ड कोहेन, ''रिप्रेजेंटिंग ऑथोरिटी इन कोलोनिअल इण्डिया'', *एन अन्थ्रोपोलोजिस्ट अमोंग हिस्टोरियंस एण्ड अदर एसेज,* दिल्ली : ऑक्सफोर्ड यूनिवर्सिटी प्रेस, १९८७, पृष्ठ ६७७।

१४. मरियोला अफ़्रीदी, ''दि सर्च फार नेशनल आइडेंटीटी एज रिफ्लेक्टेद इन दि हिन्दी प्रेस'', मरियोला अफ़्रीदी सम्पादित, *लिटरेचर, लेंगुएज एण्ड मीडिया इन इण्डिया,* दिल्ली, मनोहर, १९९२, पृष्ठ २२१-२६७।

१५. *हिन्दी प्रदीप,* अक्टूबर १८८५, पृष्ठ १३।

१६. ख़ास तौर पर देखें 'मलार' ('आरत भारत तेरी सुनियो'), *हिन्दी प्रदीप,* जुलाई १८८९, पर। १५; 'सवैया' पण्डित सरयू प्रसाद मिश्र की कविता से, *हिन्दी प्रदीप,* मई १८७९, पृष्ठ। १०। उन्नीसवीं सदी के उत्तरार्ध और बीसवीं सदी में राष्ट्र का नारी देह के रूप में अभिव्यक्ति के इतिहास और राजनीति के ऊपर लिखे गये उल्लेखनीय अध्ययन के लिए देखें : इंदिरा चौधरी, *फ्रेल हीरो एण्ड विराइल हिस्ट्री,* दिल्ली : ऑक्सफोर्ड यूनिवर्सिटी प्रेस, १९९८; सोगता बोस, ''नेशन एज मदर : रिप्रेसेंटेशन्स कन्तेस्टेशन्स ऑफ़ 'इण्डिया' इन बंगाली लिटरेचर एण्ड कल्चर'', सोगता बोस और आयशा जलाल सं. *नेशनलिज्म एण्ड डेवलपमेंट : स्टेट एण्ड पॉलिटिक्स इन इण्डिया,* दिल्ली : ऑक्सफोर्ड यूनिवर्सिटी प्रेस, १९९९, पृ. ५०-७५; जसोधरा बागची, ''रिप्रेसेंटिंग नेशनलिज्म : आईडियोलोजी ऑफ़ मदरहुड इन कोलोनियल बंगाल'', *इकोनोमिक एण्ड पोलिटिकल वीकली,* २०-२७ अक्टूबर, १९९०, पृ. WS-६५-७१; मनु गोस्वामी, *प्रोड्युसिंग इण्डिया : फ्रॉम कोलोनिअल इकोनोमी टू नेशनल स्पेस,* दिल्ली :

परमानेंट ब्लैक, २००४; सुमथि रामास्वामी, *द गॉडेस एण्ड द नेशन : मैपिंग मदर इण्डिया,* दुरहम एण्ड लन्दन : ड्यूक यूनिवर्सिटी प्रेस, २०१०; सदन झा, ''लाइफ एण्ड टाइम्स ऑफ़ मदर इण्डिया'', *मानुषी,* १४२, मई–जून २००४, पृ. ३४–३८।

१७. ''भारतवर्ष में यवन लोग'' के विज्ञापन में राधाचरण गोस्वामी लिखते हैं कि बङ्ग भाषा में ''भारत माता'' और ''भारत यवन'' यह दो रूपक हैं। ''भारत माता'' और ''भारत जननी'' के कुछ अंश ''हरिश्चन्द्र चन्द्रिका'' और ''कविवचन सुधा' में प्रकाशित हो चुका है। ''भारत यवन'' का अब मैंने अनुवाद किया है। ...इसके पढ़ने में देशवासियों को लज्जा होगी, यह मैं अवश्य कह सकता हूँ, किन्तु जी नहीं मानता। भारतवासियों को स्वदेश के विषय में लज्जा हो, इसमें दृढ़ विश्वास नहीं होता... यह रूपक अँग्रेज़ी राज्य के दो–तीन सौ वर्ष पूर्ववर्ती प्रजापीड़क मुसलमानों के राज्य की घटना का अवलम्ब करके लिखा गया है। मुसलमान महाशय इसमें बुरा न मानें क्योंकि यह उन लोगों की वीरता और हम लोगों की भीरुता का पूर्ण दर्शक है''। *हिन्दी प्रदीप,* मार्च १८७९, पृष्ठ २। यहाँ मुसलमान को 'उन लोगों' और मध्यकाल को एक हीन भावना से जिस तरह लिखा गया है स्वत: स्पष्ट है। श्रीधर पाठक कृत भारत श्री प्रवासिनी, *हिन्दी प्रदीप,* अक्टूबर, १८८५, पृष्ठ १३।

१८. बर्नार्ड कोहेन ने सांस्कृतिक सांकेतिक संविधान का जुमला रोनाल्ड इंडेन से लिया है जो इसको परिभाषित करने के लिए वर्गीकरण की स्कीम, वस्तुओं की कार्यप्रणाली सम्बन्धित अवधारणाएँ, कोस्मोलोजीस, संसार–दृष्टि, नैतिक सिस्टम, क़ानूनी सूत्र, सरकारी यूनिट्स की परिभाषायें, सामाजिक समूहों की परिभाषायें, विचारधाराएँ, धार्मिक डाक्टरिन, मिथकें, कर्मकाण्ड, प्रणालियाँ और आचरण के तौर–तरीक़े को इसके अन्तर्गत लाते हैं। कोहेन, पहले उल्लिखित, पृष्ठ ६४६।

१९. हिन्दी उर्दू विवाद के लिए देखें क्रिस्टोफर किंग, *वन लेंगुएज टू स्क्रिप्ट्स : द हिन्दी मूवमेंट* इन नाइंटीन्थ सेंचुरी नार्थ इण्डिया, बम्बई : ऑक्सफोर्ड यूनिवर्सिटी प्रेस, १९९४।

२०. लगे हाथ यह स्पष्टीकरण भी दे दिया जाय कि देवनागरी साहित्य के सन्दर्भ में भी इस लेख का फलक बहुत सिमटा हुआ ही है जैसे संस्कृत के प्रिंट साहित्य के सम्बन्ध में यह आलेख पूरा मौन है। यही बात कुछ अन्य देवनागरी साहित्य के सम्बन्ध में भी लागू होती है। यह कहना ग़लत नहीं होगा कि यह आलेख देवनागरी में लिखे उस साहित्य की ओर उन्मुख है जिसे मोटे तौर पर हिन्दी या हिन्दुस्तानी नाम से जाना जाता है। यह जहाँ एक लेख की सीमा माना जा सकता है वहीं यह ताकीद भी करता है कि देवनागरी के आर्काइव को सुलभ या सरलीकृत तरीक़े से नहीं आँका जा सकता है और देवनागरी को हिन्दी, हिन्दवी या हिन्दुस्तानी के समानार्थी के तौर पर ही देखने के अपने ख़तरे हो सकते हैं।

साथ में एक बड़ा ख़तरा इस बात का बना रहता है कि देवनागरी को आधार बनाते हुए कहीं जाने–अनजाने हम उसी राजनीति का शिकार तो नहीं हो जाते जिसे नागरी प्रचारिणी सभा और भारतेन्दु जैसे विद्वान कर रहे थे। एक वैकल्पिक दृष्टिकोण और आर्काइव के इन ख़तरों को नज़रअन्दाज़ या ख़ारिज नहीं किया जा सकता है लेकिन ये ख़तरे नये रास्ते पर चलने के लिए उठाने ही होंगे।

२१. साभार क्रिस्टोफर किंग, फोर्जिंग अ न्यू लिन्गुइस्तिक आइडेंटिटी इन बनारस, १८६८–१९१४'', संद्रिया बी. फ्रीटेग सं., *कल्चर एण्ड पावर इन बनारस : कम्युनिटी, परफोर्मेंस एण्ड एनवायर्नमेंट,* १८००–१९८०, दिल्ली : ऑक्सफोर्ड यूनिवर्सिटी प्रेस, १९८९, पृ. १७९–२०२, यहाँ पृ. १८०।

२२. देखें सुमथि रामास्वामी, *पैसंस ऑफ़ द टंग : लैंगुएज डीवोशन इन तमिल इण्डिया १८९१–१९७०*, यूनिवर्सिटी ऑफ़ कैलिफोर्निया प्रेस, १९९७।

२३. पण्डित राधेश्याम कथावाचक, *मेरा नाटक काल,* दिल्ली : राष्ट्रीय नाट्य विद्यालय, २००४: २१।

२४. वही, पृष्ठ २७।

२५. देखें क्रिस्टोफर पिन्नी, *क़ैमरा इंडिका : द सोशल लाइफ ऑफ़ इण्डियन फ़ोटोग्राफ़ी,* शिकागो : शिकागो यूनिवर्सिटी प्रेस, १९९७। साथ ही देखें क्रिस्टोफर पिन्नी, ''भूमिका : पब्लिक, पोपुलर, एण्ड अदर कल्चर्स'', रेचल डॉयर और क्रिस्टोफर पिन्नी सं., *प्लेजर एण्ड द नेशन, द हिस्ट्री, पोलिटिक्स एण्ड कन्जम्प्शंस ऑफ़ पोपुलर कल्चर इन इण्डिया,* दिल्ली : ऑक्सफोर्ड यूनिवर्सिटी प्रेस, २००१, पृष्ठ १–३४।

२६. देखें ''चित्र दर्शन'', *हिन्दी प्रदीप,* मई–जून १८९६, पृष्ठ १४।

२७. इस काल की कला के इतिहास को समग्रता से अध्ययन में सहायक शोधों के लिए देखें, तपती गुहा ठाकुरता, *द मेकिंग ऑफ़ अ न्यू इण्डियन आर्ट : आर्टिस्ट्स, एइस्थेटिक्स एण्ड नेशनलिज्म इन बंगाल, सी. १८५०–१९२०,* कैम्ब्रिज : कैम्ब्रिज यूनिवर्सिटी प्रेस, १९९२, पार्थ मित्तर, *आर्ट एण्ड नेशनलिज्म इन कोलोनियल इण्डिया १८५०–१९२२ : प्रेस, ओक्सिदेंटल ओरिएंटेशन्स,* कैम्ब्रिज : कैम्ब्रिज यूनिवर्सिटी प्रेस, १९९४। मेरे द्वारा इस लेख में कालखण्ड के चुनाव के पीछे इन दो महत्त्वपूर्ण किताबों का योगदान रहा है। जबकि इन किताबों के संयोजक आधारों और मेरे अध्ययन के मूल के बीच एक बड़ी दूरी भी पाठकों को दिख ही जायेगी।

२८. देखें पार्थ मित्तर, *आर्ट एण्ड नेशनलिज्म इन कोलोनियल इण्डिया,* ऊपर उल्लिखित, पृष्ठ १३८, पार्थ मित्तर, ''कार्टून ऑफ़ द राज'', *हिस्ट्री टूडे,* ४७ (९), १९९७, (रितु जी. खंडूरी, ''वर्नाकुलर पंचेज : कार्टून्स एण्ड पोलिटिक्स इन कोलोनिअल इण्डिया'', *हिस्ट्री एण्ड एन्थ्रोपोलोजी,* २० (४), दिसम्बर २००९ : ४५९–४८६, अवध पंच और पारसी पंच लिये देखें मुशीरुल हसन *विट एण्ड विसडम*

: पिकिंग्स फ्रॉम पारसी पंच, नियोगी बुक्स, २०१२, मुशीरुल हसन, दर अवध पंच : विट एण्ड ह्यूमर इन कोलोनियल नार्थ इण्डिया, नियोगी बुक्स, २००७।

२९. क्रिस्टोफर पिन्नी, द *कमिंग ऑफ़ फ़ोटोग्राफ़ी इन इण्डिया*, दिल्ली : ऑक्सफोर्ड यूनिवर्सिटी प्रेस, २००८, पृष्ठ ९।

३०. पण्डित बलदेव प्रसाद शर्मा, *बलदेव चित्र रत्नाकर*, कानपुर, १८९८, ब्रिटिश लाइब्रेरी, लन्दन, १४१५६.e.२०।

३१. *हिन्दी प्रदीप*, १ जनवरी १८८९, पृष्ठ २१-२२।

३२. फ़ोटोग्राफ़ किस तरह एक इण्डेक्स के रूप में काम करता है इस विषय पर अनेक सिद्धान्तकारों ने लिखा है। इस विषय पर भारत के सन्दर्भ में अन्तर्दृष्टि से परिपूर्ण चर्चा के लिए देखें क्रिस्टोफर पिन्नी, द *कमिंग ऑफ़ फ़ोटोग्राफ़ी इन इण्डिया*, पृष्ठ ३-५।

३३. पहले भी उल्लिखित, *हिन्दी प्रदीप*, अप्रैल १८८६।

३४. *श्री कमला*, भाग २, चैत्र-बैसाख सं. १९७४ एप्रिल १९१९, संख्या ४९५, सम्पादक पण्डित जीवानन्द शर्मा काव्यतीर्थ, बिहार एंजेल प्रेस, भागलपुर।

३५. सान्द्रिया फ्रिएतेग, ''द रिआल्म ऑफ़ द विजुअल : एजेंसी एण्ड द मॉडर्न सिविल सोसायटी'', सुमथि रामास्वामी सं. *बियोंड अपीयरेंस : विजुअल एण्ड आइडियोलोजीज इन मॉडर्न इण्डिया, कंट्रीव्यूसंस टू इण्डियन सोसियोलोजी* (विशेषांक), ३६ (१ और २), जनवरी-अगस्त २००२ : ३६५-३९८।

३६. दीपेश चक्रवर्ती, ''द नेशन एण्ड इमेजिनेशन'', स्टडीज इन हिस्ट्री, १५ (२), १९९९:१७७-२०७, दर्शन की संकल्पना के लिए देखें डायना एल. इक, *दर्शन : सीइंग द डिवाइन इमेज इन इण्डिया*, पेन्सिल्वेनिया, अनिमा बुक्स, १९८१ (१९८५), लारेस बाब, ''ग्लान्सिंग : विजुअल इंटरेक्शन इन हिन्दुइज्म'', *जर्नल ऑफ़ एंथ्रोपोलोजिकल रिसर्च*, ३७ (४), १९८१ : ३८७-४०१।

३७. भूमिका।

३८. एंड्रू बेल, *पाठशाला के बैठवाने की रीति*, कलकता : स्कूल बुक सोसायटी 'ज प्रेस, १८२४, लन्दन : ब्रिटिश लाइब्रेरी, २७९/५०.E.१६ & १४१५६.d.१.(१.)।

३९. बाबू रामचन्द्र सेन, हिदायतनामा, लखनऊ : मुंशी नवलकिशोर प्रेस, १८७१, पृष्ठ २, लन्दन : ब्रिटिश लाइब्रेरी, १४१६०.c.४.(६.)।

समय के बदले जगह और राष्ट्र के बदले प्रान्त
रेणु और आंचलिक आधुनिकता

यह लेख फणीश्वरनाथ रेणु के साहित्य पर है। मैं जिस सवाल से जूझ रहा हूँ वह यह है कि मैं, जो इतिहास का छात्र रहा हूँ, एक साहित्यकार को पढ़ते हुए किस तरह के सवाल पूछूँ। मूल सवाल यह है कि आधुनिकता के साथ समय का प्रभाव बढ़ता गया। आधुनिकता का जो विमर्श है वह समय-केन्द्रित है। रेणु इस समय-केन्द्रीयता से कैसे जूझ रहे हैं?

'मदर इण्डिया' और 'परती परिकथा'

यह एक ऐतिहासिक संयोग भी हो सकता है कि महबूब ख़ान की मशहूर फ़िल्म *मदर इण्डिया* और फणीश्वरनाथ रेणु का दूसरा उपन्यास, *परती परिकथा* १९५७ में एक मास के भीतर ही रिलीज़ हुआ। *मदर इण्डिया* उस बरस पहले-पहल २५ अक्टूबर को बम्बई और कलकत्ता में परदे पर आयी, और *परती परिकथा* के लिए इससे कुछ पहले २१ सितम्बर को राजकमल प्रकाशन, दिल्ली में और २८ सितम्बर को पटना में बड़ी धूमधाम से प्रकाशनोत्सव मनाया गया। देश के अख़बारों में इश्तहार छापे गये, 'लेखक से मिलें' कार्यक्रम और जलपान का आयोजन भी साथ-साथ था। ग़ौरतलब कि यह स्वाधीनता की दसवीं सालगिरह भी थी। मदर इण्डिया और परती परिकथा दोनों ही भारत के ग्रामीण परिवेश के बदलाव की दास्तान हैं। मदर इण्डिया की कहानी फ्लैश-बैक में चलती है जिसके

घटना-क्रम में हम एक ऐसे धरातल से प्रवेश करते हैं जो सन् पचास के नव-भारत के सपनों की धरती है। एक इच्छित भारत जहाँ आपकी आँखें ट्रैक्टरों की घरघराहट, बिजली के तारों और बाँध के पानी की आशा से चकाचौंध हैं। मदर इण्डिया एक औरत की कहानी है, एक गाँव की कहानी है जो भारत की पूरी उत्तर-पट्टी के किसी भी गाँव की हो सकती है। यह एक भारतीय गाँव है। यहाँ स्थान, क्षेत्र और जाति एवं बहुतेरी अन्य विशिष्टताओं को खुरचकर समतल कर दिया गया है। गाँव के परिवर्तन की यह कहानी वस्तुतः राष्ट्र के विकास की कहानी है। बहुत कुछ सुमित्रानन्दन पन्त की कविता भारतमाता का भाव लिये हुए जिसमें उन्होंने तीस के दशक के आख़िर में लिखा था :

> भारतमाता ग्रामवासिनी
> खेतों में फैला है श्यामल, धूल भरा मैला सा आँचल,
> गंगा-यमुना में अंशुजल, मिट्टी की प्रतिमा उदासिनी,
> दैन्य जरित अपलक नव चितवन, अधरों में चिर नीरव रुदन,
> युग-युग के तम से विषण्ण, वह अपने घर में प्रवासिनी,
> *भारतमाता ग्रामवासिनी।*

भारत की स्वतन्त्रता के बाद पन्त ने इसमें कुछ पंक्तियाँ और जोड़ीं :

> सफल आज उसका तप संयम, पिला अहिंसा सतन्य सुधोपम,
> हरति जन-मन भय, भव तम भ्रम,
> जग जननि, जीवन विकासिनी,
> *भारतमाता ग्रामवासिनी।*[1]

मदर इण्डिया सिनेमा की तरह, *परती परिकथा* भी एक गाँव के परिवेश के परिवर्तन की कहानी है। यहाँ भी बाँध बनता है, यहाँ भी सपने आकार लेते हैं, नेहरूवादी विकासमूलक सपने। परती परिकथा के अन्त की ओर पाठक एक ऐसे ही जश्न से रूबरू होता है :

> पाँचवाँ चक्र : उद्घोषक की आवाज़—निराश, हताश, कोसी-कवलित मानवों की टोली में जनजागरण ने विद्रोह मन्त्र फूँका-धु-तु-तु-तु-तु...! लड़ाई के नक्कारे बज रहे हैं। कोसी बह रही है, लहरें नाच रही हैं। अर्ध-नग्न जनता का विशाल दल! पर्वत तोड़, हइयो! पत्थर तोड़, हइयो! पत्थड़ जोड़ हइयो! इस कोसी को साधेंगे ...बगा मर गये, हाय रे! बीवी मर गयी, हाय रे! उजड़ी दुनिया, हाय रे! हम मजबूर हो गये।

> घर से दूर हो गये। वर्ष-महीना, एक कर! ख़ून-पसीना एक कर! बिखरी ताकत, जोड़ कर। पर्वत-पत्थर, तोड़ कर। इस डायन को साधेंगे। उजड़े को बसाना है ठक्कम-ठक्कम, ठक्क-ठक्क! घटम-घटम, घट-टिड़िरिक-टिड़िरिक! ट्रैक्टरों और बुलडोज़रों की गड़गड़ाहट!... ... लहरें पछाड़ खाती हैं। अट्टहासें! मंच रह-रह कर हिलता है। ... दर्शकों के मुँह अचरज से खुले हुए हैं। कौन जीतता है—मार जवानो, हइयो! एक डैम की प्रतिछाया परदे पर! गड़-गड़, गुड़-गुड़, गर्र-र्र-र्र-र्र! ...
>
> वीरान धरती का रंग बदल रहा है धीरे-धीरे... हरा, लाल, पीला, बैंगनी। ...हरे-भरे खेत। (परती परिकथा : पृष्ठ ६४५-४६)[2]

यह किस प्रकार का उत्सव है? क्या इस उत्सव को, इस नेहरूवादी लम्हे को भिन्न रूप में देखा जा सकता है? यह कोसी, इस डायन, इस वीरान धरती और इसके गाँव में रेणु का वह कौन सा लेखन-संसार है जो हमें भारत के गाँवों को देखने का एक नया नज़रिया देता है? इस प्रश्न के उत्तर के लिए हमें भारत में गाँव से सम्बन्धित उस विमर्श को खँगालना होगा जिससे छन कर गाँवों की संकल्पना और उनका अक़्स बनता रहा है। आशा है कि इस विमर्श के इतिवृत्त का एक संक्षिप्त घुमान रेणु के प्रयोगों को और इनके गाँव से उसकी हमउम्र *मदर इण्डिया* के गाँव से अन्तर को भी समझने में मददगार होगा।

भारतीय गाँव

१७६५ में अँग्रेज़ों को बंगाल की दीवानी मिलने के बाद से और हिन्दुस्तान के दूसरे भागों से प्रशासन और राजस्व के आकलन तथा वसूली के लिए यह लाज़मी था कि भारत के सम्बन्ध में विस्तार से जानकारियाँ जमा की जायें। ऐसे में जब यूरोपीय मानस में पहले से ही यह छवि बनी हो कि भारत गाँवों का देश है, तो ज़ाहिर है कि जानकारियों के संग्रह में गाँव को तरजीह दी गयी। बहुत व्यापक स्तर पर ग्राम्य जीवन से जुड़े सवालों के जवाब तलाशे गये। उदाहरण के तौर पर फ्रांसिस बुकानन के सर्वेक्षण को ले सकते हैं। उन्होंने बंगाल के पाँच ज़िलों, पूर्णिया (जो रेणु की कथा का क्षेत्र भी है), पटना, गया, शाहाबाद, भागलपुर, दीनाजपुर, रंगपुर और गोरखपुर का सर्वे भी किया।[3] मैसूर और मद्रास का भी बहुत विस्तार से सर्वे हुआ।

गाँवों के अध्ययन में अगला महत्त्वपूर्ण पड़ाव १९२० के दशक में आया जब महात्मा गाँधी ने भारतीय आत्मा को गाँवों के मध्य स्थापित करते हुए राष्ट्रीय आन्दोलन को नयी दिशा दी। जी. किटीन्स और हेराल्ड मान ने बम्बई में, गिल्बर्ट स्लेटर ने मद्रास में और ईवी लुकास ने पंजाब में ख़ास-ख़ास गाँवों के गहन अध्ययन की जो मुहिम छेड़ी उसका स्वागत गर्मजोशी से किया गया और साथ ही भविष्य में ऐसे प्रयासों की ज़रूरत भी महसूस की गयी। पूरे गाँधीवादी दौर में गाँव का आर्थिक पिछड़ापन और इसकी (रोमानी) नैतिक छवि देश के मानस पर छायी रही।[4] पर सन् ५० से इस रुझान में कुछ मूलभूत परिवर्तन दिखते हैं। शायद ही कोई एक ऐसा सघन पल रहा हो जब ग्राम्य-अध्ययन ने भारत में इतने बड़े स्तर पर बुद्धिजीवियों को आकर्षित किया हो जितना स्वतन्त्रता के बाद इस पहले दशक ने किया। देश के नव-निर्माण की चुनौतियों का सामना करते गाँव के पिछड़ेपन को अब संरचनागत विश्लेषण की ज़रूरत थी जिसमें गाँव महज़ आर्थिक इकाई नहीं रह सकता था। योजना के लिए यह ज़रूरी था कि सामाजिक और आर्थिक प्रक्रियाओं को साथ जोड़कर व्याख्यायित किया जाय।[5] यहाँ यह उल्लेख कर देना भी लाज़मी होगा कि यह वह दौर भी था जब मानवशास्त्र भी करवट ले रहा था। इसने अपने औपनिवेशक और नस्ली चोगे पर सवालिया निशान लगाने शुरू कर दिये थे। नये संस्कारों में निष्णात एक नयी पीढ़ी के लिए कबीलाई समाज का अध्ययन मानवशास्त्रियों का एकमात्र विषय नहीं रह गया था। वे अपने घर के नज़दीक के ग्रामीण समाज की हक़ीक़त भी समझना चाहते थे।[6]

गाँधीवादी दशकों की तुलना में एक और बड़ा परिवर्तन गाँव और देश के रिश्ते में आया बदलाव भी था। जहाँ गाँधीवाद में देश के विकास का मतलब गाँवों का विकास था नेहरूवादी मॉडल में यह समीकरण ठीक उलटा हो गया। अब गाँव का विकास देश की तरक़्क़ी के लिए ज़रूरी था। विकास के इस गणित में गाँव एक पिछड़ी इकाई बनकर रह गया। स्वतन्त्रता-प्राप्ति के समय कृषि की स्थिति दयनीय थी। एशिया के दूसरे अविकसित राष्ट्रों (जैसे चीन और जावा) ने कृषि के क्षेत्र में काफ़ी सुधार कर लिये थे जिससे भारत के लिए भी कृषि में परिवर्तन आवश्यक हो गया। कृषि पैदावार में अच्छी-ख़ासी बढ़ोतरी की ज़रूरत थी और नये इलाक़ों को भी खेती लायक बनाना था। भू-स्वामित्व के मामले में गहरी विषमता थी

और मानव-भूमि का अनुपात अन्य देशों की तुलना में बहुत कम था। ग्रामीण इलाक़े में ६० प्रतिशत से अधिक लोग या तो भूमिहीन थे या फिर उनकी ज़मीन २.५ एकड़ से कम थी।[7] इस चुनौती का जवाब नेहरू ने सिंथेटिक कृषि मॉडल द्वारा देने की कोशिश की, जहाँ कृषि में पैदावार को महज़ आर्थिक मुद्दा नहीं माना गया, बल्कि यह ग्रामीण भारत के राजनीतिक, आर्थिक और सामाजिक परिवर्तन की शर्त था, राष्ट्रीय योजना, जो 1938 से ही नेहरू की प्रिय थी, ने इस परिस्थिति में व्यापक महत्ता हासिल की। बिड़ला और टाटा समेत अनेक उद्योगपतियों के सहयोग से बना बम्बई प्लान और उसका भारी उद्योगों पर बल इसी पृष्ठभूमि में नयी ऊर्जा के साथ नये चेहरे और नयी तकनीक को लिये हुए था। महलोनबीस, सांख्यिकी, भारी मशीनरी और बड़े बाँधों ने इस तरह सन् पचास की धरती का वह लैण्डस्केप तैयार किया जिसमें *मदर इण्डिया* और *परती परिकथा* के ग्राम्य-परिवेश की वन्ध्या धरती को बाँध और ट्रैक्टरों की घरघराहट से हरा-भरा होना था।

साहित्य और इतिहास के सम्बन्ध को यदि इस नज़रिये से देखें तो *परती परिकथा* और *मदर इण्डिया* में कोई बड़ा अन्तर नहीं नज़र आता है। दोनों में नेहरूवादी सपने साकार लेते हैं। दोनों में विकास की एक लकीर खिंची दिखती है जिससे होकर कथा को आगे बढ़ना है।

रेणु का गाँव

लेकिन, रेणु के गाँव और *मदर इण्डिया* के गाँव में एक बड़ा फ़र्क़ है। रेणु के गाँव को उत्तर भारत में किसी दूसरे क्षेत्र में प्रतिस्थापित नहीं किया जा सकता है। यह कोसी नदी के पूरब का गाँव है। इसे कोसी के पश्चिम भी नहीं सरकाया जा सकता। इस एक फर्क से *मदर इण्डिया* और *परती परिकथा* दो भिन्न रूप हो जाते हैं सन् पचास के गाँव पर नेहरूवादी आधुनिकता की औपनिवेशिकता के। *मदर इण्डिया* में आपकी कल्पना को इज़ाज़त है जगह चुनने की, क्योंकि स्थानिकता के विस्तार में जगह की विशिष्टताओं को खुरच कर समतल कर दिया गया है। परती परिकथा में पाठक की स्थानजनित कल्पना को जगह के इर्द-गिर्द समेटने की

कोशिश है। दोनों में ही भारतीय गाँव के पिछड़ेपन की कहानी है। एक में औरत के जीवन-चरित्र के तौर पर, दूसरे में धरती के टुकड़े की। यह पिछड़ा टुकड़ा है पूर्णिया ज़िले का एक गाँव।

अपने उपन्यास, *मैला आँचल* की भूमिका में रेणु इस धरती से परिचय करवाते हैं :

> यह है मैला आँचल, एक आंचलिक उपन्यास। कथानक है पूर्णिया। पूर्णिया बिहार का एक ज़िला है। इसके एक ओर है नेपाल, दूसरी ओर पाकिस्तान और पश्चिम बंगाल। विभिन्न सीमा-रेखाओं से इसकी बनावट मुकम्मल हो जाती है, जब हम दक्खिन में सन्थाल परगना और पश्चिम में मिथिला की सीमा-रेखाएँ खींच देते हैं। मैंने इसके एक हिस्से के एक ही गाँव को—पिछड़े गाँवों का प्रतीक मान कर इस उपन्यास-कथा का क्षेत्र बनाया है। (मैला आँचल, रेणु रचनावली, २:२२)।

मैला आँचल का पिछड़ापन *परती परिकथा* में निरन्तरता के साथ, लेकिन एक भिन्न विस्तार लेता है। *मैला आँचल* के अन्त की ओर एक भावना-सघन लम्हे में जब नायक डॉ. प्रशान्त (जो मलेरिया का इलाज ढूँढ़ रहे हैं) अपनी दोस्त ममता से अपनी रिसर्च की विफलता की बात कहते हैं, और प्रति-उत्तर में एक सबल नायिका कमज़ोर पड़ते नायक को मानवीय सान्त्वना देती है :

> कोई रिसर्च कभी असफल नहीं होती डाक्टर! तुमने कम से कम मिट्टी को पहचाना है। मिट्टी और मनुष्य से मुहब्बत। कोई छोटी बात नहीं।
>
> डाक्टर ममता की ओर देखता है, एकटक। ममता बाहर की ओर देख रही है। विशाल मैदान! वन्ध्या धरती! यही है वह मशहूर मैदान नेपाल से शुरू होकर गंगा किनारे तक वीरान, धूमिल अंचल। मैदान की सूखी हुई दूबों में चरवाहों ने आग लगा दी है। पंक्तिबद्ध द्वीपों जैसी लगती है दूर से। तड़बन्ना के ताड़ों की फुनगी पर डूबते सूरज की लाली क्रमशः मटमैली हो रही है। (*मैला आँचल* : पृष्ठ ३०४)।

परती परिकिथा इसी ज़मीन की कथा है। उपन्यास शुरू होता है इन्हीं पंक्तियों को विस्तार देते हुए :

> धूसर, वीरान, अन्तहीन प्रान्तर।
> पतिता भूमि, परती ज़मीन, वन्ध्या धरती।

धरती नहीं, धरती की लाश, जिस पर कफ़न की तरह फैली हुई है बालूचरों की पंक्तियाँ। (*परती परिकथा,* रेणु रचनावली, २:३११)।

कैसी है यह ज़मीन? *मदर इण्डिया* की भूमि, पन्त की *जग जननि, जीवन विकासिनी* पतिता कैसे हो गयी? पन्त की माता अपने कठोरतम क्षणों में भी उदासीन, विषण्ण या प्रवासिनी ही रही, वह कभी पतिता नहीं हुई, कभी वन्ध्या नहीं हुई। वह कौन सा तार है जिसके सहारे रेणु इस ज़मीन की गहराइयों, इसके अन्तर्मन में उतरते हैं, और यह पूरा अंचल उनके लिए धरती की लाश के रूप में सामने आता है? सवाल यह भी कि एक पतिता और वन्ध्या धरती या फिर धरती की लाश, क्या महज़ विशेषण मात्र हैं या इनका कुछ महत अभिप्राय भी हैं? यदि हाँ, तो क्या? क्या यह अभिप्राय महज़ कथा-वस्तु तक ही सीमित है? यदि प्रश्नों का यह सिलसिला कथा और कथा कहने के ढंग तक ही बढ़ता है तो फिर एक इतिहास के छात्र के लिए, एक राजनीतिक सैद्धान्तिकी के लिए रेणु को क्यों पढ़ा जाय? मेरा अनुमान है कि रेणु की पतिता भूमि और उसका अन्तर्मन हमें बहुत दूर तक ले जाता है जिसके सहारे रेणु ने भारतीय गाँवों के चित्रांकन के अनछुए पहलुओं की ओर ध्यान दिलाया है।[8] यहाँ रेणु *मदर इण्डिया, गोदान* तथा श्रीनिवास और अपने अन्य समकालीन समाज-वैज्ञानिकों से अलग नज़र आते हैं, बल्कि वे आधुनिकता के साथ भी खेलते हैं।

'... मन समझती हैं न आप।...' *तीसरी कसम* का हीरामन मोहक अन्दाज़ में कहता है, हीराबाई को इसी अंचल की ओर ले जाते हुए।[9] इसी के साथ शायद पहली बार बम्बइया सिनेमा के क़ैमरे ने प्रवेश किया। बैलगाड़ी पर क्षमा करें, 'सम्पनी' पर, *तीसरी कसम* में।[10] सुब्रत मित्रा के क़ैमरे ने १९६६ में पहली बार इस क्षेत्र की ज़मीन को देश के सामने पर्दे पर पेश किया। रेणु अंचल के इसी मन को शब्दों में बयान कर रहे थे। यहाँ मैं *तीसरी कसम* और इस सम्पनी की ओर नहीं जाऊँगा, लेकिन यह कहने से पीछे भी नहीं हटूँगा कि मुझे बहुत ताज्जुब होता कि बैलगाड़ी और उसके अनेक प्रकार के सम्बन्धों में औपनिवेशिक दस्तावेज़ों और बाद के सरकारी काग़ज़ों में भी बहुत कुछ मिल जाता है।[11] और जिसका होना भारतीय गाँव की लोकप्रिय तसवीरों, पोस्टरों आदि के लिए आज भी बहुत लाज़मी माना जाता है, वह बैलगाड़ी भारतीय गाँवों पर शोध कर रहे मानवशास्त्रियों, समाजशास्त्रियों, इतिहासकारों और फिर साहित्य के

आलोचकों का मन क्यों नहीं खींच पायी? कुछ बातें महज़ कविता, कहानी, सिनेमा और पोस्टरों में ही क्यों रह जाती हैं? विश्लेषणात्मक फ्रेम का हिस्सा क्यों नहीं बन पातीं?

इस गीत की शुरुआत में ही हीरामन कहता है कि यदि अपनी बोली में गाना सुनना है तो लीक छोड़नी पड़ेगी। यह ज़िक्र करना यहाँ अतिरंजना नहीं होगा कि एक बहुत पुरानी कहावत है : लीक लीक गाड़ी चले, लीके चले कपूत। तीन लीक पर ना चलें, सूरमा, सन्त, सपूत। तो रेणु निश्चित ही अपने को इन तीन में से एक की तरह देखते थे। ख़ैर, यहाँ मेरे लिए महुआ घटवारिन का दर्द और सिनेमा की हीराबाई का अनन्त की ओर देखना बहुत मानीख़ेज़ है। गीत के अन्त की ओर हीराबाई की आँख (जिसे सिनेमाई भाषा में पॉइंट ऑफ़ व्यू शाट्स कहते हैं) और सामने फैले नदी के विस्तार के बीच एक अजीब सा विजुअल संवाद होता है। मानो हीराबाई की अन्तःपीड़ा, महुआ घटवारिन का दर्द और बाहर फैले अंचल का दर्द एकमेक हो गया हो। रेणु ने इस ज़मीन को कच्छप पृष्ठ सदृश्य भूमि (कछुआ पीठा) कहा है। इसकी पीड़ा के दस्तावेज़ीकरण के लिए सुरती राय के रूप में एक घाट-हाकिम भी रेणु ने नियुक्त किया जो घाटों की कहानी का संग्रह कर रहा है। घाट बरदिया का व्यवहार, करो बेगारी उतरो पार। ग़ौरतलब है कि औपनिवेशिक काल में घाट-कर महत्त्वपूर्ण हुआ करता था।

लेकिन अंचल के इन ऊपर वर्णित प्रवेश-द्वारों की सीमाएँ हैं इसीलिए रेणु ने इस धरती, इस लैण्डस्केप की जटिलता, इसकी समृद्धता उकेरने के लिए महज़ बाहर वालों पर निर्भरता नहीं रखी। परती की परिकथा कई स्तरों पर चलती है।

> चिरई-चुनमुन की कहानी पर परतीत न हो, सम्भव है।
>
> परती की अन्तहीन कहानी की एक परिकथा वह बूढ़ा भैंसवार भी कहता है। गँजेड़ी है तो क्या। गुनी आदमी ज़रा अमल पाँत तो लेता ही है।

मेरे लिए सवाल है कि यह किस तरह की ज़मीन है? इसकी पीड़ा को और इस धरती से इस विवरण के नाते को हम इतिहास में किस तरह से देखें? इस जगह का नेहरूवादी आधुनिकता से क्या सम्बन्ध है? रेणु जो साहित्य में ऐसी वीरान धरती की कथा लिख रहे हैं, उस साहित्य में किस प्रकार

के आधुनिक सरोकार हैं और इनमें जगह एवं समय की कौन सी स्थापनाएँ आकार ले रही हैं?

धरती नहीं, धरती की लाश...१९६७ के मिशेल फूको के चर्चित लेक्चर, *हेतेरोतोपिया* की याद दिलाता है...[12] एक जगह जो यथार्थ होते हुए भी अन्य सभी जगहों से जुदा है। जो हमेशा अपने होने की अनिश्चितता से व्याख्यायित होती है। जो अपने होने की शर्तों को नकारती चलती है। यह कोसी अंचल है। पूर्णिया ज़िला। आज का पूर्णिया नहीं, रेणु के समय का और अँग्रेज़ों के समय का पुरेनिया ज़िला। बहुत हाल तक, कहावत मशहूर थी, ना ज़हर खाओ ना माहूर खाओ, मरना है तो पूर्णिया जाओ। कोसी के पच्छिम वाले जो अपने को मैथिल समझते हैं, उनके लिए पूर्णिया कालापानी के समान। एक ऐसा क्षेत्र जहाँ आप महज़ जा सकते हैं, लेकिन वहाँ से आप वापस नहीं आते। ऐसे प्रान्तों के लिए बर्नार्ड कोहेन *कुल दे सेक* का प्रयोग करते हैं यानी वे प्रान्त जो अपने भौगोलिक और पर्यावरणीय असल कारकों की वजह से दूसरे क्षेत्रों से पीछे छूट गये। इतिहास-लेखन में इस प्रान्त को और इसके पिछड़ेपन को इसी फ्रेम में अँग्रेज़ी राज की आयातित भू-राजस्व नीति की टेस्टिंग लेबोरेटरी (क्रिस्टोफर हिल), अँग्रेज़ी राज और स्वतन्त्र भारत की ग़लत और अल्पकालिक पर्यावरण सोच और कार्यान्वयन के रूप में (दिनेश मिश्र) या फिर औपनिवेशिक इंजीनियरिंग, भू-राजस्व निकायों और ज़मींदारी के बीच के झगड़ों का परिणाम बताया गया है (प्रवीण सिंह)।[13] लेकिन रेणु का पूर्णिया और कफ़न ओढ़े धरती की लाश पिछड़ेपन की कहानी को अलग अन्दाज़ में हमारे सामने लाता है। या फिर कहें कि यह कथा हमसे कुछ अलग अपेक्षा रखती है। मेरे लिए चुनौती यह है कि रेणु के इस गाँव को, इस अंचल को किस तरह देखें, किस तरह व्याख्यायित करें। रेणु के इस गाँव का, इस अंचल का सन् पचास के दशक (जो रेणु के दोनों ही उपन्यासों की पृष्ठभूमि है) और उस दशक की अन्य विकासमूलक घटनाओं तथा बौद्धिक चाल-चलनों के साथ किस तरह का नाता-रिश्ता बनता है? यदि मोटे लफ़्ज़ों में कहा जाय तो रेणु का गाँव, दूसरे भारतीय गाँवों से, जिन्हें *मदर इण्डिया* और *गोदान* में पढ़ते-देखते-सुनते हैं, किन अर्थों में भिन्न है? लेकिन एक ख़ास सवाल और जिसकी तरफ़ मेरा इशारा है : अगर रेणु का गाँव भिन्न है तो रेणु के शिल्प की भिन्नता के क्या मायने हुए? इस मायने को समझने

के लिए इतिहास और साहित्य के बीच के सम्बन्धों की पड़ताल के सवाल क्या हों? क्या रेणु का साहित्य हमें वह अन्तर्दृष्टि देता है जो गाँव को देखने, रूपांकित करने, अध्ययन करने या कहानी कहने के अन्दाज़ पर सवालिया निशान लगाये?

रेणु का आंचलिक गाँव

सन् पचास का दशक भारत के लिए आमतौर पर आज़ादी की शुरुआती उम्मीदों, ऊहापोह और जद्दोज़हद के लिए जाना जाता है। नेहरू के सपनों का देश और उसी के अनुरूप चलते एक काल के सफ़रनामे की तरह...भूख, निर्धनता, अनाज-आयात, विभाजन की आग, दंगे-फसाद से लेकर पंचवर्षीय योजना, महलोनबीस और सांख्यिकी का बोलबाला, गुटनिरपेक्षता से लेकर बड़े-बड़े बाँधों को आधुनिक मन्दिरों की शक़्ल में पेश करता हुआ एक समय। यह एक महाख्यान के गढ़े जाते हुए समय की विशालता के साथ हमारे सामने पेश किया जाता है जिसकी पेचीदगी एक ऐतिहासिक प्रसव-पीड़ा के नाम पर या तो भुला दी जाती है या फिर एक ख़ास तरह से इसे परोसा जाता है। लेकिन क्या इस महाख्यान से अलग, नेहरू और बाँध से परे, इनकी आलोचना से भी इतर होकर पचास के उस गढ़े जाते हुए समय की ओर हम नज़र न डालें? मैं बात करना चाहता हूँ उस गढ़े जाते हुए समय की भाषा की। नहीं! भाषा-चेतना की बात शायद मैं नहीं करना चाहता। चेतना, एक अलहदा मुक़ाम की ओर हमें ले जा सकती है। मैं भाषा-प्रयोगों की बात पर अटकना चाहता हूँ।

पूर्णिया, सन् पचास का दशक और रेणु के जगत् के सहारे मैं पिछड़ेपन के चित्र की बारीक़ियों में झाँकने की कोशिश करूँगा जो आधुनिकता, पूँजी और विकास के मूल में भी रहा है। यहाँ एक ओर प्रेमचन्द की परम्परा है तो दूसरी तरफ़ सन् पचास के दशक के ग्राम्य-अध्ययन का अत्यन्त व्यस्त परिवेश है। पर दोनों ही तरफ़ गाँव भारतीय हैं अपनी समग्रता और राष्ट्रीय विस्तार में अपनी स्थानीयता से महरूम।

रेणु का आंचलिक गाँव तीन बातों पर टिका हुआ है। ये हैं, रेणु का अनोखा लहज़ा (उनकी लेखनी में साहित्य के अनूठे रूपों के साथ खेलने की

बाजीगरी), जो उन्हें प्रेमचन्द की विरासत से अलग करता है; दूसरा, उनके द्वारा अंचल और गाँव के जीवन से जुड़ी सूचनाओं का अपार संग्रह और उपयोग (ग्रामीण जीवन का लेखा-जोखा, जो अद्‌भुत मानवशास्त्रीय विवरणों और सूक्ष्म नज़रियों से भरा पड़ा है), जिसे मैं अंचल की सांस्कृतिक स्मृति कहूँगा; और तीसरा, उनके कथा कहने का अनूठापन। ये तीन कुल मिलाकर अंचल की विशिष्ट छवि बनाते हैं जिसमें आंचलिक ग्राम्य के साथ अपनापे की अहम भूमिका है। यह अपनापा हमें एक ख़ास ऐतिहासिक परिप्रेक्ष्य में आंचलिक ग्राम्य का एक वैकल्पिक आर्काइव प्रदान करते हैं। यह अपनापा १९५० के दशक के गाँव के मानवशास्त्रीय-समाजशास्त्रीय विवरण में नदारद हैं। रेणु के कथाशिल्प और उनके भाषा सम्बन्धी प्रयोग के बारे में बहुत कुछ लिखा गया है।[14] भारत यायावर ने रेणु रचनावली मुहैया कराने के साथ-साथ रेणु को पढ़ने और गुनने के रास्ते भी दिखाये हैं। हिन्दी साहित्य में रेणु पर लिखी महत्त्वपूर्ण आलोचनाओं का सन्दर्भ हेंसन के शोध और लेख में मिल जाता है। इन सबके अलावा भी रेणु के साहित्य पर बहुत कुछ मानीख़ेज लिखा गया है, लेकिन सभी को इस छोटे से लेख में शामिल करना सम्भव नहीं है। इसे मेरी और इस लेख की कमी के तौर पर देखा जाय।), रेणु भाषा के उच्चारित रूप को खड़ी बोली हिन्दी की उस लिखित परम्परा के स्थान पर तरजीह देते हैं जो उन्नीसवीं सदी के अन्त के दशकों तक जाती है, रेणु की भाषा का सीधा सम्बन्ध उनके पात्रों के सामाजिक सरोकारों से जुड़ता है। रेणु के गाँव में अलग-अलग भाषा बोलने वाले अलग-अलग जाति के लोग अपनी भाषायी और जातिगत भिन्नताओं द्वारा गाँव पर अपनी दावेदारी पेश करते नज़र आते हैं। यहाँ यह ताक़ीद कर देना लाज़मी है कि रेणु का गाँव अपनी समकालीनता से असम्पृक्त नहीं है। लेकिन यह प्रेमचन्द के गाँव की तरह राष्ट्र के गाँव में विलीन भी नहीं है।

रेणु का गाँव दावेदारियों से अटापटा है। ये दावे, भाषागत हैं। ज़मीन के हैं, जातिगत हैं और वैचारिक भी। *परती परिकथा* में सर्वे सेटलमेंट के हाकिम साहब परेशान हैं। *परानपुर इस्टेट की कोई भी जमा ऐसी नहीं जो बेदाग़ हो। सभी जमा को लेकर एकाधिक ख़ूनी मुक़दमे हुए हैं; आदमी मरे हैं, मारे गये हैं।*

फणीश्वरनाथ रेणु (१९२१-१९७७) का जन्म बिहार के पूर्णिया ज़िले के

औराही–हिंगना नामक गाँव में हुआ जो अब अररिया नामक एक अलग ज़िले का हिस्सा है। ३६ साल के अपने लेखन की शुरुआत में वे कवि बनना चाहते थे और इन ३६ वर्षों में उन्होंने न केवल साहित्य की हर विधा में मिसाल क़ायम की, वरन राजनीति में सक्रिय भागीदारी भी निभायी। चुनाव भी लड़ा। रेणु उस समाज की ज़िन्दगी से कटे नहीं थे जिसे वे काग़ज़ पर अक्षरों में रच रहे थे। यह तथ्य रेणु को अपने समकालीन लेखकों, ख़ासकर नयी कहानी के पुरोधाओं से अलग करता है। यह उन्हें उस प्रचलित आधुनिक पद्धति से भी कुछ दूरी पर खड़ा रखता है जिसमें ज्ञान–अर्जन हेतु असम्पृक्तता पर बल दिया जाता था/है। अपने अंचल की ज़िन्दगी में इस सक्रियता के उनके शिल्प के लिए क्या मायने होंगे? लोथार लुत्से ने यही सवाल उनसे पूछा और रेणु नयी कहानी के लेखकों पर बिफर उठे।[15] नयी कहानी के लेखकों के विपरीत रेणु शहर के बदले गाँव पर केन्द्रित हैं। लेकिन जो रेणु को उनके समकालीन लेखकों से जोड़ता है वह है मन के भीतर पैठने की अदम्य चाह। नयी कहानी के लेखक मानवीय चरित्र के भीतर ऊर्ध्वाधर घुसने की जद्दोज़हद में हैं तो रेणु अंचल को मानवीय चरित्र देने की फ़िराक़ में हैं। लेकिन रेणु अपने चरित्र का मनोवैज्ञानिकों के समान सामने बैठ कर नहीं अवलोकन करते, वे ख़ुद इस चरित्र का एक हिस्सा हैं। इस अंचल की ज़िन्दगी में शामिल, फसल बोने–काटने में हिस्सेदार। रेणु का चरित्र अपने अंचल के इतिहास को साथ लेकर चलता है। ये पात्र, जो रेणु की ज़िन्दगी से किसी न किसी रूप में जुड़े, इस अंचल के जीते–जागते लोग हुआ करते थे, कभी भी स्वयं को इस अंचल से मुक्त नहीं कर पाते हैं। जित्तेन बाबू प्राणपुर लौट आते हैं (*परती परिकथा*), डॉ. प्रशान्त बाहर से मेरीगंज आता है लेकिन फिर वहीं का होकर रह जाता है। गोदान के मिस्टर मेहता की तरह उसके लिए गाँव मध्यवर्गीय तफ़रीह की जगह नहीं, काम करने की लेबोरेटरी है। हीरामन हीराबाई के साथ अंचल नहीं छोड़ता है और न हीराबाई ही रुकती है। रेणु की आन्तरिकता अंचल की भाषा में ही नहीं रुकती, वरन वे इतिहास और भूगोल से निरन्तर खेलते हैं। लेकिन ग़ौरतलब हो कि रेणु का न तो इतिहास ही आधुनिकता का इतिहास है और न ही उनका भूगोल सेकुलर जगहों की निर्मितियों पर आधारित है। रेणु के कथा–साहित्य में इतिहास अतीत के चिह्नों के रूप में यत्र–तत्र बिखरा हुआ है जो समकालीन से जुदा न होकर उसे पहचान देता है। यह सांस्कृतिक अतीत है अपने

बहुवचन में। कोसी के साथ रेणु का सरोकार इसका एक उदाहरण है। कौसी मैया भी, भगवती भी, एक उन्मुक्त किशोरी भी और सास-ननद से सताई अबला से डायन बनी सबला भी। ध्यान देने लायक यह भी है कि रेणु का लोक-जगत् लेखक के लिए किसी सांस्कृतिक भण्डार के समान नहीं है जिसके लिए लेखक फ़ोकलोरिस्ट के समान शुद्धतावादी नज़रिया अपनाये। रेणु के सोहर, फाग, बटगमनी, समदऊन आदि गाँधी-जवाहर से ताल्लुक़ रखते हैं। एक अजीब क़िस्म की रागधर्मिता है अपनी समकालीन घटनाओं को समेटे हुए। यह मेरे दूसरे हिस्से से जुड़ा है जिसमें रेणु सन् पचास के दशक के एक क्रोनिकलर के रूप में हमारे सामने आते हैं।

रेणु का लेखन अनेक बहुवचनों से मिलकर बना है जिसमें प्रान्त की सांस्कृतिक स्मृति, सामुदायिक और सामाजिक ताने-बाने और नैतिकता सभी कुछ शामिल तो हैं, लेकिन इनका शामिल होना पहले से चली आ रही साहित्यिक मान्यताओं और मानदण्डों को तोड़ता-मरोड़ता है। जैसे मैला आँचल के दूसरे ही अध्याय में हम पाते हैं : तीन आने की लबनी ताड़ी, रोक साला मोटरगाड़ी। इन बहुवचनों के बीच गाँव को स्थापित करने के लिए रेणु ने शिल्प से सम्बन्धित बहुतेरे प्रयोग किये जिससे अतीत की संश्लिष्टता के साथ बदलते ग्रामीण समाज की कहानी एक विशिष्ट एस्थेटिक संवदेना के साथ सामने आयी और आंचलिक साहित्य की एक नयी विधा का सूत्रपात हुआ।

रेणु की इस आंचलिकता को व्याख्यायित करने से पहले संक्षेप में इसकी जन्म-पत्री का उल्लेख बेमतलब नहीं होगा। पर, हमें प्रेमचन्द से शुरुआत करनी होगी, जिनके *सेवासदन* (१९१९) से हिन्दी साहित्य में उपन्यास को एक स्वतन्त्र विधा का दर्जा हासिल हुआ। प्रेमचन्द और उनके युग के लेखकों के लिए साहित्य का मुख्य उद्देश्य सामाजिक और राष्ट्रीय हितों की सेवा करना था। प्रेमचन्द की लेखनी का नैतिक और राजनीतिक ओज एक तरफ़ तो गाँधीवादी राष्ट्रवाद से आता था तो दूसरी तरफ़ आर्थिक और सामाजिक रूप से हाशिये के लोगों के चित्रण से जिसका उद्देश्य समाज का यथार्थवादी रूप पेश करना और सामाजिक कुरीतियों का उद्घाटन करना था। इसे बहुत से आलोचकों ने आदर्शोन्मुखी यथार्थवाद कहा है। *रंगभूमि* (१९२५) का *सूरदास* और *गोदान* के गाँव और होरी (१९३६) स्वतः ही हमारे सामने आ खड़े होते हैं।

कुछ–कुछ इसी लीक पर १९३६ में प्रगतिशील लेखक संघ की स्थापना हुई। बंगाली साहित्य के प्रभावशाली रुझान जो एक सार्वभौम मानव की तलाश में लिप्त थे (और जिनका सीधा असर उन्नीसवीं सदी के अन्त से विकसित हिन्दी साहित्य पर भी ख़ासा दिखता है), के विपरीत अब ऐसे आदमी की तलाश होने लगी जो अपने समाज और परिवेश से दमित हो। वहाँ सन् १९२० के दशक से चली आ रही बंगाली साहित्य के कल्लोल आन्दोलन के बीच सीधा सम्बन्ध दिखता है। प्रेमचन्द का आदर्शोन्मुखी यथार्थवाद और कल्लोल के क्षेत्रीय परिवेश का दबा–कुचला आदमी, इन दोनों ने कहानी में सामाजिक और आर्थिक पृष्ठभूमि के सूक्ष्म लेकिन लम्बे दस्तावेज़ीकरण पर ज़ोर दिया। *गोदान* इस सम्मिश्रण का अद्‌भुत उदाहरण है। बहुत दिनों तक और शायद आज भी इसे भारतीय गाँव का सम्पूर्ण लेखा–जोखा माना जाता है। लेकिन *गोदान* में ग्रामीणों के मध्य राजनीतिक चेतना नदारद है। खड़ी बोली में लिखा उत्तर प्रदेश का यह गाँव अवधी, भोजपुरी या ब्रज नहीं के बराबर इस्तेमाल करता है। अंचल यहाँ अपनी भाषायी विविधता से महरूम है और यह गाँव जातियों से ख़ाली है।

रेणु या फिर राही मासूम रज़ा या अमृतलाल नागर इन्हीं बातों को लेकर सामने आते हैं, साहित्य के नये तेवर के साथ। समय के हिसाब से देखा जाय तो नागार्जुन रेणु से पहले आते हैं। इन्दु प्रकाश पाण्डे ने इस पूरी प्रक्रिया को हमारे सामने रखा है। लेकिन, रेणु के या फिर कहें तो हिन्दी में आंचलिक साहित्य के उदय का इतिहास अभी लिखा जाना शेष है और इसके लिए जहाँ एक ओर उन्नीसवीं सदी के अन्त से १९५० के दशक को फिर से खँगालने की ज़रूरत है (ख़ासकर हिन्दी साहित्य ने आधुनिकता के साथ किस तरह के संवाद स्थापित किये और किन स्तरों पर तथा किन क्षेत्रों में लोक को जीवन्त बनाये रखा) वहीं १९३६ से १९५० के बीच के साहित्यिक इतिहास पर गहन चिन्तन की ज़रूरत है। ख़ासकर मुझ जैसे कमअक़्ल के लिए तो ज़रूर ही।

लेकिन यहाँ हम रेणु के गाँव की ओर चलें और देखें कि वह किस तरह प्रेमचन्द से भिन्न है और भारतीय गाँव की छवि में सेंध मारता है। रेणु के चरित्र अपनी सामाजिक–भाषायी विशिष्टताओं में लिप्त हैं जहाँ हरेक की अपनी ख़ास भाषायी पहचान है। इसीलिए महज़ एक ही अध्याय में हम

मैथिली, तत्सम, अर्ध-तत्सम, तद्भव, नेपाली-हिन्दी, संस्कृतनिष्ठ हिन्दी और शुद्ध संस्कृत का इस्तेमाल देखते हैं। रेणु का यह प्रयोग उस खड़ी बोली के प्रचार-प्रसार का प्रतिरोध भी दिखता है जिसमें क्षेत्रीय भाषाओं को बोलियों का दर्जा देकर न केवल दोयम स्थान दे दिया गया पर साथ ही बोलने और लिखने के बीच एक नैतिक अन्तर पर भी ज़ोर दिया गया। रेणु इसके ख़िलाफ़ शब्द के उच्चारित और लिखित रूपों के अन्तर के साथ खिलवाड़ करते हैं। इस खेल में इनकी प्रतिबद्धता उच्चारित और व्यवहारित अनुभवों की तरफ़ है लेकिन इस क्रम में भाषायी नैतिकता नया आयाम ग्रहण करने लगती है। जैसा कि कैथरीन हैंसन ने भी दिखाया है कि आधुनिक हिन्दी गद्य, जिसका अकथित नियम अर्ध-तत्सम के स्थान पर संस्कृत या फिर तत्सम का उपयोग था, उसे रेणु ने मानने से इन्कार कर दिया।

इस भाषायी प्रयोग का एक परिणाम यह भी हुआ कि हमारे सामने एक समृद्ध भाषायी आर्काइव है, इस अंचल का। यह आर्काइव कोसी क्षेत्र के ग्रामीण समाज के सीमान्त पर दम तोड़ते चरित्रों और सामाजिक कामों का अद्भुत दस्तावेज़ भी है। इनकी कहानी *ठेस* (१९५७) का सिरचन एक सितल-पाटी बनाने वाला है। *रसप्रिया* का पंचकौड़ी मृदंगिया (१९५५), *तीसरी कसम* का बहलमान हीरामन (१९५५) ऐसे ही कुछ उदाहरण हैं जो ग्रामीण समाज के अंग तो हैं लेकिन सीधे-सीधे खेती से नहीं जुड़े हैं। इन सबकी अपनी पहचान है, इनकी अपनी ज़िन्दगी है जो सन् १९५० के दशक के समकालीन ग्राम-अध्ययन में नदारद है। रेणु के ये चरित्र अपनी विधा में महारथी हैं और इस रूप में काफ़ी सबल हैं लेकिन ये सभी अत्यन्त भावुक और कोमल अतः दुनियावी मामलों में कमज़ोर भी हैं जहाँ इनकी भावुकता की ज़रूरत सामाजिक सम्बन्धों के प्रचलित दायरों और वर्गीकरणों को तोड़ती चलती है। तीसरी कसम में हीरामन और हीराबाई का सम्बन्ध रोमांस और दोस्ती की साधारण परिभाषा के बीच कहीं नज़र आता है। *रसप्रिया* में बूढ़े मृदंगिया का एक छोटे बच्चे के प्रति आकर्षण अनेक तारों के बीच झूलता है जिसमें एक मृतप्राय: संगीत की विरासत, घुमन्तू उपाश्रयित संगीतकार की मार्मिकता और दयनीयता तथा ग़रीबी शामिल हैं।

लेकिन यदि रेणु के इस आर्काइव को हम ग्राम-समाज की सूचनाओं के

लिए देखेंगे तो वह रेणु और साहित्य दोनों ही के लिए अन्याय होगा। यहाँ अपनापे और भावनाओं की प्रचुरता है जो रेणु के गाँव को उनके समकालीन बुद्धिजीवियों जैसे एम.एन. श्रीनिवास, श्यामाचरण दुबे और तमाम समाज-वैज्ञानिकों से अलग करता है। रेणु के लिए जो सबसे अहम था वह उनके अपने शब्दों में स्वयं उनकी अपने आपकी तलाश थी जिसका मतलब था मानव मात्र की खोज।

मैंने यहाँ ऊपर चार बातों का ज़िक्र किया है आर्काइव, सूचना और भावनात्मकता के बीच का अन्तर और सन् पचास में अपने निज की तलाश। ये सब व्यापक विश्लेषण की माँग करते हैं जिसके लिए यहाँ समय और समीचीनता नहीं है लेकिन अपनी बातों को स्पष्ट करने के लिए मैं रेणु की एक कहानी समदिया (१९६२) का उदाहरण देना चाहूँगा। यहाँ रेणु ने एक संवादवाहक के द्वन्द्व द्वारा सूचना के प्रति वफ़ादारी और अपनी निज की भावना के प्रति ईमानदारी के बीच की कशमकश दिखायी है जिसके अन्त में लेखक ने सूचना-सम्प्रेषण के बदले भावना के पक्ष में निर्णय दिया है लेकिन, पूर्ण विराम लगाने से पहले यहाँ यह ताक़ीद कर देना लाज़मी है कि इस कहानी में समदिया का आत्म घनिष्ठ रूप से उसके गाँव के आत्म (सम्मान) के साथ संलग्न है।

यह आत्म गाँव से जुड़ा है जो उस अंचल से जुड़ा है और इस जुड़ाव में अतीत की बड़ी अहम भागीदारी है। यह अतीत है अंचल के मलेरिया का, यह है एक अंचल का पूर्ण-अंचल से वन्ध्या-धरती बन जाने का। यह है नीलहे गोरों की स्मृतियों का। यह अतीत कम से कम दो स्तरों पर दर्शाया जा सकता है। पहला तो, पूर्णिया ज़िले में औपनिवेशिक काल में अँग्रेज़ी सरकार की नीतियों के कारण आये बदलावों के द्वारा। इस इतिहास में कोसी नदी को नियन्त्रित करने की जद्दोज़हद है जिसके कारण कालाजार और मलेरिया ने इस ज़िले को डस लिया और हमें कहावत मिली—न ज़हर खाओ ना माहुर, मरना है तो पूर्णिया जाओ।

दूसरे स्तर पर हमें लोक में संचित अतीत मिलता है जिसमें कोसी मैया भी है और डायन भी। जहाँ कोसी हरेक बन्धन से अपने को बचाती अपने को मुक्त रखने में सफल है। रेणु इन दोनों स्तरों के साथ निरन्तर खेलते हैं। रेणु का लोक बहुत से रूपों में आता है ... कथा कहने के अन्दाज़ में, कथा के क्रम में लोक-गीत, मुहावरे आदि में, कथा की भीतरी कथा में और

धरती के वन्ध्या हो जाने की औपनिवेशिक स्मृति में। लेकिन यह सब हो रहा है उपन्यास, कहानी और कथा-रिपोर्ताज में जहाँ लेखक एक अंचल के गाँव को प्रामाणिक तरीक़े से व्यक्त करना चाहता है ऐसे रूप में जो वह आधुनिक है।

समय के बदले जगह

अलग तरह से देखें तो इसे कह सकते हैं रेणु का आधुनिकता के भीतर से आधुनिक समय के साथ खिलवाड़। मैला आँचल में डॉ. प्रशान्त कोसी क्षेत्र की मूल समस्या मलेरिया का समाधान खोज रहा है। लेकिन वह हल इसी क्षेत्र की वनस्पति में ही मौजूद है। यह क्षेत्र एक प्रयोगशाला है, डॉ. प्रशान्त के लिए, लेकिन, इस प्रयोग के नियम और तरीक़े रेणु के अपने हैं। परती परिकथा में जितेन कछुआ-पीठा परती में पानी ढूँढ़ रहा है जिससे वीरान धरती सुनहरे रंग में रँग जाय। लेकिन, समस्या का हल उसे रहस्यमय ताम्रपत्र में वर्णित जीवट पोखर की ओर ले जाता है। ये महज़ मिथक नहीं है। लेखक लोक-जगत् के फ़िकरे और लोकगीतों की तरह समकालीन समय को साथ लेते हुए इनका राजनीतिक इस्तेमाल करता है, एक ऐसी जगह की कहानी कहने के लिए जहाँ समय के साथ खेल तो बहुत खेले जा रहे हैं, लेकिन, भिन्न-भिन्न तरीक़ों से। किसी एक चौखटे में रहकर नहीं। पश्चिम से उधार ली हुई आधुनिकता के चौखटे में तो ख़ासतौर पर नहीं। लेकिन क्या रेणु महज़ औपनिवेशिक आधुनिकता का एक और नमूना बनकर सामने आते हैं? शायद नहीं। तो फिर रेणु के द्वारा किये गये इन सब प्रयोगों के क्या मायने हुए? यह समझने के लिए हमें आधुनिकता के मूल में जाना होगा।

आधुनिकता का विमर्श समय-केन्द्रित है। यहाँ जगह को ग़ौण महत्त्व दिया गया है। आधुनिकता के तहत जगह महज़ नक़्शे पर दो ज्यामितीय बिन्दुओं के बीच क़ैद कर दी गयी है, जिसका इतिहास तो हो सकता है लेकिन अतीत नहीं।[१६] इस आधुनिकता के पास गाँव और शहर, देश और प्रान्त सब समय के एक ऊर्ध्वाधर स्केल पर अलग-अलग पदानुक्रम में स्थित इकाइयाँ हैं जो पूँजी की क्रिया द्वारा निर्देशित होती हैं। यही पूँजी तय करती

है कि किस जगह को पिछड़ा कहा जाय और कैसे विकसित। यहाँ कुछ समाजों के पास अपना इतिहास है तो कुछ के पास नहीं। लेकिन अतीत यहाँ किसी के पास नहीं। अपनी नैतिकता और वर्तमान में अपनी उपस्थिति से महरूम अतीत यहाँ महज़ पिछला, पिछड़ा, समय में पहले आया हुआ और भूतकाल रह जाता है।

रेणु के यहाँ गाँव का अतीत है जो इतिहास में विलीन नहीं है। यहाँ गोदान या श्रीनिवास के गाँवों की तरह इतिहास नदारद नहीं है। रेणु के गाँव के पास उसका अतीत भी है और इतिहास भी। इन दोनों की सक्रिय भागीदारी इसलिए भी सम्भव हो पायी है क्योंकि रेणु अपने गाँव को महज़ समय के स्केल पर स्थानिकता से नंगा कर खड़ा नहीं कर रहे। यही कारण है कि रेणु के गाँव में समय भी बहुवचन में कई स्तरों पर कथाशिल्प से खिलवाड़ करता हमारे सामने आता है। एक क्षण में पण्डुकी की कहानी, अगले क्षण में कोशिका मैया की कहानी फिर अगले क्षण में धरती के लाश बनते जाने का इतिहास और नेहरू के सपनों के भारत का भीषण आशावाद। यहाँ सब कुछ है, लब्बोलुबाब यह कि रेणु के गाँव को, उनके शिल्प को यदि समझना है तो हमें आधुनिकता के समय-केन्द्रित विमर्श से बाहर आना होगा। देश को देखने की तकनीक से अपने को दूर हटाना होगा। यहाँ साहित्य और गाँव की अन्त:क्रिया को परिभाषित करने के लिए नये सवाल गढ़ने होंगे। समय के बदले केन्द्र में जगह और उसकी स्थानिकता को रखना होगा। देश के एबस्ट्रैक्ट स्पेस की जगह प्लेस की बात करनी होगी जहाँ ज़मीन पूँजी का महज़ एक और उदाहरण नहीं रह जाता और ज़मीन से लगाव महज़ इसलिए नहीं कि वह किसान का खेत है। यहाँ ज़मीन मतलब धरती है। मैया भी और वन्ध्या भी।

रेणु का लेखन हमें ले जाता है राष्ट्र से प्रान्त की ओर। एक प्रान्त जो आधुनिकता के साथ-साथ अपनी विरासत को भी इस्तेमाल कर रहा है, किसी और समय में नहीं अपने समकालीन समय में, अपनी शर्तों पर। यह इच्छित समय है, जो आधुनिकता भी चाहता है, इतिहास भी चाहता है, विकास भी चाहता है, खुला अतीत और उसकी स्मृति भी। और यह सब आंचलिक साहित्य में, एक खुले भविष्य के लिए, यदि कुछ शेष रह जाता है, तो अंचल का मोह और अंचल को शब्दों में पिरोने की तकनीक।

लेकिन उस मोह का क्या करें जो रेणु की रचना के ठीक बीच में है? जो

कोसी अंचल के लोगों को इस क्षेत्र की तमाम दिक़्क़तों के बावजूद अपनी ओर खींच लाता है। सन् १९९५ में सहरसा ज़िले के सूरतिपति गाँव की ५० साल की संसा खातून कहती है : कुछ नहीं बचा, न घर, न खेत-पथर, कुछ नहीं। कोसी सब बहा कर ले गयी। कोसी हर साल क़रीब ८०,००० लोगों को बेघर करती है। लोगबाग पंजाब, हरियाणा और दिल्ली का रुख़ करते हैं। लेकिन फिर से लौट आने के लिए, अपने पानी में डूबे घर की ओर। संसा खातुन कहती हैं, यह हमारा घर है, हम कहाँ जायें? जब पानी आता है हम महज़ बाँध के दूसरी तरफ़ इंतज़ार करते हैं।[१७]

पश्च लेख

एक साहित्यकार गाँव को पूरी स्थानिकता में व्यक्त करता है। उसके लिए जो समग्रता है वह भी भग्न है। कहीं न कहीं जो विशिष्टताएँ हैं और जो सार्वभौमिक यानी जो एब्सट्रैक्ट हैं, वह एक-दूसरे का विरोध नहीं कर रहे हैं। लेकिन विशिष्टताओं को इस तरह तोड़ा किया जा रहा है, रेखांकित किया जा रहा है कि सार्वभौमिक को देखने और बताने के जो तयशुदा खाँचे हैं वे तब्दील हो रहे हैं। यही 'आधा गाँव' में हो रही है, यही रेणु में हो रही है। वे कहीं भी राष्ट्र को खारिज नहीं कर रहे हैं।

लेकिन जो काम वे नहीं कर रहे हैं, वह यह है कि वे जगह की सार्वभौमिकता को हासिल करने के लिए स्थानजनित विशिष्टताओं को नज़रअंदाज करने के चक्कर में नहीं हैं। आख़िर वे कर क्या रहे हैं जिससे ये दोनों बातें होती दिखती हैं? इसीलिए मैंने कहीं भी यह नहीं कहा कि रेणु नेहरूवादी आधुनिकता का सचेत विरोध कर रहे हैं। दरअसल, वे नेहरूवादी आधुनिकता की जो औपनिवेशिकता है, उसका प्रतिरोध कर रहे हैं। यह नहीं कि वे इससे बाहर हैं। १९५७ में जब *परती परिकथा* आयी थी, उसी के साथ वे निबन्ध लिखते हैं कि साहित्यकार का राष्ट्र के प्रति क्या कर्तव्य है। उसमें वे ऐसी सभी बातें कह रहे हैं जिन्हें पढ़ कर नेहरूवादी आधुनिकता के आज के आलोचक कहेंगे कि ये तो वही बातें कह रहे हैं जो नेहरू कहते थे। वे चकाचौंध में हैं, पर चकाचौंध के साथ ही मैं यह दिखाना चाहता हूँ कि विकासमूलक ऐतिहासिकता और विकास अलग-अलग है। रेणु

विकास के ख़िलाफ़ नहीं हैं। यदि आप यह कहें कि रेणु राष्ट्र के ख़िलाफ़ हैं, विकास के ख़िलाफ़ हैं, तो यह बात नहीं है। वे चमत्कृत हैं, पर उसे बयान करने का उनका जो अन्दाज़ है वह अलग है। रेणु के गाँव का जो पिछड़ापन है उसे महज असमता के उस खाँचे से नहीं समझा जा सकता है जो पूँजी के ऐतिहासिकता से उत्पन्न होती है। यहाँ समय केन्द्रित विकास की संकल्पना मूल में नहीं है। देहात का जो पिछड़ापन है उसमें इसे नज़रअन्दाज़ नहीं किया जा रहा है, पर उसमें जगह को पहले प्राथमिकता दी जा रही है। इसका मतलब यह भी नहीं है कि समय के साथ रेणु का जो सघन संवाद है वह ख़त्म हो जाता है। लेकिन, आधुनिकता जिस तरह से जगह की विशिष्टता को खारिज करती है, हर चीज़ को समझने के लिए समय को माध्यम बनाती है, जैसे अगर कोई बुजुर्ग है तो वह अधिक जानकार होगा, बच्चा कम जानकार होगा, यह जो समय-केन्द्रित समझ है उस पर रेणु सवालिया निशान लगाते हैं। समय के साथ जगह के सम्बन्ध की परतों को जब वे खोलते हैं, तो हमें एक अलग दुनिया नज़र आती है।

उपन्यास एक ऐसी आधुनिक विधा है, जिसमें समय अकसर रैखिक गति से चलता है। रेणु उस पर सवाल लगाते हैं। वहाँ एक साथ बहुत सारे नैरेटिव्ज़ आते हैं। यह फ़ॉर्म के स्तर पर है। मैं कहीं यह नहीं कह रहा हूँ कि राष्ट्र के बदले प्रान्त का अर्थ यह है कि राष्ट्र हट जायेगा। यह प्रान्त को अहमियत देना है। आंचलिकता का मतलब यह नहीं है कि आप दुनिया को कहीं दूसरी जगह स्थानांतरित कर दीजियेगा। और, वहाँ वे प्रेमचन्द की उस परम्परा से सचेत रूप से फ़ासले पर रहते हैं, संवाद करते हैं कि हमें एक अंचल पर, एक गाँव पर लिखना है अगर, तो हमें उसकी सांस्कृतिक विविधताओं से, उसके अतीत से जूझना होगा। लेकिन उस सांस्कृतिक अतीत को एक भण्डार की तरह इस्तेमाल करके आप नहीं जूझ सकते, जिसमें कथा का पात्र कथा कह रहा है और जब पीछे जाता है तो लोक-कहावतों का इस्तेमाल करता है, ज्ञान के, सूचना के अदर वह ऐसा नहीं करते क्योंकि वह एक सा परिवेश रचने की कोशिश में है जो प्रेमचन्द नहीं करते। रेणु राष्ट्र के आख्यान से बाहर भी नहीं हैं। उनके लिए जो प्रान्त है वह राष्ट्र से बाहर नहीं है। बात यह है कि यह जो प्रान्त के साथ नाता है, वह राष्ट्र की शर्तों पर नहीं है।

एक को प्राथमिकता देने का मतलब दूसरे को हटाना नहीं है। नयी कहानी

में शहरी आदमी है जो अपने आसपास की परिस्थिति से बहुत अलग है। ऐसा आदमी कहीं भी हो सकता है।

अगर मैं अन्त:क्रियाओं की बात करूँ तो नयी कहानी के जो लेखक हैं, नयी कहानी की जो विधा है, रेणु उस पर जो उत्तेजक प्रतिक्रिया देते हैं उसे कैसे देखें ? रेणु लोठार लुत्ज़े को लिख रहे हैं, तो एक रास्ता तो यह है कि मैं कहूँ कि यह बहुत आलंकारिक और बिम्बात्मक है। लेकिन इस लहजे की अपनी एक अहमियत है। हम चाहें तो कह सकते हैं कि नयी कहानी में बहुत सी बातें हो रही हैं, इसलिए यह कहना सही नहीं होगा कि दोनों में बहुत विरोधाभास है। एक यह तरीक़ा भी हो सकता है। दूसरा तरीक़ा यह हो सकता है कि रेणु भी लिख रहे हैं और नयी कहानी के लेखक भी लिख रहे हैं, तो यह देखा जाय कि दोनों का जो तरीक़ा है वह कैसे ज़ाहिर है कि उनकी भी एक साहित्यिक कुण्डली भी होगी। वे आन्तरिकता को लेते हैं जो नयी कहानी में केन्द्रीय हैं। लेकिन वे आन्तरिकता को अलग तरीक़े से व्याख्यायित करते हैं। यह बात नहीं कि रेणु के पात्र आन्तरिक नहीं हैं। रेणु के लिए पहले पूरा क्षेत्र ही चरित्र में बदल जाता है, फिर वे आन्तरिकता में प्रवेश हैं। दोनों की तकनीक में नजदीक जाने की कोशिश है, पर जो नज़रिया है वह अलग है। एक है कि अपने किरदारों के साथ दुराव होना चाहिए, और दूसरा है उसमें ख़ुद को शामिल करना चाहिए।

न तो मैं पूर्णिया या कोसी अंचल के इतिहास को साहित्य से पृथक कर देख सकता हूँ, न ही इस अंचल के, महज़ औपनिवेशिक पृष्ठभूमि में सामाजिक, आर्थिक और राजनीतिक कारकों के विश्लेषण से मुझे सन्तुष्टि मिलती है। इन्हीं तीन के कारण मैं रेणु के साहित्य को इस अंचल की स्मृति और इसके इतिहास से जुदा नहीं कर सकता और न ही रेणु की तकनीक को या फ्रांसिस बुकानन की तकनीक को (जिसकी यहाँ मैंने चर्चा नहीं की लेकिन १८०९-१० का उनका विवरण विस्तार से चर्चा की अपेक्षा रखता है) उनके समय के सरोकारों से पृथक किया जा सकता है। मेरे लिए रेणु का साहित्य, सन् पचास की धरती, ग्राम्य-अध्ययन का विमर्श, कोसी अंचल की स्मृतियाँ और कोसी अंचल का इतिहास एक-दूसरे से जुदा न होकर एक-दूसरे में गुत्थम-गुत्था हैं। इन्हीं के योग से अंचल का अक्स उभरता है, इन्हीं के ज़रिये रेणु का साहित्य अपना स्वरूप ग्रहण करता है।

यहाँ सवाल उठता है कि समय और जगह की यह जद्दोज़हद क्यों? रेणु में वह क्या विशिष्ट है जो उन्हें दूसरे से अलग करता है। रेणु भी उपन्यास लिख रहे हैं, प्रेमचन्द उनसे पहले हैं, और भी कई हैं अज्ञेय हैं, निर्मल वर्मा हैं, जैनेन्द्र हैं, नागार्जुन हैं। इन सबके पास अपनी-अपनी ख़ासियत है। एक साहित्यकार, सृजक के नाते हर कोई देश और काल से संवाद करता है। अपनी रचनाओं में इन दोनों को रचता है और रचे हुए संसार का भोगे गये यथार्थ से नाता तो रहता ही है। प्रेमचन्द गाँव का परिवेश रचते हैं। बहुतेरी बारीक़ियों को उकेरते हैं, पन्नों पर। तो क्या रेणु महज़ इसलिए प्रेमचन्द की जमात से अलग हैं कि उनमें चन्द कहावतें हैं, कुछ लोकगीत हैं, कोसी अंचल का भूगोल है और सामाजिक सघनता है? मेरे लिए यह सघनता मायने रखती है लेकिन महज़ इतने से रेणु का आकलन नहीं हो पायेगा। और, सवाल महज़ रेणु का नहीं है। राही मासूम रज़ा हैं, उनका 'आधा गाँव' है। एक पूरी विधा विकसित हो रही है। इनको परखने के लिए हमें अपने सवालों को और पैना करना होगा। रेणु के साहित्य को देश और काल, जगह और समय के दो बृहत् वृत्तों के समक्ष रख कर देखना होगा और उनके साहित्य के साथ के अन्त:सम्बन्ध की पड़ताल करनी होगी। यहाँ प्रेमचन्द का आह्वान अनिवार्य हो जाता है। वे उपन्यास लिख रहे हैं। गाँव को रच रहे हैं : उपन्यास आधुनिक विधा है। रेणु भी उपन्यास में गाँव को रच रहे हैं। दोनों ही गाँव के पिछड़ेपन की बात उठा रहे हैं। लेकिन फिर क्यों प्रेमचन्द के यहाँ आधुनिकता प्रश्नांकित नहीं होती? प्रेमचन्द का गाँव भारतीय जीवन की बहुत सारी जानकारियाँ देता है। यह कुछ ऐसा ही है कि जवाहर लाल नेहरू भारतीय इतिहास पर बहुत कुछ लिखते हैं, लेकिन उसमें मुझे कुछ भी ऐसा नज़र नहीं आता जिससे हमें इतिहास को देखने की, इतिहास के बारे में हमारी समझ में कोई इज़ाफ़ा हो। भारत के इतिहास के बारे में हमारी जानकारी ज़रूर बढ़ती है। दूसरी ओर महात्मा गाँधी हैं जिनके पास इतिहास पर कहने को बहुत कम है, उन्होंने भारतीय इतिहास पर कोई किताब नहीं लिखी लेकिन हिन्द-स्वराज में इतिहास और अतीत के बीच फ़र्क़ करते हुए उन्होंने जो थोड़ा लिखा वह इतिहास-दृष्टि में परिवर्तन लाता है। वह हमें इतिहास के स्वरूप के बारे में सोचने पर विवश करता है। वह इतिहास के आधुनिक रूप को हमारे सामने कठघरे में खड़ा करता है। ऐसे ही प्रेमचन्द के पास आधुनिकता को देने के लिए कोई प्रश्न नहीं है। बहुत सारी जानकारियाँ ज़रूर हैं। इन

जानकारियों के आधार पर आधुनिकता और पिछड़ेपन के बीच जो नाता बनता है वह भी है। लेकिन यह एक वैश्विक खाँचे में ढला है। यहाँ गाँव, पिछड़ेपन की कहानी में एक इकाई भर है।

रेणु इस इकाई होते गाँव के सार्वभौम चरित्र को तोड़ते हैं। लेकिन इसका यह क़तई मतलब नहीं कि रेणु आधुनिक नहीं हैं या फिर आधुनिकता ने विकास के जो मानदण्ड निर्धारित किये, जिस तरह के चित्रों से अपने को मनमोहक बनाया, रेणु उससे अछूते हैं। रेणु सन् पचास की धरती पर लिख रहे हैं। कृषि पैदावार में बढ़ोतरी का सवाल, खेती में नयी-नयी मशीनों की ज़रूरत, बेकार की ज़मीन को उपजाऊ बनाने की चिन्ता, प्राकृतिक विपदाओं से कृषि और जान-माल का बचाव और पिछड़ेपन से विकास की ओर देश को ले जाने की चिन्ता रेणु में भरपूर दिखती है। इसलिए ही तो वे नेहरू की ही तरह बाँध से चमत्कृत हैं। पूरी परती परिकथा वन्ध्या धरती के सतरंगी होने की कथा है। रेणु के मुख्य पात्र चाहे वह मैला आँचल का डॉ. प्रशान्त हो, या परती परिकथा का जितेन, आधुनिक पुरुष हैं। ये पढ़े-लिखे एकल व्यक्तित्व हैं जो पारिवारिक-सामाजिक नाते-रिश्ते से मुक्त होकर उपन्यास में प्रवेश करते हैं। उनका अतीत दुःखदायी, यायावरी और नगरीय रहा है ये अंचल के गाँव में प्रवेश करते हैं इस इच्छा से कि वे पिछड़ेपन को दूर कर फिर वापस लौट जायेंगे। लेकिन यह वापसी कभी हो ही नहीं पाती। उनका स्वतन्त्र आत्म अंचल के गाँव के सामाजिक आत्म में तब्दील हो जाता है। उनके नगरीय आधुनिक आत्म को अंचल का गाँव अपने में आत्मसात् कर लेता है। लेकिन क्या महज़ इससे रेणु आधुनिकता को प्रश्नांकित करते दिखते हैं? शायद नहीं।

और फिर, मुझे लगता है कि यदि रेणु की ख़ासियत समझना है तो अपना ध्यान आधुनिकता की ओर ले जाना होगा। उसका वह कौन सा रूप है जिस पर रेणु सवालिया निशान लगाते हैं? मिशेल फूको ने अपने भाषण (जिसका उल्लेख मैंने ऊपर किया है) में हेटरोटोपिया की बात करते हुए यह बल दिया है कि आधुनिकता के अनेक प्रभावों में से एक अहम यह है कि इसके विमर्श में जगह को तवज्जो नहीं दी गयी है। यहाँ समय को अधिक अहमियत दी गयी। आधुनिकता से पहले जगह के बारे में समाजों का भिन्न-भिन्न नज़रिया था। ये नज़रिये रीति-रिवाजों, विश्वासों और धार्मिकता से भी लबरेज़ हुआ करते थे। पर आधुनिकता ने इन अन्तरों को

खुरच कर समतल कर दिया। अब जगह अपनी धार्मिकता से महरूम दो ज्यामितीय बिन्दुओं के बीच स्केल से तय दूरी मात्र रह गयी। ऐसे में स्पेस और प्लेस के बीच कोई गुणात्मक अन्तर की गुंजाइश शेष नहीं रही। यहाँ जगहों के बीच का पदानुक्रम विकास के मानदण्डों से तय होने लगा। अर्थात् समय के एक-रेखीय स्केल पर कुछ जगहें कम विकसित रह गयीं, कुछ विकसित मान ली गयीं और कुछ पिछड़ी। दूसरे शब्दों में कहें तो स्पेस ने प्लेस की स्थानीयता को, उसकी विशिष्टताओं को, अपने में आत्मसात् कर लिया, डस लिया। फूको और उनसे पहले हाइडेगर और बाद के कई विद्वानों (जैसो एडवर्ड सोया) ने इस ओर हमारा ध्यान दिलाया है। इन विद्वानों से अन्तर्दृष्टि लेते हुए यदि रेणु की ओर लौटा जाय तो मेरा मत है कि रेणु के गाँव प्रेमचन्द के गाँवों के समान अपनी स्थानीयता से मरहूम नहीं हैं। साथ ही रेणु जब इस अंचल की धरती को वन्ध्या कहते हैं, इसे कछुआ-पीठा कहते हैं और परती परिकथा में इस धरती, ज़मीन के फ़र्क़ को उजागर करने के लिए कई स्तरों पर कथा कह रहे हैं, तो इन स्तरों से, उनके पात्रों के नज़रिये से हमें उस छिपी हुई असमाप्त धार्मिकता की झलक मिलती है जिसके लिए मिशेल फूको ने 'हिडेन प्रेज़ेंस ऑफ़ दि सेक्रेड' की बात की है यानी हमारे दैनिक जीवन में धार्मिकता की भागीदारी।

रेणु के इन्हीं प्रयोगों के कारण परती धरती पर उनके मैले हुए आँचल में औपनिवेशिक इतिहास की विडम्बना के रूप में मलेरिया और कालाज़ार भी है। सन् पचास के सर्वे और ज़मीन की मिल्कियत को लेकर दावे भी हैं। राजनीति भी है और अज्ञात जीवट पोखर और गुप्त कुण्ड भी है। जीवट पोखर का उल्लेख तो डेढ़ सदी पहले बुकानन ने भी किया था। रेणु में गोरखा मिलिटरी भी है, नीलहे गोरों की स्मृति भी और अंचल के जनमानस की कोसी भी जहाँ वह एक साथ डायन है, देवी है, ख़ूबसूरत किशोरी है जिस पर रानू सरदार मर मिटा था, और कोसी अपने सास और ननदों की सताई अबला भी है।

रेणु की रचनावली की इन विविधताओं को, इस क्षेत्र की स्थानीयता और सामाजिक अतीत और इनकी ऐतिहासिकताओं की परतों को आधुनिकता के एक-रेखीय समय में क़ैद कर व्याख्यायित करना सम्भव नहीं है। यहाँ रेणु देश के पिछड़ेपन की कहानी सुनाते अंचल में कुछ इस तरह प्रवेश कर

जाते हैं कि देश का एब्स्ट्रैक्ट स्पेस अंचल की प्लेसनैस की विविधताओं को समेटने में नाकामयाब रहता है और रेणु समय-केन्द्रित आधुनिकता के चौखटे में क़ैद नहीं दिखते।

पाद-टिप्पणी

१. सुमित्रानन्दन पन्त, 'भारत माता', शिवकुमार मिश्र (संकलित और सम्पादित), *आज़ादी की शिखाएँ,* दिल्ली, इण्डियन फर्टिलाइजर लिमिटड, १९९८, पृष्ठ १०२।

२. रेणु साहित्य के सभी सन्दर्भ रेणु रचनावली से लिये गये हैं। देखें भारत यायावर (सम्पा.), *रेणु रचनावली,* (५ भागों में), दिल्ली, राजकमल प्रकाशन, १९९५।

३. फ्रांसिस बुकानन के अध्ययनों के ऐतिहासिक महत्त्व को समझने के लिए देखें, मारिका विक्जियानी, *इम्पीरियलिज़्म बॉटनी एण्ड स्टेटिसटिक्स इन अर्ली नाइंटीथ-सेंचुरी इण्डिया : द सर्वेज़ ऑफ़ फ्रांसिस बुकानन (१७६२-१८२९),* मॉडर्न एशियन स्टडीज, २० (४), १९८६, पृष्ठ ६२५-६६०।

४. रामकृष्ण मुखर्जी, 'आन विलेज स्टडीज इन इण्डिया', ए.आर. देसाई (सम्पा.), *रूरल सोशियोलॅजी इन इण्डिया,* बम्बई, पॉपुलर प्रकाशन, १९६९, पृष्ठ ०५-८१८। रोनाल्ड इंडेन, *इमेजिनिंग इण्डिया,* ऑक्सफोर्ड : बेसिल ब्लैकवेल, १९९० (ख़ासकर अध्याय ४, पृष्ठ १३१-१५७)।

५. उदाहरण के तौर पर एम.एन. श्रीनिवास की किताब *रिलीजन एण्ड सोसायटी अमांग द कुर्ग्स* जो चालीस के दशक के ही शोध का नतीजा है, लेकिन यह पुस्तक के रूप में १९५२ में ही आयी। एससी दुबे का तेलंगाना के समीरपेट पर काम (१९५५), मेक्किम मेरियट सम्पादित *विलेज इण्डिया* (१९५५), डी.एन. मजूमदार सम्पादित *रूरल प्रोफाइल्स* (१९५५), एफ.जी. वायली का *कास्ट एण्ड द इकॉनॉमिक फ्रण्टियर* (१९५७), रामकृष्ण मुखर्जी का द *डायनामिक्स ऑफ़ अ रूरल सोसायटी* (१९५७) और उनके द्वारा बंगाल के छह गाँवों का किया गया अध्ययन उल्लेखनीय है।

६. पचास के दशक में भारत में सोशल एन्थ्रोपॉलॉजी के रुझान पर अनेक टिप्पणियाँ मौजूद हैं। ख़ासकर एम.एन. श्रीनिवास, एस.सी. दुबे, योगेश अटल और रामकृष्ण मुखर्जी के आलेखों को देखें, ए.आर. देसाई (सम्पा.), *रूरल सोसाइटीज* (१९५७)।

७. आशुतोष वार्ष्णेय, *डेमोक्रेसी, डिवेलपमेंट, एण्ड द कंट्रीसाइड : अरबन रूरल स्ट्रगल्स इन इण्डिया,* न्यूयॉर्क, कैम्ब्रिज यूनिवर्सिटी प्रेस, १९९५।

८. फणीश्वरनाथ रेणु के साहित्य पर हिन्दी में बहुत कुछ लिखा गया है। इस पूरे लेखन पर टिप्पणी करना या सन्दर्भ-सूची में शामिल करना सम्भव नहीं। अहम रचनाओं की सूची के लिए देखें, कैथरीन हैंसन का पी-एच.डी. शोध, कैथरीन हैंसन, *फणीश्वरनाथ रेणु : द इंटिग्रेशन आफ़ रूरल एण्ड अरबन कांशसनेस इन द मॉडर्न हिन्दी नॉवेल,* पी-एच.डी. डिज़रटेशन, बर्कले, साउथ एण्ड साउथ ईस्ट एशियन स्टडीज़ ऑफ़ यूनिवर्सिटी ऑफ़ कैलिफोर्निया, वर्ष अंकित नहीं, अनुमानतः, १९७८ (अपने शोध की एक प्रति भेजने के लिए यह लेखक कैथरीन हैंसन का शुक्रिया अदा करना चाहता है। हैंसन के इस शोध का सारगर्भित रूप देखें, कैथरीन हैंसन, 'रेणूज़ रीजनलिज्म : लैंग्वेज़ एण्ड फार्म', जरनल ऑफ़ एशियन स्टडीज, ४० (२), पृष्ठ २७३-२९४।

९. *तीसरी कसम* (फ़िल्म), १९६६, श्वेत-श्याम, निर्माता : बासु भट्टाचार्य, गीतकार शैलेन्द्र, संगीत शंकर जयकिशन, कथा एवं संवाद फणीश्वरनाथ रेणु, *तीसरी कसम उर्फ़ मारे गये गुलफाम,* क़ैमरा : सुब्रत मित्रा। *तीसरी कसम* पर एक उम्दा लेख के लिए देखें, संजीव, 'तीसरी कसम : पन्ने से पर्दे तक', बहुवचन, सम्पा. प्रभात रंजन, वर्ष ३, अंक १०, जनवरी-मार्च २००२, पृष्ठ ६३-७१।

१०. जार्ज ग्रियर्सन, *बिहार पीजेंट लाइफ बिइंग ए डिस्करसिव कैटेलॉग ऑफ़ द सराउंडिंग्ज़ ऑफ़ द पीपुल ऑफ़ द प्रोविंस,* दिल्ली, कास्मो पब्लिकेशंस, १९७५ (१८८५)।

११. १९६१ के पूर्णिया ज़िले की सेंसस हैंडबुक इसे सम्पनी के नाम से दर्ज करता है। इस ज़िला सेंसस हैंडबुक के अनुसार हाल के विकास के कारण बैलगाड़ियों की महत्ता कम हुई है परन्तु फिर भी गाँवों को सस्ते परिवहन का कोई विकल्प लम्बे समय तक नहीं मिला। इसकी तकनीक में कोई परिवर्तन नहीं हुआ है। यह सामान और यात्री दोनों के लिए इस्तेमाल किया जाता है। टप्परवाला बैलगाड़ी अभी भी लोकप्रिय है लेकिन अब इसकी संख्या कम हो गयी है। लोगों को लाने-ले जाने के लिए सामान्यतः सम्पनियों का चलन है। इस ज़िला सेंसस में बैलगाड़ियों की दर्ज संख्या ३,६१० (औसत) है। साइकिलों की कुल संख्या जबकि महज़ ५३६ (औसत) ही है और रिक्शा ४०८, लेकिन ज़िला बोर्ड के अनुमानित आँकड़ों में बैलगाड़ियों की संख्या लगभग ५०,०००, साइकिल १००० और घोड़ागाड़ी २००० है। एसडी प्रसाद, बिहार डिस्ट्रिक्ट सेंसस हैंडबुक : पूर्णिया १९६१, पटना, सुपरिंटेंडेंट गवर्नमेंट प्रिंटिंग प्रेस, १९६३, ३५८। साथ ही देखें, रणछोड़ प्रसाद, द *डिस्ट्रिक्ट सेंसस हैंडबुक : पूर्णिया,* पटना : सुपरिंटेंडेंट गवर्नमेंट प्रिंटिंग प्रेस, १९५६।

१२. मिशेल फूको, 'ऑफ़ द अदर स्पेसिज़ (१९६७): हेटेरोटोपिया', फ्रांसीसी से जय मिशिकोविच द्वारा अनुवाद, डायक्रिटिक्स, १६ (१), वसन्त १९८६, पृष्ठ २२-२७।

१३. ग़ौरतलब है कि कोहेन के *कल द सैक* में और मेरे इस्तेमाल में बहुत फ़र्क़ है।

मेरे लिए यह रूपकीय और ऐतिहासिक प्रक्रियाओं का मिलन है। देखें, बर्नार्ड कोहेन, 'रीजन्स सब्जेक्टिव एण्ड आब्जेक्टिव : देयर रिलेशन टू द स्टडी ऑफ़ मॉडर्न इण्डियन हिस्ट्री एण्ड सोसायटी', *एन एंथ्रोपोलिजिस्ट अमंग द हिस्टोरियन्स एण्ड अदर एसेज़,* द बर्नार्ड कोह्न ओमनिबस, दिल्ली, ऑक्सफोर्ड यूनिवर्सिटी प्रेस, २००४, पृष्ठ १००-१३५। पूर्णिया और कोसी अंचल पर समाजशास्त्रीय अध्ययन के लिए देखें : क्रिस्टोफर वी. हिल्स, *रिवर ऑफ़ सौरो : इनवायरनमेंट एण्ड सोशल कंट्रोल इन राइपेरियन नार्थ इण्डिया,* १७७०-१९९४; मिशिगन, एशोसियेशन फ़ार एशियन स्टडीज, १९९७; दिनेश मिश्र, 'बिहार फ्लड स्टोरी', *इकॉनॉमिक एण्ड पॉलिटिकल वीकली,* ३२(३५), ३० अगस्त १९९७, पृष्ठ २२०६-२२१७; दिनेश मिश्र 'द इम्बैन्कमेंट ट्रैप', *सेमिनार,* ४७८, जून १९९९, पृष्ठ ४६-५१; दिनेश मिश्र, 'ट्रैप्ड बिटवीन द डेविल एण्ड डीप वाटर्स', देहरादून और दिल्ली, *पीपुल्स सायंस इंस्टीट्यूट और साउथ एशिया नेटवर्क आन डैम्स, रिवर्स एण्ड पीपुल्स,* २००८; प्रवीण सिंह, 'द कोलोनियल स्टेट, ज़मींदार एण्ड द पोलिटिक्स ऑफ़ फ्लड कंट्रोल इन नार्थ बिहार (१८५०-१९४५)', *इण्डियन इकॉनॉमिक एण्ड सोशल हिस्ट्री रिव्यू,* ४५, २००८, पृष्ठ २३९-५९।

१४. इन्दु प्रकाश पाण्डे, *हिन्दी के आंचलिक उपन्यासों में जीवन सत्य,* दिल्ली, नेशनल पब्लिशिंग हाउस, १९७९। ख़ासतौर पर देखें कैथरीन हैंसन पहले उल्लिखित।

१५. लोथार लुत्से, 'इमेजिज़ ऑफ़ रूरल इण्डिया इन पोस्ट-प्रेमचन्द हिन्दी लिटरेचर, नार्दर्न बिहार', आलोक भल्ला और पीटर जे. बुमके (सम्पा.), *इमेजिज़ ऑफ़ रूरल इण्डिया इन द ट्वेंटियथ सेंचुरी,* दिल्ली, स्टर्लिंग पब्लिशर्स, १९९२, पृष्ठ २३९-२४९।

१६. इतिहास और अतीत के मेरे अन्तर को विस्तार से जानने के लिए देखें आशीष नन्दी, हिस्ट्रीज फॉरगॉटेन डबल्स, *हिस्ट्री एण्ड थियरी,* ३४ (२), मई १९९५, पृष्ठ ४४-६६।

१७. रामयता लिम्बु, *डाउन द कोसी : हाई ड्रीम्स एण्ड रियल फियर्स,* मई १९९५, http://www.panos.org.np/programmes/water_article/lips_down

विभाजन की सिनेमाई ज़मीन
खोया हुआ और बरामद आत्म

अपने भीतर अन्य की तलाश अब मुझे सिजोफ्रेनिक नहीं बनाती
—जुलिया क्रिस्तोवा[१]

१

यही कोई बीसेक साल पुरानी बात है। उन दिनों मैं सन् उन्नीस सौ सैंतालीस के आसपास हुए भारतीय उपमहाद्वीप के विभाजन से जुड़ी ज़िन्दगी, उन लोगों की यादों और अनुभवों को बटोरने का काम कर रहा था जिन्होंने वह दौर देखा था, भुगता था और जिसके वे गवाह बने थे।

भारतीय उपमहाद्वीप का सन् १९४७ में भारत–पकिस्तान में विभाजन पूरे उपमहाद्वीप के इतिहास में शायद सबसे त्रासदपूर्ण घटना रही है। विभाजन पर अध्ययन करने वालों के बीच इस दौरान हुई हिंसा में मरने वालों की संख्या को लेकर भारी मतभेद है और यह संख्या २ लाख से लेकर २० लाख के बीच झूलती नज़र आती है। इस दौरान विस्थापित हुए लोगों की संख्या निश्चय ही इससे कहीं ज़्यादा है। दरअसल, विभाजन पर लिखते

---

१. ...इन द बिगनिंग वाज लव : साइकोएनालाइसिस एण्ड फेथ, न्यूयार्क : कोलंबिया यूनिवर्सिटी प्रेस, १९८७, पृ. ५५।

हुए आँकड़ों का इस्तेमाल ख़ास तरह की ऐतिहासिक संवेदनशीलता के साथ किया जाता है। जैसा कि इतिहासकार ज्ञानेन्द्र पाण्डे ने कहा भी है कि इस उपद्रव के ऐतिहासिक विमर्श के साथ सत्यापित किये जा सकने वाले तथ्यों की बजाय अफ़वाहों, अटकलों पर आधारित, मनमाने, अतिरंजनापूर्ण, अपुष्ट किन्तु विश्वसनीय आँकड़ों का ठप्पा हमेशा लगा रहेगा। विभाजन के सन्त्रास को बताने के लिए गम्भीर अध्येताओं और दक्षिणपन्थी राजनीतिक कार्यकर्ताओं, दोनों ने समुदायों के लोगों की संख्याओं और प्रतिक्रियाओं को बढ़ा-चढ़ा कर प्रस्तुत किया है।

जब मैंने यह शोध आरम्भ किया था, विभाजन का अध्ययन तब तक कोई नयी बात नहीं रह गयी थी। सन् चौरासी के दंगे भी, जिसने विभाजन के विमर्श को नया कलेवर दिया, अब डेढ़ दशक पुराने हो चुके थे। ये और बात थी कि ज़ख़्म अब भी हरे थे और बातचीत में, अट्ठावन साल पुरानी स्मृति को निर्णायक मोड़ दे रहे थे। ऐसे में जब विभाजन की दास्ताँ कमोबेश पंजाब और दिल्ली के इर्द-गिर्द घूम रही थी, मैं अपने एक साथी के साथ जम्मू के आसपास के कैम्पों के चक्कर लगा आया। सन् सैंतालीस के बाद के दशकों में भी यहाँ लोग कई दफे बेघर हुए और सैंतालीस का अनुभव भी यहाँ दूसरे हिस्से की तुलना में बहुत जुदा रहा। यहाँ की स्मृतियों में मार-काट के साथ-साथ रास्ते की दुरूहता, बीमारी और भूख से हुई मौत, विभाजन से पहले की प्राकृतिक सुन्दरता और सामाजिक सौहार्द्र, सन् अस्सी के दशक की मिलिटेंसी और कभी न ख़त्म होने वाली कैम्प की ज़िन्दगी का होमलेस्नेस बहुत साफ़ तौर पर उभर कर आये। ऐसे ही एक दोपहर जम्मू के बाहर मिश्रीवाला कैम्प में लम्बोदरनाथ की बात याद आती है। उन्होंने बहुत ठण्डे लहज़े से बयान करते हुए कहा, 'कोई ख़ुशी नहीं है। मैंने कभी इसे अनुभव नहीं किया। कभी नहीं...बचपन से लेकर अब तक कभी भी नहीं। देखिये मैंने अपनी ज़िन्दगी में कभी नये कपड़े नहीं लिये। मुझे स्व अभिमान से नफ़रत है।'

लम्बोदरनाथ अकेले रहते थे। उनकी स्मृति चित्र जैसी। लेकिन उनकी आवाज़ से, बातों से एक अजीब सी विचलित कर देने वाली और गहरी उदासी लिये अपराध-बोध आता था। यह मेरे जेहन में बनी रही। इसी बोध, इसी पश्चाताप (guilt) के ज़रिये मैं यहाँ सिनेमा के परदे पर विभाजन की परछाईं का पीछा करने की कोशिश करूँगा। अपराध-बोध से ग्रसित

आत्म यहाँ मानीख़ेज़ हो जाता है। मनोविज्ञान के लहज़े में कहें तो यह आत्म पर आघात से उपजता है। यही आघात शोक की दो अवस्थाओं, मौर्निंग और मेलान्कोलिया, के लिए जवाबदेह है। इनके बीच की झीनी दीवार पिछली सदी में बहुत चर्चा का विषय रही। लेकिन अभी उस तरफ़ जाने का औचित्य नहीं। यह इसलिए भी कि मैं ख़ुद भी ऊहापोह में हूँ कि विभाजन के विषय पर बनी हिन्दी फ़िल्म का देह मेलान्कोलिक है या मौर्निंग। मैं इस बात से भी सहमत नहीं कि सिनेमा के रुपहले पर्दे की चमक से लिप्त इन देहों को महज़ पश्चाताप के बोझ से दबा माना जाय और उनकी बाहुल्यता को, उनके बहु-आयामी चरित्र को इस एक नज़रिये में संकुचित कर दिया जाय। इन देहों को महज़ पश्चाताप के वाहक के रूप में देखना उनके साथ नाइंसाफ़ी होगी। मेरा तर्क महज़ यह है कि पश्चाताप इस देह को कई अहम तरीक़े से प्रभावित करता नज़र आता है और अपराध-बोध का प्रश्न हमें इस देह के, इसके आत्म के भीतर के अन्य से साक्षात्कार करवाता है।

२

मेरा पहला फ्रेम है, गोविन्द निहलानी निर्देशित और भीष्म साहनी के उपन्यास पर आधारित १९८६ के 'तमस' से। इस दृश्य में तीन जोड़ी पाँव चले जा रहे हैं। दो ज़मीन पर और एक उनके साथ हवा में लटके हुए। क़ैमरा धीरे-धीरे उठता है और हम पाते हैं कि ये पाँव हैं नत्थू (ओमपुरी) के, उसकी गर्भवती बीबी के और नत्थू के कन्धे पर सवार उसकी बूढ़ी लाचार माँ के। और, वे चले जा रहे हैं। गर्भ में भविष्य की सम्भावना और कन्धे पर जन्मदायिनी अतीत को लादे। ये यात्राएँ विभाजन की यादों में बहुत प्रमुखता से आती हैं और इन पर बहुत कुछ लिखा भी गया है। आशीष नन्दी का लिखा 'एम्बिगुअस जर्नी' तो यहाँ ख़ास तौर पर उल्लेखनीय है। लेकिन मैं यहाँ उस दिशा में नहीं जाऊँगा। नत्थू के इस परिवार जैसे विभाजन की त्रासदी के अनेक राहगीर की तरह ही, जिन्हें उनके ठिकाने का अन्दाज़ नहीं था जब वे घर से निकले थे, इसी तरह मुझे भी यह ठीक-ठीक नहीं पता कि मेरे सिनेमा देखने की, उनके अर्थों को समझने की दिशा क्या होगी? यह एक ख़तरनाक स्थिति है, ज्ञान के उत्पादन के लिए।

आधुनिक ज्ञान स्पष्टता और सुनिश्चित दिशा की माँग करता है, कम से कम यही अपेक्षा रखता है। समाज-शास्त्र और सिनेमा अध्ययन तो निश्चित ही आपको निरुद्देश्य भटकने की इज़ाज़त नहीं देता। साहित्य में यह हो सकता है, कविताओं में, लेकिन, विज्ञान में नहीं। ऐसे में आगे बढ़ाने से पहले यह स्पष्ट कर देना ज़रूरी है कि मेरे लिए इस विज्ञान से अधिक अहम अनुभव हैं। अनुभव में एकांगिता नहीं भी हो सकती है। यहाँ अर्थों की बहुलता का आकाश है, भटकाव है। मैं अपराध-बोध का पीछा करता भटकता हूँ। लेकिन मैं फ़िलहाल एक और यात्रा की बात करना चाहता हूँ। यह है 'तमस' के ऊपर उल्लिखित दृश्य से ठीक पहले की घटनाक्रम, जिस ओर मैं लौटना चाहूँगा।

'तमस' विभाजन के आसपास की घटना को बयाँ करता है और शुरुआत होती है नत्थू का सूअर काटने के जद्दोज़हद के साथ। इसे अँग्रेज़ सरकार के एक कारिन्दे के लिए काटा गया है लेकिन इसका इस्तेमाल मस्जिद की सीढ़ियों पर फेंकने के लिए किया जाता है जिससे साम्प्रदायिक तनाव बढ़ जाता है और यह अनेक वारदात के साथ भरे चौक पर भाषण देते काँग्रेसी कार्यकर्ता जरनैल का सर फोड़ दिया जाता है। अब तक नत्थू को विश्वास हो जाता है कि इन सभी घटनाओं के पीछे उसका इस्तेमाल किया गया है, उस सूअर का इस्तेमाल किया गया है जिसे उसने काटा था। दर्शकों को तस्दीक के लिए ही नहीं, ख़ुद अपने आसपास होने वाली घटनाओं को समझने के लिए नत्थू अपने आपसे कहता है, 'मने पाप किया है, सवेरे-सवेरे बदसकुनी हुई...'

विभाजन की हिंसा को उसकी रोज़मर्रे में और विशालता में ग्राह्य करने के लिए लोगों ने अपने आत्म को तरह-तरह से घटनाओं के बारे में बताया। तरह-तरह के सिद्धान्त गढ़ लिए, ज़िन्दगी जीने के लिए। किसी के लिए यह कलियुग के रूप में आया, किसी के लिए जलजले की तरह। कुछ ने इसे राजनैतिक लीडरानों की साजिश माना तो किसी ने अँग्रेज़ों की फूट डालने की नीति का नतीजा। भुक्त भोगियों के लिए सिद्धान्तों का ऐसा गढ़ना पीड़ा को पार पाने का ज़रिया भी बना। लोगों ने मन को समझाया कि घटनाओं पर उनके भयावकता पर उनका कोई बस नहीं था। वे अभिशप्त थे भुगतने के लिए। ये अटपटा लग सकता है सुनने में लेकिन जिन लोगों से मेरी मुलाकात हुई उनमें से अधिकतर ने इसी तरह अपने

को, अपनी स्मृतियों को समझाया। साथ ही यह भी सही कि इनमें से बहुतेरों को जिनके लिए राजनैतिक निर्णयों और प्रक्रियाओं तक पहुँच कम थी और जो सड़क पर देखी जाती घटनाओं पर अधिक यकीं कर रहे थे और उसी को देख कर निर्णय ले रहे थे (जैसे नत्थू), ऐसे बहुतेरे लोगों ने कहा कि घटना-क्रम इतनी तेज़ी से बदल रहा था कि उन्हें उस समय इस बात का इल्म नहीं था कि दरअसल हो क्या रहा है। बहुतों ने विभाजन के बारे में जो समझ बनायी वह शायद बाद में, शायद रास्ते में, शायद कैम्प में बनी हो। ये सारे अनुमान हैं स्मृति के बारे में, वैसे भी कुछ ठीक-ठीक विश्वास से कह पाना मुश्किल है। ऐसे में हम पाते हैं कि नत्थू का आत्म बेचैन है। वह कहता है 'मने पाप किया है...' और, चौक पर बलवा होने पर वह भागता है अपने घर की ओर। क़ैमरा पीछा करता है। परिवार घर छोड़ता है, तीन जोड़ी पाँव, दो ज़मीन पर एक हवा में लटकते हुए।

३

लेकिन बात महज़ पाप के अहसास की नहीं है। जैसा कि मैंने ऊपर भी लिखा है यह सिर्फ़ पश्चाताप का बोझ उठाये लोग नहीं हैं। यहाँ और भी बहुत कुछ हो रहा है। घर की तरफ़ भागते लोग भी हैं, पीछे छूट गया घर भी है।

१९६० की मनमोहन देसाई निर्देशित 'छलिया' की शुरुआत एक ऐसे ही पीछे छूट गये घर और नये घर के रूमानी सपने से होती है। पहले दृश्य में हम पाते हैं एक पुराने पुल पर तेज़ रफ्तार से भागती रेलगाड़ी सिनेमा के परदे को दो भागों में काटती दायें से बायीं की तरफ़ चली जा रही है। लाहौर से दिल्ली ट्रेन की नाम की तख़्ती पर क़ैमरा जाता है। खिड़की पर जम आया धुँधलापन साफ़ होते नूतन का ख़ुशी से भरा, उम्मीद से भरा चेहरा सामने आता है। बाहर तेज़ी से पेड़ और खेत पीछे छूट रहे हैं। क़ैमरा डब्बे के भीतर जाता है। यह जनाना डब्बा है। नूतन कहती है : 'ये आ गया हिन्दुस्तान। हमारा हिन्दुस्तान। तुम्हें देखने के लिए हमने कितने दुःख उठाये ताकि इस एक पल को हम जी सकें।' बाद में हम पाते हैं कि ये बरामद की गयी महिलायें हैं जो दंगे के वक़्त अपने पुराने परिवार वालों

से, अपने रिश्तेदारों से बिछुड़ गयी थीं या फिर जिन्हें अगवा कर लिया गया था। अपनी साथी महिला यात्री से पूछने पर कि हिन्दोस्तान में कौन-कौन है, नूतन उत्साह से अपने रिश्तों की फेहरिस्त पेश करती है पिता, माँ, भाई और वो। वो कौन ? पति। ट्रेन और नूतन इनसे मिलने अपने हिन्दुस्तान जा रहे हैं। स्मृतियाँ और क़ैमरा पीछे छूट गये घर की तरफ़ रुख़ करता है जहाँ हम पाते हैं विभाजन के दंगों से पहले की ख़ुशहाली, महलनुमाँ घर के कम्पाउण्ड में एक बड़ी से मोटरगाड़ी से उतरती खिलखिलाती नूतन और उनकी सहेलियाँ, पुआल से लदी बैलगाड़ियों की कतारें और अपने दुप्पट्टे को फैलाकर तितली बन नाचता-गाता इनका दल।

समृद्धि की यह तस्वीर दिल्ली के खण्डहरों और कैम्प की कठिनाइयों (जहाँ हम ख़ुद को सिनेमा के अधिकतर हिस्से में पाते हैं), तंग कमरे और भीड़भाड़ वाली सड़कों के बरक्स रखने से श्वेत-श्याम का ज़बरदस्त विरोधाभास सामने आता है। मानो रंग महज़ तकनीकी न होकर अतीत और वर्तमान के दो समय के गुण हों—एक समृद्ध दूसरा कठिनाइयों से भरा हुआ। ब्लैक माने डार्क।

अपहृत, अपने पति या प्रेमी से बिछुड़ी औरत को केन्द्र में रखकर 'छलिया' से पहले भी सन् १९४९ में 'लाहौर' बनी थी जो अपने समय में तो ख़ासी लोकप्रिय हुई ही लेकिन पचास-साठ साल बाद भी विभाजन पीड़ितों के ज़ेहन में लाहौर की याद बनी रही। इन खोई एवं बरामद हुई महिलाओं के बारे में बहुत कुछ लिखा भी गया है। राजिन्दर सिंह बेदी की कहानी 'लाजबन्ती' ऐसी ही बेहद करुणामय दास्ताँ है। राजकुमारी अमृत कौर के प्रयासों के बारे में चर्चा हुई है। इस विमर्श में ये अपहृत महिलायें राष्ट्र के एक बिछुड़े आत्म के रूप में दिखायी पड़ती हैं। जिनकी राष्ट्र को तो चिन्ता थी लेकिन जिनका वापस परिवार में स्वीकार अत्यन्त कठिन और पेचीदे तरीक़े से हमारे सामने आता है। इनमें से कइयों को बार-बार अस्वीकार किया गया।

नूतन, जो छलिया में शान्ति नाम की किरदार है उसे भी उसके पिता और भाई पहचानने से इनकार कर देते हैं। माँ इस शिनाख़्त में मूर्छित हो जाती है लेकिन अपने शौहार या बेटे के ख़िलाफ़ नहीं जा पाती। पति और पत्नी पाँच साल बाद एक-दूसरे से मिलते हैं। एक-दूसरे को पहचानते भी हैं। ख़ुशियाँ सिनेमा के स्क्रीन पर फैल जाती हैं लेकिन तभी नाम की राजनीति

इसे मटमैली कर जाती है। शान्ति पहली बार अपने बेटे को सामने लाती है। पति पहले तो उसे प्यार करता है। बेटा और बाप एक-दूसरे से मिल रहे होते हैं। लेकिन जैसे ही पता चलता है कि उसका नाम अनवर है, पिता बेटे को अपनाने से इनकार कर देता है। शान्ति हताश होकर आत्महत्या का प्रयास भी करती है। लेकिन टपोरी छलिया (राज कपूर) बचा लेता है।

नाम की राजनीति, विभाजन विमर्श में अनोखे ढंग से कार्य करती है। यह उलझा देने वाली बात लगती है कि शान्ति बहुतेरे भिन्न-भिन्न क़िस्म के दस्तावेज़ों, कहानियों और सिनेमा आदि में अपहृत महिलाओं के लिए इस्तेमाल किया जाने वाला नाम है। इसी तरह शकीना महज़ छलिया में अब्दुर रहमान खान (प्राण) की बहन नहीं है। यही ग़दर (२००१) में तारा सिंह (सन्नी देओल अभिनीत) की पत्नी भी है और सआदत हसन मंटो की कहानी 'खोल दो' की किरदार भी। जिस तरह नाम, मज़हब, राष्ट्र और पहचान एक-दूसरे से इस विमर्श में गुत्थम-गुत्था है वह विस्तार से खँगालने की ज़रूरत है और हमें इशारा करती है कि सिनेमाई आत्म अपनी समकालीन अपेक्षाओं को किस तरह सम्बोधित कर रहे थे।

ख़ैर, पश्चाताप के सवाल पर वापस आते हुए यहाँ यह उल्लेख कर देना लाज़िमी हो जाता है कि छलिया की शान्ति को पनाह देने वाला, बचाने वाला पुरुष तथाकथित सभ्य वर्ग का, राष्ट्र का अनुशासित आत्म नहीं वरन नामचीन गुण्डे और टपोरी (खान और छलिया) हैं। यह किस तरह की आत्मछवि है राष्ट्र की, समय की?

४

रवि वासुदेवन ने सन् पचास के दशक की हिन्दी फ़िल्मों में नये राष्ट्र की आत्मछवि पर चर्चा की है।[१] पिता और पुत्र के सम्बन्धों की छवियाँ यहाँ राष्ट्र निर्माण के प्रोजेक्ट में दिलचस्प भूमिका अदा करती दिखती हैं। ऐसे में (नैतिक और सामाजिक दोनों ही) व्यवस्था के पुनः स्थापन में एक

---

१. रवि वासुदेवन, "डिस्लोकेशनस् : द सिनेमाटिक इमेजिनिंग ऑफ़ अ न्यू सोसायटी इन १९५०ज इण्डिया", आक्सफोर्ड लिटरेरी रिव्यू, सं. १६, १९९४, पृ. ९३-१२४।

प्रभावी और सबल नायक की छवि के द्वारा पिता और राष्ट्र का कार्य सम्पादित होते देखा जा सकता है। ख़ास तौर पर राजकपूर के 'आवारा' में और सन् पचास के दशक के हिन्दी सिनेमा में, सामान्य पृष्ठभूमि में रवि वासुदेवन कहते हैं कि इस दौर में बिरले ही पिता और पुत्र के सम्बन्ध के तार सुलझे दिखते हैं। अकसर ही यह राज्य की व्यापक उपस्थिति में और क़ानून के द्वारा ही नायक की वैधता स्थापित होती है और सुलह (resolution) सम्भव हो पाता है। इस तरह से एक नयी पितृसत्ता का आविर्भाव होता है जो पिता की सत्ता से परे या कम से कम उस सत्ता को परिमार्जित करता प्रतीत होता है। ऐसे में परिवार का आख्यान नायक की पुनर्स्थापना करता है लेकिन एक ऐसे सामाजिक सन्दर्भ में जो ख़ुद ही बदल चुका है। मैं इस दावे को आगे बढ़ाना चाहता हूँ। मेरे लिए नये राष्ट्र की नये छवि का निर्माण बिछुड़े आत्म की स्वीकृति और उनके आत्म-सातीकरण से मूल रूप से जुड़ा है। आइये अब *अमर रहे यह प्यार* (१९६१) की ओर रुख़ करें।

'अमर रहे यह प्यार' के शुरू में ही नायक किसी निर्माण कार्य के लिए असला बारूद से भरे एक ट्रक को एक दुर्गम पहाड़ी रास्ते से ले जाते हुए दुर्घटना में मारा जाता है। समाचार सुनकर उसकी गर्भवती पत्नी का गर्भपात हो जाता है। इसी समय देश साम्प्रदायिक दंगों की आग में घिर जाता है। टेलीफ़ोन की घंटियों और नेटवर्क के ज़रिये फ्रेम और जगह इन दंगों के चपेट में आते हैं। सूचना के साथ आग फैलती है। अब हम एक वकील इकबाल हुसैन (राजेन्द्र कुमार) को नायक की भूमिका में पाते हैं। जिनका एक परिवार है (पत्नी और एक छोटा सा बच्चा)। ग़ौरतलब हो कि किसी भी समय नायक को इस बच्चे के रक्षक के रूप में हम नहीं पाते हैं। प्रत्येक महत्त्वपूर्ण मौक़ों पर यह बेटा अपनी माँ के साथ सम्बद्ध और माँ पर आश्रित मिलता है। नायक के परिवार पर आक्रमण के समय माँ और बेटा बच निकलने में सफल होते हैं। नायक हुजूम का सामना करने में असफल दीखता है और छिप कर उसी कमरे का सहारा लेता है जहाँ हमें मालूम है कि उसकी पत्नी और बेटा छुपे हुए हैं। अर्थात् नायक के कारण ख़तरे की सम्भावना बनती है। आशंका प्रबल होती है। ख़ैर, माँ बेटे के साथ बच निकलती है लेकिन नवजात शिशु को पालने में अक्षम यह माँ बेटे को रेलवे लाइन के नज़दीक एक पेड़ के नीचे रख छोड़ती है।

यह बच्चा पहले विधवा हुई माँ को मिलता है जो इसकी परवरिश करती है।

कहानी आगे बढ़ती है। हम पाते हैं कि इकबाल हुसैन और उसकी पत्नी पाकिस्तान में हैं। वे भारत वापस आते हैं बच्चे की तलाश में। हम फिर से देखते हैं कि नायक, जो अब समृद्ध है और पहुँच वाला है, अपनी पूरी कोशिश के बाद भी बेटे को ढूँढ़ने में कामयाब नहीं हो पाता है। जबकि उनकी पत्नी को यह ज्ञात होता है कि अब उनका बेटा पाँच साल का हो चुका है और उसकी एक दूसरी माँ है। वह अपने बेटे को लौटा देने की गुज़ारिश करती है और कुछ झिझक के बाद पालनहारी माँ बच्चे को जन्मदायिनी माता को सौंप देती है। ये लेन-देन बिना पिता/ नायक के ही दोनों माताओं के बीच होता है। अन्ततः बच्चा उस जन्मदायिनी माँ के पास नहीं जाकर उनके पास जाता है जिन्होंने उसका पालन-पोषण किया है। क्या यह कास्ट्रेटेड और अनुपस्थित पिता के द्वारा एक प्रकार के ओइदिपल काम्प्लेक्स की तरफ़ ले जाता है?

सम्बन्धों का यह ताना-बाना विभाजन की सिनेमाई स्मृति में कायम रहता है और पचास साल के बाद बाक्स ऑफ़िस पर सफल *ग़दर : एक प्रेम कथा* (२००१) इसमें एक नया मोड़ देती है : दामाद और ससुर के बदनाम रिश्ते के रूप में। संघर्ष का मुद्दा एक की पत्नी और दूसरी की बेटी है। ग़दर में न केवल नायक और प्रेमी अपनी पत्नी को वापस लाने के लिए पाकिस्तान जाता है बल्कि उसका पुत्र भी साथ सफ़र करता है। विभाजन को भुगते एक पूरी पीढ़ी के लिए (ख़ासकर दिल्ली और पंजाब में) ग़दर पुरानी (सिनेमाई और ग़ैर-सिनेमाई दोनों) यादों को ताज़ा करने का ज़रिया बना। इसने लोगों को लाहौर (१९४९) की याद दिला दी। सत्तर-अस्सी साल के दादा-दादी अपने पोते-पोतियों के साथ सिनेमा हाल गये, ग़दर देखने। इस फ़िल्म ने पीढ़ियों के बीच विभाजन के अतीत को लेकर संवाद की सम्भावना को जन्म दिया। याद रह गयी और भुला दी गयी बातें घर में अधिक तेज़ी से होने लगीं। अब नयी पीढ़ी विभाजन से पहले की ज़िन्दगी के बारे में जिज्ञासा दिखा रही थी। अधिकांशतः इन जिज्ञासाओं के उत्तर में 'छलिया' के समान ही समृद्धि की कहानियाँ ही तैरती मिलतीं।

'ग़दर' इस तरह जन-स्मृति और भुला दी गयी अतीत के विमर्श को पैदा करने की पृष्ठभूमि/कारक के उदाहरण के तौर पर हमारे सामने आता है।

लेकिन साथ ही यह सवाल भी उठाता है कि सिनेमाई धरातल के तौर पर विभाजन का दृश्यांकन किस तरह बदला है। यह ज़मीन किस कदर बदली है ? किस कदर सिनेमाई देह उसकी आकृति के बदलाव की दास्ताँ दिखाती है ?

५

यहाँ इनके विस्तार में जाना तो सम्भव नहीं। लेकिन संक्षेप में यह कहा जा सकता है कि यह सिनेमाई देह जेंडर की राजनीति के परफार्मेंस की, उसके उत्पादन की देह है और पश्चाताप का अध्ययन इन जेंडर इबारतों के बिना नहीं हो सकता। जैसे, विभाजन पर बनी सभी फ़िल्मों में हिंसा ने पुरुष और नारी पात्रों को अलग-अलग तरीक़े से प्रभावित किया। सतह पर जहाँ अर्थों की बहुलता होती है और अक़्स के दावे मजबूत, वहाँ तो यह प्रतीत होता है कि पुरुष और स्त्री दोनों ही हिंसा की वेदना की इस स्मृति के वाहक हैं। लेकिन, जहाँ एक ओर पुरुष देह इस वेदना को मुखर अभिव्यक्ति देती दिखती है वहीं नारी देह चुपचाप इसे सहती है जिससे सिनेमाई भाषा को अधिक जगह मुहैया हो जाती है। वेदना की अभिव्यक्ति के इस जेंडर पैटर्न का दूसरा पक्ष यह कि मुझे कहीं भी नारी देह पश्चाताप के वाहक के रूप में नज़र नहीं आती। हिंसा की स्क्रिप्ट नारी देह पर अभिलेख लिखती है लेकिन पुरुष अपराध-बोध से ग्रसित होता है। पाप-बोध के इस एकल मर्दाने स्वामित्व का यह मतलब निकलना मुश्किल नहीं कि जिसे पश्चाताप को धारण करने का एकाधिपत्य है उसे नारी देह पर, उसके आनन्द पर भी पूरा हक़ हो जाता है।

हालाँकि, जैसा कि मैंने पहले भी कहा है कि विभाजन की सिनेमाई ज़मीन भी बदली है। और, पश्चाताप का पैटर्न भी। एकमात्र उदाहरण जहाँ अपराध-बोध पुरुष देह के बदले नारी देह वहन करती है वह है फ़िल्म *अर्थ* : १९४७। यहाँ पश्चाताप का बोझा एक नारी किरदार के ऊपर है जो सिनेमा की नेरेटर भी है। फ़िल्म का अन्तिम दृश्य : दिल्ली का कोरोनेशन पार्क। संगेमरमर के पुतले, जार्ज पंचम, फरफराती पोलिथीन क़ैमरे के व्यू को अवरुद्ध करती हुई।

बबूल की शाखों के पीछे एक अँग्रेज़ पुतला दिखता है। अनेक मूर्तियों और एक ख़ाली स्टेंड की जड़ में सीढ़ियों पर यह नारी किरदार बैठी पुनरावलोकन कर रही है। वो बताती है (बड़ी ठण्डी आवाज़ में मानो किसी डाक्यूमेंट्री का वोयेस ओवर हो) :

> दो सौ पचास साल का अँग्रेज़ी हुकूमत सन् सैंतालीस में ख़त्म हो गया। लेकिन इसके क्या नतीजे निकले बजाय इसके कि देश का बँटवारा हो गया। मारकाट और अपहरण, बदला और हिंसा। क्या यह वाजिब (worth) था? पचास साल गुज़र गये जब मैंने आया को धोखा दिया था। कुछ ने कहा कि उसने बर्फ़ वाले से शादी कर ली। कोई कहता कि उसे लाहौर के वेश्यालय में देखा गया। कोई कहता कि उसने उसे अमृतसर में देखा। लेकिन मैंने उसे फिर कभी नहीं देखा। और सन् सैंतालीस का वह दिन जब मैंने आया को खोया मैंने अपना एक बड़ा हिस्सा खो दिया।

यह दृश्य, कोरोनेशन पार्क, अँग्रेज़ हुकूमत, मूर्तियाँ ये सब सुझाती है कि अपराध-बोध का स्वामित्व इस नारी किरदार के पास भी नहीं बल्कि इस पश्चाताप का धारक स्वयं इतिहास है। या फिर, इसका धारक वह टेक्स्ट ही है जिसमें अर्थों का उत्पादन हो रहा है, अक़्स बन और बिगड़ रहे हैं। विभाजन की फ़िल्म से सम्बन्धित यह शायद इकलौता उदाहरण है जहाँ सिनेमा ख़त्म हो जाता है लेकिन पश्चाताप कायम रहता है।